数字乡村建设
理论与探索实践

首都经济贸易大学出版社

Capital University of Economics and Business Press

·北 京·

图书在版编目（CIP）数据

数字乡村建设理论与探索实践／吴冰，吕雁华著．
—北京：首都经济贸易大学出版社，2023.10
ISBN 978-7-5638-3594-2

Ⅰ．①数…　Ⅱ．①吴…　②吕…　Ⅲ．①数字技术–应
用–农村–社会主义建设–研究–中国　Ⅳ．①F320.3-39

中国国家版本馆 CIP 数据核字（2023）第 185632 号

数字乡村建设理论与探索实践
SHUZI XIANGCUN JIANSHE LILUN YU TANSUO SHIJIAN
吴　冰　吕雁华　著

责任编辑　潘　飞
封面设计　砚祥志远·激光照排
　　　　　TEL：010-65976003
出版发行　首都经济贸易大学出版社
地　　址　北京市朝阳区红庙（邮编 100026）
电　　话　（010）65976483　65065761　65071505（传真）
网　　址　http://www.sjmcb.com
E - mail　publish@ cueb. edu. cn
经　　销　全国新华书店
照　　排　北京砚祥志远激光照排技术有限公司
印　　刷　北京九州迅驰传媒文化有限公司
成品尺寸　170 毫米×240 毫米　1/16
字　　数　274 千字
印　　张　16.75
版　　次　2023 年 10 月第 1 版　2023 年 10 月第 1 次印刷
书　　号　ISBN 978-7-5638-3594-2
定　　价　69.00 元

前　言

民族要复兴，乡村必振兴。党的二十大报告指出，全面建设社会主义现代化国家，最艰巨最繁重的任务仍然在农村。习近平总书记也反复强调，要让亿万人民在共享互联网发展成果上有更多获得感。全面推进乡村振兴，加快建设农业强国，必须立足新时代新征程之国情农情，自觉把数字乡村作为乡村振兴的战略方向和建设数字中国的重要内容，以数字乡村建设整体带动和提升农业农村现代化的发展。

由此可见，充分挖掘数字赋能乡村发展的潜力，梳理数字乡村的理论资源，分析已有的建设实践，从中发现不足并找出推进路径，为数字乡村建设提供行动路线和实施方案，以及防范化解数字乡村的风险挑战等，具有重要的理论和现实意义。

目前，在数字乡村建设的研究中，关于数字乡村建设定位与发展案例中的一些规律还有待研究，思路与做法还有待优化。为此，本书搜集了数字乡村建设中的 40 个典型案例，采用文献分析法、典型案例法等，探讨数字乡村发展的理论与实践。其目的是补充数字乡村研究中或偏重于理论研究、缺少案例分析及推进路径，或是纯案例汇编、缺少相应分析和总结等情况，为致力于数字乡村建设的企事业单位管理者以及对数字乡村振兴战略感兴趣的高校师生提供学习参考资料，从而发挥传播理论、提高共识、凝聚力量的积极作用，以期为打造更多独具特色之农业强、农村美、农民富的数字乡村贡献一份学术力量。

本书的参与者具有长期进行党的创新理论研究的优势。其中，吴冰负责撰写 1~5 章，吕雁华负责撰写 6~9 章；吴冰负责拟制提纲、统稿及校对。

本书在撰写过程中，参阅吸纳了众多专家学者的学术研究成果，得到了众多专家学者的精心指导，在此一并表示感谢。由于时间仓促、水平有限，书中难免有疏漏不足之处，恳请读者朋友批评指正。

目 录

第一章　数字乡村建设概述

民族要复兴，乡村必振兴。党的二十大报告指出，"全面建设社会主义现代化国家，最艰巨最繁重的任务仍然在农村"。

数字乡村是乡村振兴的战略方向。加快推进数字乡村建设，既是巩固拓展网络帮扶成果、补齐农业农村现代化发展短板的重要举措，也是深入贯彻新发展理念、加快构建新发展格局、实现乡村全面振兴的关键一环。

实施乡村振兴战略的总要求是产业兴旺、生态宜居、乡风文明、治理有效、生活富裕。党的二十大就"全面推进乡村振兴"作出新的重大部署，指出要"扎实推动乡村产业、人才、文化、生态、组织振兴"，数字乡村建设中要深化数字技术在这些重点领域的融合应用，其重点任务的部署要与乡村振兴战略的总要求相互契合，通过数字乡村赋能乡村振兴，促进农业农村现代化发展。

数字乡村也是建设数字中国的重要内容。党的二十大报告提出加快建设数字中国，"加快发展数字经济，促进数字经济和实体经济深度融合"。数字乡村建设能够有效提升农村的数字基础设施水平、缩小城乡"数字鸿沟"，筑牢数字中国的根基。

"十四五"时期是开启全面建设社会主义现代化国家新征程、向第二个百年奋斗目标进军的关键时期，也是全面推进乡村振兴、建设数字中国的发力期。由此，数字乡村建设迎来前所未有的重大机遇，必将开创发展新局面。

一、数字乡村战略

为建设数字乡村，我国出台了一系列政策举措，并且明确了数字乡村发展中的重点任务。

（一）数字乡村政策

从 2018 年至今，每年国家都会就数字乡村建设出台系列专项政策，目前我国数字乡村建设的顶层设计与政策框架已初步得到建立。

2018 年 1 月，中央一号文件《中共中央 国务院关于实施乡村振兴战略的意见》首次明确提出实施"数字乡村战略"，此后每年的中央一号文件均对建设数字乡村作出了明确指示和部署。2018 年 9 月，中共中央、国务院印发《乡村振兴战略规划（2018—2022 年)》，作为实施乡村振兴战略顶层设计的重要文件，它明确了乡村振兴战略的阶段性目标和重点任务，提出了数字乡村建设的任务和内容。

2019 年 1 月，中央一号文件《中共中央 国务院关于坚持农业农村优先发展 做好"三农"工作的若干意见》强调，"加强国家数字农业农村系统建设"，壮大产业的抓手；5 月，中共中央办公厅、国务院办公厅印发《数字乡村发展战略纲要》，阐明数字乡村的定义，明确不同时间节点的战略目标，强调到 21 世纪中叶全面建成数字乡村。同年 12 月，《中国数字乡村发展报告（2019)》于数字农业农村发展论坛上发布。这一报告全面分析了当前面临的形势，系统总结了我国数字乡村建设的阶段性进展和经验探索，展望了数字乡村的发展前景。

2020 年 1 月，中央一号文件《中共中央 国务院关于抓好"三农"领域重点工作 确保如期实现全面小康的意见》要求，"开展国家数字乡村试点"。同月，农业农村部、中央网信办制定《数字农业农村发展规划（2019—2025 年)》，提出到 2025 年建立健全农业农村数据采集体系，基本建成天空地一体化观测网络、农业农村基础数据资源体系和农业农村云平台。同年 5 月，中央网信办、农业农村部等部委联合印发《2020 年数字乡村发展工作要点》，明确了 2020 年数字乡村发展的工作目标，部署了 8 个方面 22 项重点任务。7 月，中央网信办、农业农村部、国家发展改革委、工业和信息化部、科技部、市场监管总局、国务院扶贫办联合印发《关于开展国家数字乡村试点工作的通知》，部署开展国家数字乡村试点 7 个方面的工作。9 月，全国 32 个省份、117 个国家数字乡村试点名单公布，数字乡村战略进入更加具体的实施推进阶段。11 月，《中国数字乡村发展报告（2020)》发布，该报告强调要按照党的十九届五中全会部署要求，加快建设智慧农业，推动数字经济与农业农村经济深度融合发展。

2021年2月，中央一号文件《中共中央 国务院关于全面推进乡村振兴 加快农业农村现代化的意见》发布，要求加强乡村公共基础设施建设，实施数字乡村建设发展工程。同年3月，十三届全国人大四次会议表决通过《中华人民共和国国民经济和社会发展第十四个五年规划和2035年远景目标纲要》，提出"加快数字化发展，建设数字中国"，强调将数字乡村发展作为全面实施乡村振兴战略和加快数字社会建设步伐的重要内容。7月，中央网信办、农业农村部等7部门共同发布《数字乡村建设指南1.0》，提出了数字乡村建设的总体参考架构以及若干可参考的应用场景，供各地区推进数字乡村建设时借鉴使用。

2022年1月，中央一号文件《中共中央 国务院关于做好2022年全面推进乡村振兴重点工作的意见》明确指出，"大力推进数字乡村建设"，具体要着重于农村信息基础设施建设、智慧农业发展、数字化赋能乡村治理和乡村公共服务、拓展农业农村大数据应用场景、推动数字乡村标准化建设并构建评价指标体系、持续开展数字乡村试点等关键任务方面。同月，中央网信办、农业农村部等10部门印发《数字乡村发展行动计划（2022—2025年）》，提出到2023年数字乡村发展取得阶段性进展、到2025年数字乡村发展取得重要进展的行动目标，明确了新阶段数字乡村建设的发展目标、重点任务和保障措施。同年2月，农业农村部印发《"十四五"全国农业农村信息化发展规划》，进一步细化实化"十四五"期间数字农业的推进思路、重点任务和建设内容，不断优化完善政策体系。同时，提出了"十四五"期间关于数字乡村建设的目标：数字乡村建设取得重要进展，数字化成为完善乡村治理的重要手段，"互联网+政务服务"进一步向乡村延伸，农村信息服务体系不断健全，农民数字化素养大幅提升，并部署了"建设数字乡村，缩小'城乡数字鸿沟'"的重点任务。3月，建设数字乡村被首次写入政府工作报告，成为实现农业农村现代化的重要途径。5月，中共中央办公厅、国务院办公厅印发《乡村建设行动实施方案》，提出重点实施包括数字乡村建设发展工程在内的八大工程。8月，中央网信办、农业农村部、工业和信息化部、市场监管总局等4部门印发《数字乡村标准体系建设指南》，提出了数字乡村标准体系框架，明确了"十四五"时期数字乡村标准化建设的目标、内容和路径，体现出以标准化建设引领数字乡村建设的总体工作推进思路。10月，党的二十大报告指出，要加快建设网络强国、数字中国，同时全面推进乡村振兴。坚持农业农村优先发展，巩固拓展脱贫攻坚成果，加快建设农业强国，扎实推动乡村产业、人才、文化、生态、组织振兴。

2023年1月，中央一号文件《中共中央 国务院关于做好2023年全面推进乡村振兴重点工作的意见》指出，要深入实施数字乡村发展行动，推动数字化应用场景研发推广，进一步加快中国数字乡村建设步伐。同年2月，中共中央、国务院印发《数字中国建设整体布局规划》，指出要深入实施数字乡村发展行动，以数字化赋能乡村产业发展、乡村建设和乡村治理。4月，中央网信办、农业农村部、国家发展改革委、工业和信息化部、国家乡村振兴局联合印发《2023年数字乡村发展工作要点》，要求"以数字化赋能乡村产业发展、乡村建设和乡村治理，整体带动农业农村现代化发展、促进农村农民共同富裕，推动农业强国建设取得新进展、数字中国建设迈上新台阶"。

（二）如何理解数字乡村

2019年5月，中共中央办公厅、国务院办公厅印发的《数字乡村发展战略纲要》指出："数字乡村是伴随网络化、信息化和数字化在农业农村经济社会发展中的应用，以及农民现代信息技能的提高而内生的农业农村现代化发展和转型进程。"笔者认为，这一表述准确概括了数字乡村的内涵。

《数字乡村发展战略纲要》部署了数字乡村发展十个方面的重点任务，具体如下。

第一，加快乡村信息基础设施建设，包括大幅提升乡村网络设施水平、完善信息终端和服务供给、加快乡村基础设施数字化转型等。

第二，发展农村数字经济，包括夯实数字农业基础、推进农业数字化转型、创新农村流通服务体系、积极发展乡村新业态等。

第三，强化农业农村科技创新供给，包括推动农业装备智能化、优化农业科技信息服务等。

第四，建设智慧绿色乡村，包括推广农业绿色生产方式、提升乡村生态保护信息化水平、倡导乡村绿色生活方式等。

第五，繁荣发展乡村网络文化，包括加强农村网络文化阵地建设、加强乡村网络文化引导等。

第六，推进乡村治理能力现代化，包括推动"互联网+党建"、提升乡村治理能力等。

第七，深化信息惠民服务，包括深入推动乡村教育信息化、完善民生保障信息服务等。

第八，激发乡村振兴内生动力，包括支持新型农业经营主体和服务主体发展、大力培育新型职业农民、激活农村要素资源等。

第九，推动网络扶贫向纵深发展，包括助力打赢脱贫攻坚战、巩固和提升网络扶贫成效等。

第十，统筹推动城乡信息化融合发展，包括统筹发展数字乡村与智慧城市、分类推进数字乡村建设、加强信息资源整合共享与利用等。

二、数字乡村建设发展形势

当前，世界各主要国家或地区纷纷加快政策调整，更加聚焦数字基础设施建设、数字产业链重塑、中小企业数字化转型等，数字经济已成为推动经济稳定复苏和发展的重要动力。就我国而言，发展数字经济已经成为国家战略，我国数字经济规模已连续多年位居世界第二。立足数字中国建设和农业农村现代化的战略要求，我国先后出台了一系列政策以加快数字乡村建设，数字乡村建设起步良好，创新能力持续提升。当然，在这之中也存在不足、面临挑战，整体水平还有待大幅提升。

（一）数字乡村建设发展成效

在国家一系列政策的推动和社会资本的积极参与下，我国数字乡村建设呈现良好的开局态势，且探索步伐不断加快。2023 年 2 月，由中央网信办、信息化发展局、农业农村部市场与信息化司共同指导，农业农村部信息中心牵头编制的《中国数字乡村发展报告（2022 年）》正式发布。报告显示，经过几年的持续推动，我国数字乡村建设取得初步成效，为全面推进乡村振兴、建设农业强国、加快农业农村现代化持续提供新的动能，具体表现在以下几个方面。

第一，乡村数字基础设施建设加快推进。农村网络基础设施实现全覆盖，农村"通信难"问题得到历史性解决。截至 2022 年 6 月，农村互联网普及率达到 58.8%，与"十三五"初期相比，城乡互联网普及率差距缩小近 15 个百分点。截至 2022 年底，5G 网络已覆盖我国所有县城城区，实现"县县通 5G，村村通宽带"，网络规模和应用水平全球领先。乡村融合基础设施建设全面展开，农村公路、水利、电网、农产品冷链物流等传统基础设施的数字化改造正全方位推进。

第二，智慧农业建设快速起步。农业产业数字化进程加快，2021 年农业生产信息化率为 25.4%。种业数字化探索起步，种植业数字化多点突破，畜牧业数字化成效凸显，渔业数字化稳步推进，农垦数字化领先发展，智能农机装备研发应用不断突破，农业农村管理数字化转型局面初步形成。

第三，乡村数字经济新业态新模式不断涌现。农村电商保持良好发展势头，持续保持乡村数字经济领先地位。农村寄递物流体系不断完善，快递服务不断向乡村基层延伸，"快递进村"比例超过 80%。乡村新业态蓬勃兴起，随着光纤和 4G 网络在行政村的全覆盖，互联网技术和信息化手段助力乡村旅游、休闲农业、民宿经济加快发展。农村数字普惠金融服务可得性、便利性不断提升，截至 2022 年 6 月，我国农村地区网络支付用户规模达到 2.27 亿。

第四，乡村数字化治理效能持续提升。农村党务村务财务（即"三务"）网上公开基本实现，2021 年全国"三务"网上公开行政村覆盖率达 78.4%。"互联网+政务服务"加快向乡村延伸覆盖，2021 年全国六类涉农政务服务事项（县域社会保险、新型农村合作医疗、劳动就业、农村土地流转、宅基地管理和涉农补贴）综合在线办事率达 68.2%，由数据驱动的乡村治理水平不断提高——包括农村基层综合治理水平的不断提高（2021 年公共安全视频图像应用系统行政村覆盖率达到 80.4%）。乡村智慧应急能力明显增强，2021 年全国应急广播主动发布终端行政村覆盖率达到 79.7%。总体而言，信息化已成为提高乡村治理水平的重要支撑。

第五，乡村网络文化发展态势良好。乡村网络文化阵地不断夯实，各地认真贯彻落实习近平总书记关于媒体融合发展的重要论述，大力推进县级融媒体中心建设。乡村网络文化生活精彩纷呈，中国农民丰收节逐渐成风化俗、深入人心。数字化助推乡村文化焕发生机，数字技术促使农耕文明的文化价值、社会价值、经济价值得到不断挖掘和持续释放。

第六，数字惠民服务扎实推进。"互联网+教育""互联网+医疗健康"

"互联网+人社"以及线上公共法律与社会救助等服务不断得到深化。"三农"信息服务更加便捷,利用信息化手段开展服务的村级综合服务站点已有 48.3 万个,行政村覆盖率达到 86.0%。

第七,智慧绿色乡村建设迈出坚实步伐。农业绿色生产信息化监管能力全面提升,2021 年全国实现质量安全追溯管理的农产品产值占比达 24.7%。乡村生态保护监管效能明显提高,依托生态环境保护信息化工程项目建成并运行的农业农村环境保护监管分系统,已实现全国县级行政单位、所有行政村监管全覆盖。农村人居环境整治信息化得到创新应用,目前全国有三分之一的行政村已深入开展农村环境整治。

第八,数字乡村发展环境持续优化。政策制度体系不断完善,党中央、国务院从法律、规划、行动计划等多个层面不断强化、完善数字乡村的政策制度体系。协同推进的体制机制已基本形成,2021 年全国县级农业农村部门内设信息化机构覆盖率达 92.6%。标准体系建设加快推进,2022 年 8 月《数字乡村标准体系建设指南》发布实施,为营造标准支撑和引领数字乡村发展的良好局面奠定了基础。试点示范效应日益凸显,首批国家数字乡村试点地区已完成 2 年试点周期建设。

图 1.1 为我国数字乡村标准体系结构。

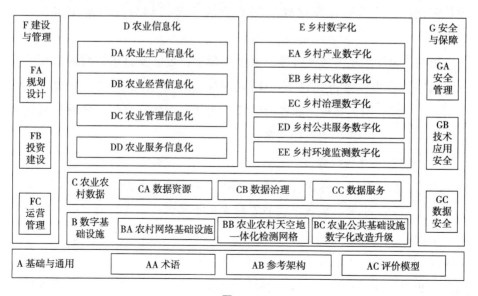

图 1.1

（二）数字乡村建设特点与面临的问题和挑战

1. 数字乡村建设特点

2022 年 5 月，北京大学新农村发展研究院与阿里研究院联合发布《县域数字乡村指数（2020）研究报告》，研究对象为农业 GDP 占比大于 3% 的 2 481 个县区。报告显示，县域数字乡村建设呈现以下四大特点。

第一，县域数字乡村建设态势良好。我国县域数字乡村已有较好发展基础，2020 年继续保持稳步增长。2020 年全国县域数字乡村指数达到 55，比 2019 年增长 6%。脱贫摘帽县县域数字乡村发展态势较好，虽然脱贫摘帽县的数字乡村发展总体水平明显低于其他县区，但其增长率略高。

第二，数字基础设施建设水平较高。尽管乡村数字基础设施最发达的县域集中在东部地区，但从全国范围看乡村数字基础设施的县域差异并不大。该报告显示，按照统计结果，全国参评县域乡村数字基础设施处在高水平的比例约为 47.5%，处在低水平的比例约为 0.4%，这说明我国县域乡村数字基础设施发展水平相对较高。

第三，"四个领域"差异增加。数字乡村指标体系涵盖基础设施、经济、治理、生活四个领域。评价显示，2020 年基础设施进入了发展较高及高水平阶段的县占比达 86%，且东西部差距较小，而乡村经济数字化、治理数字化、生活数字化发展处于同等阶段的县占比分别只有 17%、28% 和 21%。

第四，欠发达地区加速追赶。该报告显示，数字乡村指数增速最快的前五个地区依次为内蒙古（11%）、西藏（10%）、宁夏（10%）、甘肃（9%）和河北（7%），前四名被西部省份包揽。此外，在数字乡村指数增长最快的 100 个县里，有 91 个来自西部地区。

2. 面临的问题和挑战

当前，我国数字乡村建设发展已具备了坚实基础。据农业农村部信息中心历年发布的《全国县域数字农业农村发展水平评价报告》显示，经综合测算，2020 年全国县域数字农业农村发展总体水平达到 37.9%，与 2019 年的 36% 相比上升了 1.9 个百分点，与 2018 年的 33% 相比上升了 4.9 个百分点。当然，2020 年全国县域数字农业农村发展总体水平与全国农业机械化发展水平仍相差近 33.4 个百分点（2020 年全国农作物耕种收综合机械化率已达

71.25%）。《中国数字乡村发展报告（2022年)》显示，2021年全国数字乡村发展水平达到39.1%。可见，我国数字乡村建设仍处于起步阶段，总体发展水平亟待提升，其主要面临的问题和挑战包括以下几个方面。

第一，数字乡村各领域发展不充分。在基础设施、经济、治理、生活这四个领域中，乡村数字基础设施发展水平相对较高，乡村治理数字化增长最快，同时乡村数字基础设施发展水平相对较高但乡村经济数字化发展存在短板的情况尚未发生实质性改变。其中，乡村基础设施的增长主要来源于数字金融基础设施建设，乡村经济数字化的发展主要体现在数字化生产、数字化供应链和数字化营销等方面，乡村治理数字化的发展主要来源于支付宝政务业务的使用和微信公众服务平台覆盖率的增加，乡村生活数字化的发展主要体现在数字消费、数字医疗和数字旅游的增长等方面。

第二，区域发展不平衡。尽管各区域县域数字乡村均实现了不同程度的发展，但"东部发展水平较高、中部次之、东北和西部发展滞后"的格局未发生实质性改变。东部地区在数字乡村发展强县排名中的地位较稳固，其与国内其他地区在数字乡村发展方面的区域鸿沟问题较明显，而乡村经济数字化和乡村治理数字化的发展差距是当前导致我国出现县域数字乡村发展鸿沟的重要原因。总之，目前呈现出数字乡村发展滞后县赶超机遇与风险挑战并存的局面。

第三，"数字鸿沟"与"经济鸿沟"交叠。当前，我国城乡之间仍然存在一定的"数字鸿沟"，一方面在于城乡数字基础设施建设的差距较大，另一方面在于城乡数据要素积累的差距较大。此外，数字乡村发展的区域鸿沟问题较明显，其中东部地区在数字乡村发展强县排名中的地位较稳固。与此同时，东中西部地区的经济发展中还存在"经济鸿沟"的现象，而"数字鸿沟"与"经济鸿沟"之间又存在十分紧密的关系：地区经济发展的不平衡导致了"数字鸿沟"，反过来"数字鸿沟"又进一步加大了地间区的经济差距。

第四，新业态惠民效果有待提升。数字乡村建设的根本目的是惠民利民便民。据2023年4月中国质量协会发布的数字经济服务质量满意度研究结果显示，33.4%的受访群众对智慧电力建设持较高满意度，对其他领域的满意率从高到低依次是智慧交通、智慧物流、智慧水利、智慧能源等。与此同时，乡村居民对智慧农业、智慧房屋的惠民感受有待提升。

三、数字乡村建设总体思路

(一) 数字乡村发展目标

《数字乡村发展战略纲要》就数字乡村发展提出了以下几点战略目标。

到2020年，数字乡村建设取得初步进展。全国行政村4G覆盖率超过98%，农村互联网普及率明显提升；农村数字经济快速发展；建成一批特色乡村文化数字资源库；"互联网+政务服务"加快向乡村延伸；网络扶贫行动向纵深发展；信息化在美丽宜居乡村建设中的作用更加显著。

到2025年，数字乡村建设取得重要进展。乡村4G深化普及、5G创新应用，城乡之间的"数字鸿沟"明显缩小；初步建成一批兼具创业孵化、技术创新、技能培训等功能于一体的新农民新技术创业创新中心，培育形成一批叫得响、质量优、特色显的农村电商产品品牌，基本形成乡村智慧物流配送体系；乡村网络文化繁荣发展，乡村数字治理体系日趋完善。

到2035年，数字乡村建设取得长足进展。城乡之间的"数字鸿沟"大幅缩小，农民数字化素养显著提升；农业农村现代化基本实现，城乡基本公共服务均等化基本实现，乡村治理体系和治理能力现代化基本实现，生态宜居的美丽乡村基本实现。

在此基础上，到21世纪中叶全面建成数字乡村，助力乡村全面振兴，全面实现农业强、农村美、农民富。

(二) 数字乡村建设基本路径

当前，我国数字乡村建设正沿着"顶层设计—试点探索—全面推广"的基本路径稳步推进，具体分为以下几个步骤。

第一步，顶层设计。顶层设计从中央开始一直下到省里，对数字乡村的战略目标和重点任务进行部署。各地政府则依据各地实际，构建一套符合当地数字乡村建设实际的配套规划和实施方案。

第二步，试点探索。选择部分地区，按照统筹规划、整合共享、集聚提升的原则，统筹开展数字乡村试点示范工作，边试点、边总结、边推广，探索有益经验。在试点探索的起步阶段，国家先确定了117个试点，之后再扩大到示范市、示范县、示范镇和示范村，逐步展开试点探索的范围和层级。

第三步，理论总结和经验辨识。通过试点探索，不同层级的试点区域在整体规划设计、制度机制创新、技术融合应用、发展环境营造等方面总结共性知识、差异化经验和创新模式，探索形成一批可复制、可推广的做法和经验。

第四步，形成统一的框架和标准。通过数字乡村相关国家标准、行业标准的制修订工作，营造由标准支撑、引领数字乡村发展的良好局面。此外，加强数字乡村理论研究，开展数字乡村发展评价工作，持续提升数字乡村的发展水平。

第五步，全面复制推广数字乡村的建设经验。通过初步实践探索，对试点经验去粗取精，形成一批可复制、可推广的试点经验，从而在更大范围内复制、推广数字乡村建设试点的有益经验。

第二章　乡村数字基础设施建设

数字基础设施是推动数字乡村建设的重要前提和基础，也是弥合城乡"数字鸿沟"、实现乡村振兴的重要保障。

依据《数字乡村建设指南1.0》，乡村数字基础设施建设包括网络基础设施、信息服务基础设施以及传统基础设施数字化升级等内容。

第一，乡村网络基础设施建设的内容包括电信网络和广播电视网络等，其目的是要实现4G/5G移动网络、光纤网络、卫星等网络基础设施承载信息流、数据流在城乡间的高效流通，为"三农"转型发展提供数字底座。

第二，乡村信息服务基础设施建设是指位于农村地区，向农村居民提供政务、生产、生活等领域便捷化、智慧化信息服务的各类村级服务站点和设施的建设，这些服务站点和设施包括村级政务服务代办站（点）、益农信息社、农村电子商务服务站等。

第三，传统基础设施数字化升级是指通过引入互联网、大数据、人工智能等新一代信息技术，对水利、气象、电力、交通、农业生产和物流等基础设施进行数字化、智能化改造升级，从而为农业生产经营和农村居民生活提供更加便利的条件。

《中国数字乡村发展报告（2022年）》显示，目前我国乡村数字基础设施建设已在加快推进中，已实现农村网络基础设施的全覆盖，历史性地解决了农村通信难等问题；积极开展农村一体化基础设施建设，正在全面推进农村道路、水利、电网、农产品冷链物流等农村传统基础设施的数字化改造。

一、广播电视服务走向"终端通""人人通"

广播电视是当前农村最实际、最有效的传播方式。广大农民通过广播电视学习农业技术，了解市场信息，丰富文化生活，了解党的路线、方针、政策，等等。在当前我国的乡村文化建设中，广播电视的作用比其他任何一种媒介形式都更直接、更实惠、影响更大。广播电视公共服务供给的能力和水平，对增强农村群众的获得感、幸福感、安全感意义重大。"十一五"至"十四五"期间，国家针对广播电视服务循序渐进地推出了一系列政策，其根本目标就是实现基础公共服务的均等化。

（一）广播电视服务从"村村通"到"户户通"

为解决广大农民群众听广播难、看电视难的问题，我国于1998年初启动了广播电视"村村通"工程，第一轮工程至2005年结束。在第一轮实施效果的基础上，2006年启动了新一轮"村村通"工程。2006年9月，国务院办公厅印发《关于进一步做好新时期广播电视村村通工作的通知》，目标是到2010年底，全面实现20户以上已通电的自然村全部通广播电视。从2009年起，国家开始重点加强直播卫星应用，加快推进"村村通"工程建设。一般来说，直播卫星更多覆盖的是农村及边远地区，特别是侧重于这些地区的公共服务所需，有线电视等则重点覆盖城镇区域。2012年2月，《国家"十二五"时期文化改革发展规划纲要》印发，将偏远农村地区20户以下自然村和林区（场）的"盲村"广播电视覆盖纳入实施范围。该纲要提出，广播电视"村村通"工程要重点解决对20户以下已通电自然村的覆盖，完善高山无线发射台站基础设施，重点推进直播卫星广播电视公共服务。"十二五"期间，我国已基本实现从"村村通"到"户户通"，人口综合覆盖率达到99%。

到2016年，我国已基本消除了广播电视覆盖盲区，有效解决了广大农村群众听广播难、看电视难的问题。在广播电视"村村通"的基础上，迫切需要进一步提高水平、提质增效，实现由粗放式覆盖向精细化入户服务的升级，实现从模拟信号覆盖到数字化清晰接收的升级，实现从传统视听服务到多层次、多方式、多业态服务的升级。为此，2016年4月国务院办公厅印发《关于加快推进广播电视村村通向户户通升级工作的通知》，要求统筹无线、有线、卫星这三种技术覆盖方式，到2020年形成覆盖城乡、便捷高效、功能完备、服务到户的新型广播电视覆盖服务体系，乡村要基本实现数字广播电视"户户通"。

（二）广播电视服务由"户户通"向"人人通"升级发展

2021年10月，国家广播电视总局发布《广播电视和网络视听"十四五"

发展规划》，明确提出"十四五"期间基本实现由"户户通"向"人人通"的升级发展，即要求广播电视基本公共服务的覆盖范围从村户精准到个人，覆盖方式从有线电视升级到移动 5G，以实现国家政策的根本目标：使基础公共服务全面、精准、便捷地触达每一位群众，利用智慧广电更快实现乡村振兴。此后，国家广播电视总局《关于开展智慧广电服务乡村振兴专项行动的通知》（2021 年 11 月）、《"十四五"公共服务规划》（2021 年 12 月）、《关于推进智慧广电乡村工程建设的指导意见》（2022 年 1 月）等一系列政策文件相继发布，有力推动了"户户通"向"人人通"升级发展的实质性落地。

同时，基于广播电视在促进乡村振兴发展和应急防灾减灾中的重要作用，我国制定并实行了全国范围内的应急广播体系建设工程，从应急广播技术体系、标准体系、管理体系、运行体系、保障体系等五个方面明确目标任务，推动应急广播体系的建设，全面提升农村应急广播主动发布终端的覆盖率，从而为宣传引导、信息发布、社会治理等日常工作以及自然灾害、事故灾难等突发事件的应对处置提供了有力保障。

2022 年 1 月，中央网信办、农业农村部、国家发展改革委等 10 部门印发的《数字乡村发展行动计划（2022—2025 年）》强调，建设数字乡村，在推进完成乡村信息基础设施优化升级的任务中，支持深入实施智慧广电建设工程，依托有线电视网络承载智慧乡村服务；优化广播电视业务网络，推动广播电视服务走向"终端通""人人通"。

案例 1

湖南省 2020 年完成 10 万户直播卫星"户户通"工程建设任务

在我国当前，看电视是乡村老年人的主要娱乐方式。2019 年 11 月 29 日，67 岁的湛志满（湖南省汨罗市桃林寺镇亦仁村的建档立卡贫困户）一大早便守候在家中，等待技术人员来安装电视设备。之前村里各户的电视只有一两个频道，安装了直播卫星"户户通"接收设施后，人们就可以免费收看到 61 套电视节目、收听到 46 套广播节目，业余生活得到极大丰富。

2016 年 4 月，国务院办公厅印发《关于加快推进广播电视村村通向户户通升级工作的通知》。随后，湖南省相继出台了《湖南省人民政府办公厅关于加快推进广播电视村村通向户户通升级工作的实施意见》《湖南省广播电视局、湖南省财政厅关于切实做好数字广播电视户户通工程有关工作的通知》等相关文件，计划到 2020 年全省完成 30 万户直播卫星"户户通"工作，并在 100 座县级以上电视台站实现中央广播电视节目无线数字化覆盖和省级频道标清节目无线数字化覆盖。图 2.1 为湖南省内直播卫星"户户通"工程建设的一处现场。

图 2.1

在工程建设过程中，湖南省广播电视局根据情况变化及时采取相应措施，保证了工程建设的顺利实施。2020 年上半年，湖南省广播电视局积极推进工程摸底调研、制订建设方案等工作，并与省财政厅联合下达任务指标、完成设备省级招标采购，当年 7 月份即督促 56 个任务县市区与厂家签订设备采购合同，并要求厂家及时交付货物，同时完成相关人员的技术培训。建设过程中，出现了影响工程推进的各种情况。一是补助资金的调整。直播卫星"户户通"工程建设原计划由中央财政补助 1 500 万元资金，但自 2019 年起政策调整后，中央财政不再对各省自主推进的公共文化建设项目提供资金支持，因此要由湖南省财政来承担这 1 500 万元。二是设备采购合同的签订因部分县市区县级配套资金难以及时到位而受到影响。三是因市县级机构改革，当地对一些从事"户户通"工作的人员（包括基层广电部门的人员在内）进行了调整，而新进人员对"户户通"业务的熟悉又需要一定时间。

面对这些困难，湖南省广播电视局从 2020 年 10 月底起积极采取相应举措，大力推进工程建设。一是领导带队、分头推进，所有局领导分片包干，带队赴各市州推进工程建设；二是加强跟进督查，选派 65 名处级干部定点督查各县市区，随时掌握工程建设进展；三是日常调度由专门办公室负责，成立民生实事工程督查办公室，做到每日一报告、每周一通报。这些举措确保了按时按质按量完成工程任务，也确保了"户户通"这项民生实事落地落实。

事实证明，湖南省直播卫星"户户通"工程建设是卓有成效的。2016 年至 2019 年，湖南省累计投入资金约 3.8 亿元，共完成"户户通"工程建设任务 127.08 万户。特别是在 2019 年 15 万户的"户户通"工程攻坚战中，湖南省在短短 40 天内即完成 15 万套"户户通"设备的安装开通，提前完成年度建设任务；2020 年的"户户通"建设任务为 10 万户，也全部提前完成。目前，湖南省内 11 个市、60 个县市区的 10 万户农村群众已经可以通过直播卫星免费收看、收听到 61 套电视节目、46 套广播节目。

此外，湖南省还开展了农村广播"村村响"工程、应急广播体系、广播电视节目无线数字化覆盖工程等的建设。

农村广播"村村响"工程。"十三五"期间，湖南省累计投入资金 7.3 亿元，初步建成了"村村响"服务网络，适配日常广播与应急广播，基本实现全省农村广播声音全覆盖。到 2020 年，全省 14 个市州已建成 40.57 万套"村村响"大喇叭系统，基本满足了及时播报各类信息的需要。

应急广播体系建设。截至 2020 年底，湖南省 11 个深度贫困县应急广播体系建设任务已全面完成，如期实现工程完成率和资金执行率两个百分百，有序推进了老少边及欠发达地区县级应急广播体系的建设工作。

广播电视节目无线数字化覆盖工程。2019 年初，湖南省广播电视局启动省级广播电视节目无线数字化覆盖工程建设。该工程由省级财政全额投资 6 700 万元，计划为全省 14 个市州共 100 座县级以上广播电视发射台站采购 1 台大中功率地面数字电视发射机和相应附属设备设施，通过单频网技术路线，实现全网 100 座任务台站协调同步发射金鹰卡通、湖南教育电视台等 5 套省级电视节目的目标。该工程已分别于 2019 年、2020 年完成一期 60 座、二期 40 座任务台站的建设，并于 2021 年通过了整体竣工验收。

资料来源：全省提前完成 2020 年 10 万户直播卫星户户通工程建设任务［EB/OL］. ［2023–05–20］. http://www.hunan.gov.cn/hnszf/hdjl/zxft/twft/ncgb/xgydbgnuhvssgqf/ 202011/t20201120_13964657.html. 有删改。

案例分析

1. 我国广播电视公共服务建设取得显著成就

以湖南省广播电视公共服务建设取得的成就为样板，国内各省（区、市）结合当地实际，深入贯彻落实中央部署，结合实际、勇于探索、持续实施重点工程项目驱动战略，抓住关键问题、扭住重要环节，因地制宜、对症施策，进一步补齐了欠发达地区广播电视公共服务的短板，推动了广电公共服务的提质增效。

我国自 1998 年起全面实施广播电视"村村通"工程以来，广播电视公共服务建设已历经 20 多年。20 多年来，按照"巩固成果，扩大范围，提高质量，改善服务"的要求，我国持续实施重点项目驱动战略，突出项目建设，从关键环节切入，进行广播电视公共服务建设。此举极大提高了农村广播电视的无线覆盖水平，逐步消灭了"盲区"，构建起了完整的农村广播电视公共服务体系。到 1999 年底，基本实现已通电行政村的广播电视"村村通"任务，广播综合人口覆盖率达到 90.4%，电视综合人口覆盖率达到 91.6%，确保了乡村中家家户户都能及时听到党和国家的声音。截至 2012 年，全国共有 2 579 座各类广播电视播出机构，拥有 2.14 亿户有线电视用户、1.43 亿户有线数字电视用户。至此，广播电视公共服务建设进入了全面提档升级期，全国也逐步加快推进有线电视网络整合和广电 5G 建设一体化发展。此举提高了广播电视网络的乡村通达率，加速推进了广播电视网络 IP 化、光纤化、智能化的升级改造，提高了广播电视的业务承载能力和内容服务能力，推动了广播电视公共服务由"户户通"向"人人通""移动通""终端通"的转型。截至 2016 年 12 月 8 日，我国直播卫星用户总数已达到 10 478 万户。也就是说，在我国农村地区能够通过卫星收听、收看广电节目的用户数量已经超过了 1 亿户。这意味着"村村通""户户通"已成为全球用户规模最大的卫星直播系统。

由《广播电视和网络视听"十四五"发展规划》的统计数据可知，截至2020年底，全国广播、电视综合人口覆盖率分别达到99.38%和99.59%；在有线网络未通达的农村地区，直播卫星"户户通"用户已达1.47亿户，可以接收到44套广播节目、49套卫视节目；全国有线电视实际用户已达2.07亿户，我国农村广播电视基本实现全覆盖。根据国家广播电视总局发布的直播卫星"户户通"开通用户数据统计图计算，截至2021年底，全国直播卫星"户户通"已开通用户总量约1.32亿户。同时，农村广播综合人口覆盖率比2020年提高0.09%，达到99.26%；农村电视节目综合人口覆盖率比2020年提高0.07%，达到99.52%。截至2023年7月底，全国"户户通"累计开通用户数量约1.34亿户。总体来看，农村广播电视的网络基础设施状况持续改善，老少边及欠发达地区广播电视公共服务弱项显著增强，全国广播电视公共服务发展水平总体明显提升。

农村地区网络基础设施实现全覆盖，城乡"数字鸿沟"大幅缩小。工信部数据显示，"十三五"初期，我国还有约5万个没通宽带的行政村。从2015年起，电信普遍服务试点工作开始推广，三大电信运营商对普遍服务的投资总计超过400亿元。《中国数字乡村发展报告（2022年）》的数据显示，截至2021年底，全国行政村的通宽带比例已达100%，通光纤、通4G比例均超过99%，基本实现农村、城市"同网同速"。此外，5G服务已加速向农村延伸。截至2022年8月，全国已累计建成并开通5G基站196.8万个，5G网络覆盖所有地级市城区、县城城区和96%的乡镇镇区，实现"县县通5G"。同时，面向农村脱贫户持续给予5折及以下基础通信服务资费的优惠措施已惠及农村脱贫户超过2800万户，累计让利超过88亿元。2021年，我国农村居民平均每百户接入互联网移动电话229部，比上年增长4.4%。截至2022年6月，农村网民规模达2.93亿，农村互联网普及率达到58.8%，是"十三五"初期的两倍，城乡互联网普及率差距缩小了近15个百分点。由此可见，农村地区通信难等问题得到了历史性解决，这为乡村振兴奠定了坚实的网络基础。

广播电视"村村通"工程和"户户通"工程，打通了公共文化服务的"最后一公里"。从天线接收到有线、数字化，上述工程建设以最低成本、最快速度、最有效方式，从根本上解决了广大农村家家、户户、人人听广播、看电视的问题，农村地区群众的广播电视基本公共服务权益得到了有效保障。智慧广电的实施，通过建设升级平台与网络、融合应用新技术、完善运维服务体系等做法，进一步缩小了城乡在广播电视公共服务等方面的差距，推进了城乡公共服务的均等化，切实提高了群众的幸福感。

在应急广播体系建设工程方面，各地因地制宜，创新思路，积极实践，充分发挥应急广播在加强党的宣传、提高政府应急能力、服务经济社会发展、活跃群众文化生活、提高社会治理能力等方面的重要作用。例如，通过"村村响"应急广播系统宣传党的十九大精神，取得了良好的收听和宣讲效果；该应急广播系统在抢险救灾、卫生防疫、心理疏导等方面的运用，起到了"人心稳定器"作用；依托该应急广播系统打造的"广播+时政""广播+旅游""广播+扶贫""广播+文化"等服务模式，让正确导向立起来、奋斗精神强起来、人民生活美起来；平时，该应急广播系统还用来播放当地群众喜闻乐见的广场舞、地方戏等文艺节目，有效满足了多元化、本地化的人民精神文化需求；等等。

2. 我国广播电视工作在服务乡村振兴方面面临的一些深层次问题

目前，我国乡村地区的发展尚不均衡，不同乡村地区的广播电视建设也存在较大的差异性，农村农业转移人口还没有完全享受到均等化的公共服务，农村空心化、劳动力老龄化等问题突出，农村在发展过程中偏重经济增长、忽视与生态环境的协调融合，等等。这些问题中有许多是社会发展过程中因发展不均衡而造成的，同时从公共服务的角度看，其与广播电视媒体的重视、关注程度不够也不无关系。

3. 我国广播电视事业在服务乡村振兴方面要搭建好平台

如何更好发挥广播电视事业在服务乡村振兴方面的积极作用，需要从不断加强广播电视的建设入手。

第一，重点推进无线覆盖由模拟向数字的转换。针对不同地区广播电视建设存在较大差异的现实，尤其是针对我国贫困乡村地区广播电视建设中存在的实际问题，要制定切实有效的长远发展举措，要有具体的执行措施，同时还要有使项目得以真正落实的保障措施（如将其纳入财政保障等）。

第二，借助融媒体科技之风，将更多媒介加以融合，以不断丰富电视新闻节目并促进其发展。此外，要搭建好相关的媒介平台，丰富各种信息的来源和途径；要充分利用各类素材，制作高质量节目，促进广播电视传播效率的提升；等等。

第三，完善公共文化基础设施建设。例如，推进乡镇文化站、村（社区）文化室、农家书屋、广播站、基层综合性文化服务中心、公益电影固定放映点、广播影视服务网点等基层服务设施的标准化建设，加快公共服务数字化的建设进程，提高公共文化服务的供给水平，等等。

二、丰富"三农"信息终端和服务供给

在信息基础设施的数字底座之上，农村信息化应用成为推动"三农"发展的重中之重。为此国家多次出台政策，强调丰富、完善"三农"信息终端和服务供给。

2019 年 5 月，中共中央办公厅、国务院办公厅印发《数字乡村发展战略纲要》，提出完善信息终端和服务供给。鼓励开发适应"三农"特点的信息终端、技术产品、移动互联网应用软件（App），推动民族语言音视频技术的研发和应用；全面实施信息进村入户工程，构建为农综合服务平台。

2022 年 1 月，中央网信办、农业农村部、国家发展改革委、工业和信息化部、科技部、住房和城乡建设部、商务部、市场监管总局、广电总局、国家乡村振兴局等印发《数字乡村发展行动计划（2022—2025 年）》，提出优化农村信息服务基础设施建设，有序推进农业农村、商务、民政、邮政、供销等部门农村信息服务站点的整合共享，推广"多站合一、一站多用"等模式。鼓励开发适应"三农"特点的信息终端、技术产品、App 等，不断丰富、完善"三农"信息终端和服务供给。

2022 年 2 月，《国务院关于印发"十四五"推进农业农村现代化规划的通知》发布，提出开发适应"三农"特点的信息终端、技术产品、移动互联网应用软件，构建面向农业农村的综合信息服务体系。

案例 2

湖南省主要农作物采用测土配方施肥手机专家系统

春耕时节，湖南省衡阳市的一位农民朋友带着手机来到自家地里。只见

他拨了一个号，以获取一组测土配方施肥的数据。不一会儿，手机那端就传来了他想要的信息，而这正是湖南省为广大农民朋友提供的一项测土配方施肥手机信息技术服务。

对测土配方施肥技术的需求催生了新的推广手段。提高农业综合生产能力、促进农民收入增长、保证粮食安全等与耕地土壤质量和应用科学施肥技术有着密切关系。这些年来，中央和地方各级政府十分重视测土配方施肥技术，连续几年的中央一号文件都明确提出要大力推广测土配方施肥技术。经过十多年的实施推广，农作物测土配方施肥技术作为一项成熟的技术，已形成了大量的技术成果。

于是，如何将这些行之有效的成果应用到生产实际中去，成为一个亟待解决的问题。2014 年，由湖南省土壤肥料工作站、湖南省农业信息中心等四家单位联合开发的"测土配方施肥专家咨询指导系统"App（图 2.2），简化了推荐施肥量的计算过程，创新了测土配方施肥技术应用方法，给农业生产带来了很大的方便。该 App 的操作很简单，只需要在农技员和农户的手机上安装这一系统，相关人员就能轻松掌握测土配方施肥技术。例如，利用手机的定位和上网功能，就可以在手机端查询当地土壤的养分含量数据，并根据土壤养分含量及目标产量计算出最佳的施肥量和施肥方案，从而实现测土配方施肥技术服务零距离、零时差、零费用。

图 2.2

该测土配方施肥 App 功能强大，主要包括以下几个方面。

第一，利用手机实时查询各地土壤养分数据。一是通过地名检索获取所查询地点（市县乡村）的土壤养分数据；二是通过定位和上网功能实时获取所在位置的相关数据；三是直接输入土壤养分数据后即可获取所需数据。实践证明，此功能用活了当地农业部门和农业工作者多年来积累、掌握的宝贵的测土配方实施数据，实现了湖南全省土壤养分数据的无障碍查询和共享。

第二，根据土壤肥力情况估算指定地点主要农作物的目标产量。

第三，根据土壤养分含量和作物目标产量计算氮磷钾施肥纯量和施肥比例。

第四，根据最佳施肥纯量给出单质肥和配方肥的推荐施肥方案。

第五，根据土壤肥力和目标产量，设计适应不同作物的最佳配方肥的含量比例，作为大户或肥料企业提供生产配方肥的参考依据。

第六，为方便没有智能手机的农户使用该系统，当农户通过手机端定制施肥方案后，该系统可自动生成有关该方案的短信息并发送到有需求的农户手机上。

第七，用户在手机端可直接查询各类具体作物的施肥指导意见，也可以查询配方肥生产企业并联系其生产。

第八，该系统为农业新技术的推广提供了"互联网+施肥指导"的新模式。

测土配方施肥手机专家系统实际应用效果明显。截至 2021 年 7 月，该系统采用了湖南省 3 000 多个主要农作物的"3414"肥效田间试验（3414 是指：氮、磷、钾 3 个因素，4 个水平，14 种处理方式）的结果数据并进行开发，涉及水稻、油菜、玉米、红薯等农作物；通过汇总分析分别获得了这些农作物的肥料利用率、土壤有效养分校正系数、最佳经济施肥量等技术参数，并采用专业统计软件创建了数学模型。在服务器端建立了包括全省 109 个县市区共 90 万个采样点在内的土壤养分含量数据库，并通过手机端调取县乡村的土壤检测数据以了解实时情况，从而有针对性地推荐施肥方案，为广大农民从事农业生产提供了方便。目前，该 App 已成为湖南省应用量较多的农业技术手机软件之一，下载量达到 15 万次以上。

资料来源：谭坚. 湖南首创测土配方施肥手机专家系统［J］. 湖南农业，2014（10）：15. 有删改。

案例分析

1. 丰富"三农"信息终端和服务供给，助推农业现代化

2015年12月湖南省农业委员会印发《湖南省到2020年农作物化肥使用量零增长行动实施方案》的通知中提出，要完善测土配方施肥专家咨询系统和专用肥配方形成机制，适应"互联网+"新形势，利用现代信息技术，创新测土配方施肥方案互联网查询、手机短信查询和触摸屏查询等方式，加快测土配方施肥技术的推广和应用。

从目前情况来看，手机测土配方施肥专家系统在湖南省已进行了全面推广和应用，5万多农技员和农户手机端安装了这一系统，获得了良好的经济、社会和生态效益，每年全省农作物可减少8.32万吨不合理化肥施用纯量，在8 000万亩的应用面积上可新增农作物总产量1 576.2万吨，新增纯收入达54亿元以上。结果表明，使用手机专家系统推荐施肥，可遏制农业生产中因盲目施肥造成的环境污染，发挥节本增效的作用。

《数字乡村发展战略纲要》明确指出，为尽快实现农业农村现代化，要加快推进信息技术创新，发挥信息和知识的溢出效应，释放数字技术的普惠效应。从手机专家咨询系统的开发和应用可以看出，农业信息化已经成为推动农业高质量发展的重要动力源，利用数字技术赋能农业，有助于提升农业生产效率与发展质量。依据这一开发模式，只要有完备的测土配方施肥基础数据，就可以在全国各省市迅速建立起具有操作简便、覆盖面宽、技术含量高等特点的手机专家系统，从而全面推广测土配方施肥技术。该专家系统的成功推广和应用也给我们以很大的启示，即要让农业现代化中的科技支撑更加有力。尤其是，要使信息技术伴随数字乡村的建设加快渗透到农业农村的各个领域，从而为推进农业农村现代化、提高农业生产效率提供更大的动力支撑。

2. "三农"信息终端和服务供给信息技术在农业应用中尚有较大的拓展空间

目前，一些"三农"信息终端和服务供给信息技术尚不成熟，有的仍处在技术探索阶段，既表现出一定的局限性，又说明还有较大的拓展空间。以湖南省主要农作物测土配方施肥手机专家系统为例，该手机专家系统推广了测土配方施肥技术成果的应用，带来了明显的经济效益、社会效益和生态效

益，同时也存在不足和较大的提升空间，如在作物类型测试面等方面还有待完善。该系统目前主要能够测试水稻、玉米、红薯等六种农作物，还需要进一步覆盖其他农作物；该系统目前只有测土配方施肥这一单项技术，还应在系统中增加防治农作物病虫害、农产品价格信息等模块，使这一农业技术手机软件的功能更为强大、实用。

3. 聚焦重点，合力破解应用中的瓶颈问题

对于类似案例中的手机专家系统来说，今后的重点任务是整合农业经济调控的六大核心数据，包括农产品产量、消费量、贸易量、库存量、成本收益值和价格等，以突破实时监测数据的瓶颈制约，优化智慧决策算法。

三、"四好农村路"高质量发展

长期以来，农村公路都是社会主义新农村建设的重要支撑，是农业和农村发展的先导性、基础性设施，更是保障农民群众生产生活的基本要素。"要想富、先修路"，要想发展农村经济，必须从修好农村公路入手，并且还得是高质量的路。2013 年 5 月，《国家公路网规划（2013 年—2030 年）》印发，提出到 2030 年国家公路网总规模将达 46.1 万公里，这也标志着我国公路发展掀开了新的篇章。党的十八大以来，习近平总书记就农村公路发展多次作出重要指示。2014 年 3 月，习近平总书记在指示中强调，要通过创新体制、完善政策，进一步把农村公路建好、管好、护好、运营好，逐步消除制约农村发展的交通瓶颈，为广大农民脱贫致富奔小康提供更好的保障。自此，"四好农村路"建设在我国全面展开。

2021 年 3 月，交通运输部正式印发《农村公路中长期发展纲要》。该纲要指出，到 2035 年，形成"规模结构合理、设施品质优良、治理规范有效、运输服务优质"的农村公路交通运输体系，基本形成高质量发展格局的"四好农村路"；实现农村公路网络化水平的显著提高，建设耐久可靠的基础设施，进行到位有效的安全防护，构建整洁优美的路域环境。

2022 年 8 月，交通运输部、国家发展改革委、财政部等 6 部委颁布《农村公路扩投资稳就业 更好服务乡村振兴实施方案》，为进一步扩大农村公路有效投资、补齐农村交通基础设施短板、完善农村交通运输体系、助力全面推进乡村振兴指明了行动方向。

案例3

贵州省安顺市紫云县创建"四好农村路"省级示范县

道路畅，乡村美，产业旺，百姓富。近年来，贵州省安顺市紫云县着力打造"四好农村路"的品质样板，推动紫云县农村公路向"建好、管好、护好、运营好"的目标迈进，逐渐实现由"交通线"向"风景线""致富线"的嬗变。

建好道路，打通乡村交通"最后一公里"。紫云县位于安顺南隅，地处麻山腹地，山地占其县域面积的77.8%，县域内有坝区水稻、精品水果园、茶叶园、蔬菜园和多个民族村寨。过去因交通不便，村集体经济基础薄弱，农产品卖不出去，放眼望去处处都是典型的"穷山村"。长期以来，改善交通出行条件成了世世代代紫云人的殷切期盼。近年来，紫云县抢抓"四好农村路"省级示范县创建机遇，积极为各村修建道路。目前，已初步形成以跨省、跨县公路和县内公路为骨架，以乡村公路为脉络的纵横交织、连接周边、覆盖城乡的基础设施和运输网络以及综合立体交通网络。不仅如此，当地还创建了S211紫云县境内普卡桥—扎营关—洛河—板桐关段、全长80公里的第一条"四好农村路"示范路（图2.3），串起了一个个产业带和多个民族村寨，成为该县紫北片区东西走向的快捷通道。

图2.3

"四好农村路"带动产业发展。"十三五"以来，紫云县累计投入交通基础设施建设资金约97亿元。完成国省道改造188.544公里、县乡村道路网全覆盖工程524.199公里，建成"组组通"公路306.899公里，全县168个行政村100%实现通硬化路。目前，全县公路通车里程达3151.495公里。方便快捷的高速公路、畅达八方的国省干线和交织成网的农村公路打通了紫云县乡村交通的"最后一公里"，为实现人民群众对美好生活的向往和追求夯实了交通基础。

管好道路，使道路建设得以延续。紫云县积极探索农村公路管理长效机制，按照"县道县管、乡村道乡村管"的原则，建立起县、乡、村三级"路长制"管理体系；成立了"县有执法员、乡有监管员、村有护路员"的路产、路权保护队伍，并将农村公路管理养护纳入乡规民约、村规民约；通过强化路警联合和加强农村公路路政执法，不断提升农村公路路域环境治理水平；等等。这些都为紫云县道路发展建设的健康可持续提供了保障。

护好道路，让道路更畅通更平坦。俗话说，"三分建，七分养"。在道路养护方面，紫云县建立"县政府指导、乡镇（街道）负责、市场养护、环卫保洁"的农村公路管理养护新机制，积极探索推进农村公路养护市场化改革，如将农村公路日常养护交由第三方公司实施，并引导专业养护企业加大投入，提高机械化水平，以确保养护成效。迄今为止，当地已累计投资约4.2亿元，完成安防工程1300公里，包括大中修工程81公里，危桥改造17座，形成了县有精品路、乡有示范路、村有整洁路，县域道路更加畅通、更加平坦的良好局面。

运营好道路，铺就百姓"幸福路"。在运营方面，紫云县科学规划农村客运站点和沿途停靠点，统筹协调公共交通和农村客运发展。截至2022年8月，当地共建成13个乡镇客运站、1个公交始发站、40个公交站台、116座农村客运招呼站，开通农村客运班线28条、投放客运车辆100辆，开通公交线路4条，全县道路运输服务体系和农村物流网络全面推进，充分满足了人民群众行有所乘的期盼。

在保障行有所乘的同时，拓宽发展思路，推进特色项目，以公路建设带动沿线百业兴旺，主要包括以下两种模式。

第一，"公路+产业"模式。在以该模式为思路的各类项目建设中，紫云县结合地方产业规划、园区布局，修建了乡镇过境新线、产业连接线、园区加宽线等 8 段共 16.3 公里。各类项目的建成又带动了沿线产业的涌现，如猫营的石材园、蓝莓园等。由此，"交通线"转变为"致富线"，助推紫云县经济呈现"加速度"。"十三五"以来，这一"公路+产业"的模式帮助全县 27 307 户 117 630 名贫困人口实现增收脱贫，2021 年当地的农、林、牧、渔总产值也增至 53.69 亿元。

第二，"公路+旅游"模式。紫云县依托格凸河景区，结合亚鲁王文化、攀岩文化、少数民族文化等优势，将公路建设与旅游相融合，对沿线绿化进行了升级改造。例如，在沿线风景秀丽的地方修建观景台 5 处，将"交通线"转变为"风景线"，使游客感觉"人在车中坐，车在画中行"，并以此带动沿路农家乐、休闲山庄等旅游服务业。"十三五"以来，"公路+旅游"模式的推行共带动 3 995.21 万人次赴紫云县旅游，当地实现旅游创收 364.52 亿元。

随着紫云县农村公路变得"更宽、更美、更安全"，公路沿线"农家乐"越办越红火，农村土特产销路越来越广，农民兄弟的"腰包"也越来越鼓，人民群众的获得感、幸福感、安全感也越来越强。

"四好农村路"串起了自然美景，打通了绿水青山和金山银山的双向通道，为紫云县巩固拓展脱贫攻坚成果、打造乡村振兴战略样板提供了交通运输服务保障，也推动当地成为"农业更强、农村更美、农民更富"的美丽"经济带"。

资料来源：贵州紫云：创建"四好农村路" 共筑乡村振兴梦 [EB/OL]. [2023-01-02]. https://gz.cri.cn/2022-08-02/b19b5fa3-fbb4-8046-8a48-4c6f71b02ed8.html. 有删改。

案例分析

1. "四好农村路"高质量发展助力农业产业

为有效盘活农村地区的资源，为广大群众铺就致富通道，要强化农村公路、干线公路、城市道路以及其他运输方式的有效衔接。从紫云县"四好农村路"的建设可以看出，修好一条路，可以带活一大片。正是因为"四好农村路"的高质量建设，串起了紫云县的一个个产业带和多个民族村寨，在方便村民出行的同时，使紫云县的农业产业实现了高效运行。

党的十八大以来，我国加快了农村公路建设的步伐。从交通运输部发布的"四好农村路"高质量发展情况看，全国农村交通基础设施网逐步完善，农村公路里程从 2011 年底的 356.4 万公里，增加到 2021 年底的 446.6 万公里；农村公路管理养护体制改革成效显著，2014 年以来，10 年间全国累计完成约 253 万公里的农村公路新改建工程，集中整治"畅返不畅"农村公路 24 万公里，改造 6 万多座农村公路危桥，实施了 129 万多公里的农村公路安全生命防护工程。《中国数字乡村发展报告（2022 年）》显示，我国农村公路数字化管理不断完善，2021 年已完成 446.6 万公里的农村公路电子地图数据更新工作，并同步制作了专项地图，全景、直观展示全国农村公路路网的分布情况。交通运输部发布的"四好农村路"高质量发展情况显示，截至 2021 年年底，我国农村公路路面的铺装率已增加到 89.8%，列养率达到 99.5%，优良中等路率达到 87.4%，基本实现了农村公路"有路必养、养必到位"；截至 2022 年 7 月，全国农村公路已设有 65 万名路长，承担农村公路管理任务的县级行政单位"路长制"覆盖率达 96%。

农村运输服务水平不断提升。2014 年以来，10 年间全国共有 1 040 个乡镇、10.5 万个建制村的通硬化路难题得到解决，新增通客车的建制村 5 万多个，已于全国范围内实现具备条件的乡镇和建制村通硬化路、通客车、通邮路，从而有效解决了农村地区行路难等问题；累计创建"四好农村路"全国示范县 353 个、"城乡交通运输一体化"全国示范县 41 个，命名 30 条"最美农村路"和 15 条"最具人气路"，逐渐形成了"外通内联、通村畅乡"的交通运输网络。

"四好农村路"的建设助力农业变得更强、农民变得更富、乡村变得更美。10 年间，各地纷纷拓展农村公路的附加值，大力发展"农村公路+"模式，并由此产生了"路衍经济"这一热词。为形成优势互补的局面，各地在建设农村公路的同时注重与产业、旅游、文化等的融合发展，一大批乡村产业路、旅游路、资源路随着乡村产业布局和特色村镇建设不断涌现。各地在公路建设过程中积极吸纳农民群众参与，以实现其就地就近就业增收，把"以工代赈"方式应用在农村公路建设和管护领域上，扩大以工代赈的实施范围和受益对象。截至 2022 年 7 月，我国农村公路管护领域共提供就业岗位 73.3 万个，其中面向脱贫户的岗位为 36.5 万个，占总就业岗位的 49.8%；农村公路工程领域吸纳农民就业 15.5 万人次，其中脱贫户 3.6 万人次，占总就业人次的 23.2%；全国农村公路采取以工代赈方式实施项目 2 699 个，发放劳务报酬总额 4.9 亿元，吸纳农村劳动力 5.3 万人，其中脱贫户劳动力 1.3 万人。总体来看，"四好农村路"已带动脱贫地区整体面貌发生历史性巨变，绘就了乡村振兴的新画卷。

2. "四好农村路"需要加快解决短板问题

尽管"四好农村路"建设成效显著，但农村公路仍是我国现代化综合交通运输体系的"短板"之一，其仍然存在缺乏系统规划、建设质量和建设标准有待提高、乡村公路管理养护薄弱、安全防护不足等问题。

在建设任务上，现有农村公路升级改造和自然村通硬化路的建设压力较大。在道路养护上，部分地区仍存在管理职责界定不清、技术人员相对匮乏、有关政策保障不够、养护资金不足等现实问题。与此同时，因为道路养护对拉动当地经济的作用尚不明显，所以一些地方的养路、护路意识比较淡薄。相比养路，许多地方更注重建路，"重建轻养""以建代养"现象较为普遍。另外，面对日益增长的农村物流需求，农村公路的运输服务水平和能力也有待提高。

3. 破解制约农村公路发展的瓶颈问题

第一，加强对农村公路的建设规划，合理进行布局。各级政府要强化领导责任，科学规划和实施农村公路建设，促进农村公路建设与乡村产业的深度融合发展，努力实现《农村公路扩投资稳就业 更好服务乡村振兴实施方案》所指出的"到 2025 年，便捷高效、普惠公平的农村公路网络进一步完善"的目标。

第二，加强对农村公路的管理、养护。持续加大对农村公路管理、养护的投入和工作力度，建立更加稳定的农村公路管养资金投入机制，健全完善农村公路管理、养护长效机制，创新养护生产模式，提高养护专业化、机械化、规模化水平，加大管护岗位开发力度，确保农村公路网络始终处于良好的路况综合水平，为群众出行提供良好的交通服务。

第三，提升农村公路建设质量。加强项目建设监管，落实"双随机一公开"抽查制度和农村公路建设"七公开"制度，切实落实质量终身责任制，进一步健全农村公路质量监管的长效机制。

第四，完善农村公路安全防护设施。组织开展公路安全设施和交通秩序管理精细化提升行动，加强对农村公路的隐患排查和整治，进一步提升农村公路的安全水平。

第五，加强农村公路建养资金保障。建立更加稳定的农村公路资金投入机制，统筹利用好车购税等资金，做好"以奖代补"等政策的实施工作。推动政策性金融机构创新农村公路建设和养护市场化融资模式，加大对农村公路发展的信贷支持力度。深入推进交通运输领域中央与地方财政事权和支出责任划分等各项改革，推动落实各级政府的支出责任。设置专职养护人员，并统筹用好农村公路管护领域公益性岗位等各类就业岗位，同时加大对管护岗位的开发力度，加强技术和安全培训，推动落实好管护责任。

四、农村水利工程智慧化建设

水利是现代农业的首要条件，是经济社会发展的重要保障，更是乡村振兴的重要支撑，具有很强的公益性、基础性、战略性特点。农村水利水电是水利工作的重要内容，农村水利包括农田水利、农村饮用水和乡镇供水等，其中农田水利是主要内容。农田水利是为农业生产服务的水利事业，主要包括农田灌溉与排水、水土保持、盐碱地改良、沼泽地改良、围垦、草原灌溉、供水及治理沙漠等水利措施。

在建设数字乡村的背景下，对农村水环境整治、农村饮用水安全、灌区续建配套与节水改造、水土保持等农村水利基础设施的智慧化建设需求也越来越迫切，因此必须统筹推进农村水利业务与信息技术的深度融合，通过智慧水利建设提升水利数字化、网络化、智能化水平，促进水利规划、工程建设、运行管理和社会服务的智能化，提高水资源的利用效率，使农村水利基础设施成为增强农业抗御自然灾害能力、改善农业生产条件、提高农民生活水平、保护和改善农村生态环境的重要基础设施，为农村发展提供不可或缺的物质保障。

智慧水利建设是水利数字化转型的重要任务，也是水利高质量发展的实施路径之一。近年来，我国相继发布了一系列智慧水利政策，以推动智慧水利建设。2016 年 2 月，《关于深入推进新型城镇化建设的若干意见》明确指出，要"发展智能交通、智能电网、智能水务、智能管网、智能园区"。2017 年 1 月，《战略性新兴产业重点产品和服务指导目录》将"智能水务"列为战略性新兴产业"节能环保产业"中的"先进环保产业"。2019 年 6 月，《智慧水利总体方案》在需求分析的基础上，深度融合遥感、云计算、物联网、大数据、人工智能等新技术，设计了智慧水利的总体架构，确定了天空地一体化水利感知网、高速互联的水利信息网、智慧水利大脑、创新协同的智能应用、网络安全体系、保障体系等 6 项重要任务，明确了应用、数据、网络与安全、感知等 4 类 10 项重点工程，成为推进智慧水利建设的顶层设计。2020 年 7 月，《关于加快落实新型城镇化建设补短板强弱项工作 有序推进县城智慧化改造的通知》强调指出，新型城镇化建设的重点方向是推进县城公共基础设施数字化建设改造，加快交通、水电气热等市政领域的数字终端建设、系统改造建设。2021 年 3 月，《中华人民共和国国民经济和社会发展第十四个五年规划和 2035 年远景目标纲要》提出明确要求：构建智慧水利体系，以流域为单元提升水情测报和智能调度能力；推进农村水源保护和供水保障工程建设，充分运用物联网、云计算、大数据、人工智能、数字孪生等新一代信息技术，建设数字孪生流域，以预报、预警、预演、预案（即"四预"）功能的实现提升水情测报和智能调度能力，推动水利治理方式变革，统筹发展与安全，助力实现经济行稳致远、社会安定和谐。2021 年 7 月，《数字乡村建设指南1.0》明确提出：信息基础设施的建设包括水利等传统基础设施的数字化升级。2021 年 8 月，水利部按照"需求牵引、应用至上、数字赋能、提升能力"的总要求编制了《"十四五"智慧水利建设规划》，提出构建数字孪生流域，建设"2+N"水利智能业务应用体系，完善水利网络安全体系等一系列举措。2021 年 11 月，《关于大力推进智慧水利建设的指导意见》提出，到2025 年，推进水利工程智能化改造，建成智慧水利体系 1.0 版；到 2030 年，水利业务应用的数字化、网络化、智能化水平全面提升，建成智慧水利体系2.0 版；到 2035 年，各项水利治理管理活动全面实现数字化、网络化、智能化。2021 年 12 月，国家《"十四五"数字经济发展规划》将水利行业明确列为产业数字化重点行业之一。

2022 年 1 月，《数字乡村发展行动计划（2022—2025 年)》明确指出，在推动乡村传统基础设施数字化改造升级的过程中，要"加快农村水利工程智慧化、水网智能化建设，进一步加强全国河长制湖长制管理信息系统建设和应用，推动各类信息共享和联动更新"。其中，乡村基础设施数字化改造提升工程包括：推进农村地区中小型水利设施智能化改造，完善雨水情测报和工程安全监测体系，全面提升中小型水利工程的信息感知能力；落实工程安全管理责任制，充分利用信息技术手段，逐步推进农村地区中小型水利工程全生命周期的仿真运行管理，实现智能化、自动化监管。

案例 4

江苏省宿迁市泗洪县智慧水利建设——让治水变"智水"

江苏省宿迁市泗洪县，地处淮河下游，东濒洪泽湖，水系发达。为进一步提升精准治水能力，泗洪县水利局联合中国移动宿迁分公司（以下简称"宿迁移动"），结合当地水利发展目标和实际需求，共同建设泗洪县"智慧水利"项目。该项目设计包括 7 大应用体系，分别为防汛防旱、河湖长制、水利工程管理、水资源监管、水行政执法监督管理、协同办公、泗洪县农村基层防汛预报预警体系移动 App。该项目依托中国移动 5G 网络，融合物联网、云计算、大数据、人工智能等新兴信息技术，实现治水感知全天候、业务全覆盖、管理全过程。

第一，数据方面，搭建"智慧水利"协同平台。要实现河湖智慧治理，数据信息是基石。在泗洪县的水位站、雨量站附近，均已部署了水利传感器，通过这些设备可以实时采集、传输水文数据信息，推动该协同平台的感知能力由分散向集中、由智能向智慧的转变。图 2.4 为当地水利监测系统示意图。

宿迁移动在泗洪全县 20 个水位站、11 个雨量站、15 个闸泵站工情监测站、8 个城市积水监测站、34 个主要闸泵站部署了 5G 水利设施及视频设备，实现了 24 小时数据监测。该协同平台还汇集了气象、水工等业务数据，通过大数据、人工智能（AI）建模分析，进行可视化展示和呈现。在泗洪县水利局信息调度指挥中心，水利人员可以根据指挥调度大屏上显示的全县水文站、易涝点、闸泵站水位、台风路径等信息和河道监控大屏展示的重点区域河面

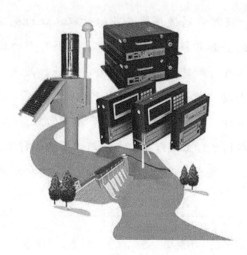

图 2.4

实时情况及预警信息，及时进行处理，真正做到了足不出户即可实时掌握全县水位、雨量、积水等信息。总之，通过"智慧水利"协同平台，实现线上高效协同处置，大大节省了传统监测方式所需的大量人力、物力。

第二，防汛方面，"智慧水利"大显身手。泗洪县河网密布、水系发达，当地三岗三洼，起伏交错，水情多变，7条流域性河道承载着豫皖苏三省来水过境入湖，是名副其实的"洪水走廊"。为提高防汛工作效率，保障人民生命财产安全，加强防汛预警响应和撤离指挥能力，防汛抗旱信息服务平台打通了"监测—分析—预警响应—撤离指挥—返回"这一防汛工作中的全流程闭环处置链条。以防汛工作为例，在汛期到来时，系统会实时调取各监测站点的监控视频和水雨情、工情等信息，一旦出现降雨量超限或河道超水位运行，系统会快速生成预警信息并通知相关责任人及时做好防汛准备；汛情发生时，该平台会依据防汛防台应急预案连线抢险队伍，动态跟踪全县应急响应状况，并根据事件发展态势、结合交通实况，智能规划最优抢险路线，指挥抢险队伍抢险救灾，确保滞洪区人员安全撤离。通过这一防汛全流程闭环处置模式，大幅提高了泗洪县灾害防御的工作效率，实现了对洪涝灾害的快速应急响应。

第三，数字化方面，赋能生态河湖治理。河湖治理绝非一日之功，泗洪县的智慧水利建设以数字化赋能生态河湖治理，不仅满足了对河道的日常巡检需要，而且可以实现对河道的全流程管理。河湖管理人员基于前端感知设备，可在日常工作中实时查看主要河湖的取水口数量、排污口数量、最新水质情况等业务数据，还可以通过摄像头获取该取水口的视频信息，实现对问题河道各河段水质的全面掌握。同时，智慧水利平台中的舆情监测模块，可及时将公众对河湖的投诉和建议快速反馈给河长进行处理。此外，当地还通过该平台构建专项行动，推进河湖问题处理，从而培育"治水没有旁观者"的社会共识，群策群力，共同维护河水常清、水岸常绿。

自泗洪县智慧水利平台上线以来，各级河湖长积极行动，"四乱"等突出问题得到有效遏制，河湖水质明显提升，水畅、水活、水清、水美的景象开始显现。

资料来源：徐林全，周国斌，胡振梅，等. 智慧水利建设让治水变"智水"［EB/OL］.［2023-05-13］. https://www.jntimes.cn/xxzx/202205/t20220510_7536667.shtml. 有删改。

案例分析

1. 水利工程智慧化建设取得明显进展

泗洪县的智慧水利平台把大数据、物联网、人工智能等技术很好地融入当地的智慧水利建设中，从治水转变为"智水"。随着该平台功能的逐步完善、不断扩展，当地将进一步打造具有泗洪特色的水利智慧化治理新模式，而这一切得益于国家的农村水利工程智慧化建设。

从整体来看，近年来我国的智慧水利建设已取得明显进展。《中国数字乡村发展报告（2022年)》显示，数字孪生流域建设在重点水利工程中先行先试，智慧水利建设已进入全面实施阶段。截至2021年底，全国县级以上水利部门应用智能监控的各类信息采集点达24.53万处，其中66.4%已纳入集控平台；截至2022年6月，已有2 766个县共53.04万处农村集中供水工程建立了电子台账。

农村水利工程智慧化建设保障了农民的饮水安全，提高了农民的生活水平和生活质量。2020年，我国贫困人口饮水安全问题已按现行标准得到了全面解决，贫困地区的水利基础设施条件也得到了明显改善。此外，农村供水工程建设也不断加码加力。在水利部召开的水利基础设施建设进展和成效新闻发布会上公布的一组农村供水工程建设"成绩单"显示，截至2022年7月底，各地共完成的农村供水工程建设投资是 2021 年同期的 2 倍多，达到 466 亿元；已开工农村供水工程 10 905 处，提高了 2 531 万农村人口的供水保障水平；农村供水工程维修养护完成投资 25.1 亿元，维修养护工程 6.7 万处，服务农村人口 1.3 亿人；大中型灌区建设和现代化改造完成投资 178 亿元。2023 年，一批农村饮水提升工程正在加紧建设中，力争到年底将全国农村的自来水普及率提升至 88%。

农村水利工程智慧化建设改善农村生态环境。近年来广泛开展的"清水河道"治理、"碧水工程"建设等，明显改善了农村的人居环境；水土保持重点治理项目为实施退耕还林等生态工程创造了条件，为在更大范围内保护和改善生态环境起到了重要的保障作用。

2. 智慧水利建设还存在明显短板和薄弱环节

从整体来看，与水利高质量发展的需求相比，与日新月异的信息技术相比，我国的智慧水利建设在数字化、网络化、智能化等方面还存在明显的短板和薄弱环节。在数字化方面，感知覆盖范围尚不足，监测要素还不全，技术手段也不够先进。截至 2021 年 11 月，我国约有半数的中小河流、73% 的小型水库、23% 的中型水库还没有水文监测设施，大多数江河堤防、中型水库和几乎所有的小型水库都没有安全监测设施。在网络化方面，我国水利基础设施距离信息全面互联还有较大差距，网络覆盖面窄，网络的系统性、综合性、强韧性还有所欠缺，网络服务水平和信息共享程度仍不能满足实际需要。例如，约 20% 的县级水利部门还没有接入水利业务网，省级以上水利部门中还有近 62% 的信息系统没有开展网络安全等级保护定级，大型水利工程仍以现地控制为主，等等。在智能化方面，存在信息化共享能力和调度调配与精准控制能力不足、模型能力不足等问题，水利工程数字化建设标准不一致，智能化应用标准缺失；支撑决策的精准化程度不高，联合调度技术与新技术、新手段的融合程度低，防洪风险评估的实时高效支撑能力弱。此外，当前水利建设在智能化方面对防灾联合调度决策的支持响应能力尚不能满足新形势下的防灾工作需求，不能有效发挥水利工程防灾联合调度体系的潜力，无法充分发挥水利工程的整体优势和规模效应，已建防灾调度系统和水资源调配系统存在许多不足，有的问题还比较严重；预报方面仍以集中式、经验性模型为主，预警能力不足，预案精细化程度不够，支撑多方案优选的预演能力较为薄弱；重要江河湖库水利要素监测智能化水平低，卫星、雷达、视频、物联网等智能化监测措施欠缺，水旱灾害智能化预测预警功能单一。

同时，部分农村河湖、小微水体的治理水平仍偏低，建后管护机制尚不完善；数字化程度偏低，监测基础设施不够，灾害预报预警能力薄弱，无法实现各类数据的实时监控与共享，距离实现中小河流"数字一张图"的整体目标还存在一定差距；流域和区域的共治共保、共建共享治理体系有待进一步建立健全，此外缺乏通过水利建设对经济发展进行激励和促进的有效机制。

3. 全面落实农村智慧水利建设的重点任务

智慧农村水利水电管理体系应重点实施以下建设任务。

第一，提升农村供水信息化管理水平。按照《关于做好农村供水保障工作的指导意见》的要求，"十四五"期间，应以县域为单元，以农村集中供水工程为对象，打造农村供水信息化管理一张图，提升管理决策支持水平；推进"千吨万人"供水工程建设，加强对水量、水质等关键参数进行在线监测和对主要供水设备进行实时监控的自动化监控系统建设，提升供水安全保障能力；在有条件的地区推广智能水表，实现远程交费或采用预付费等方式，提升工作效率；通过水文气象预报预测信息和水量供需能力分析，增强预报、预警、预演、预案等能力，推动智慧供水系统建设和智能化管理。

第二，大力推进数字灌区建设。"十四五"期间，在实施现代化改造的124处灌区全面推进数字灌区建设，将灌区工情、水情物理属性数字化，推进流量、水位、水量数据的自动化采集、闸门自动控制、关键节点在线监控等，实现对灌区工情和水情的实时全面数据响应；加强骨干渠系的水量科学调度和合理配水，努力提升灌区工作的预报、预警、预演、预案等能力，不断提高灌区工程的安全运行效率和监控水平；在部分有条件的灌区建设包括天气预测、作物需求、旱情监测、水源调度等功能在内的数字灌区系统，逐步实现灌区管理和用水调度的数字化、智能化和智慧化。

第三，加快小水电数字化建设。"十四五"期间，将接入各省生态流量监管平台，并整合长江经济带、黄河流域小水电清理整改等现有信息管理平台，以加大监管信息系统的开放共享和应用力度，进一步提升小水电数字化监管能力；不断加大小水电智能感知、数据挖掘和数字孪生等技术的应用，为小水电提供监测、预报、预警、优化流域调度、区域联调联控等数字化、智慧化服务；利用物联网移动技术与云中心存储技术，在各地搭建小水电智慧化服务平台，在集约智能化改造电站的基础上促进小水电站实现自动化、智能化、集约化。

五、补齐冷链物流短板

《"十四五"冷链物流发展规划》指出，冷链物流是利用温控、保鲜等技术工艺和冷库、冷藏车、冷藏箱等设施设备，确保冷链产品在初加工、储存、运输、流通加工、销售、配送等全过程始终处于规定温度环境下的专业物流。推动冷链物流高质量发展，是减少农产品生产后损失和食品流通浪费，扩大高品质市场供给，更好满足人民日益增长美好生活需要的重要手段；是支撑农业规模化产业化发展，促进农业转型和农民增收，助力乡村振兴的重要基础；是满足城乡居民个性化、品质化、差异化消费需求，推动消费升级和培育新增长点，深入实施扩大内需战略和促进形成强大国内市场的重要途径；是健全"从田间到餐桌、从枝头到舌尖"的生鲜农产品质量安全体系，提高医药产品物流全过程品质管控能力，支撑实施食品安全战略和建设健康中国的重要保障。

近年来，国家相关部门聚焦冷链物流基础设施建设、冷链物流体系建设、促进农产品流通等方面发布了一系列政策法规，有力地促进了国内冷链物流行业的发展，同时积极研究和出台相关鼓励性政策，以促进农产品冷链物流的发展。

2010 年 6 月，国家发展改革委发布《农产品冷链物流发展规划》，明确加快建设"从田间到餐桌"一体化冷链物流体系。2017 年 2 月，中共中央、国务院发布《关于深入推进农业供给侧结构性改革 加快培育农业农村发展新动能的若干意见》；2017 年 4 月，国务院发布《关于加快发展冷链物流 保障食品安全 促进消费升级的意见》；2017 年 9 月，商务部、农业部发布《关于深化农商协作 大力发展农产品电子商务的通知》；2017 年 10 月，国务院发布《关于积极推进供应链创新与应用的指导意见》；2018 年 3 月，商务部、中华全国供销合作总社发布《关于深化战略合作 推进农村流通现代化的通知》；2018 年 5 月，财政部、商务部发布《关于开展 2018 年流通领域现代化供应链体系建设的通知》；2019 年 5 月，财政部、商务部发布《关于

推动农商互联 完善农产品供应链的通知》。

从上述国家发布的相关政策法规及其频率不难看出，自2017年起国家对冷链物流行业的重视程度逐年攀升，对冷链行业的快速发展保持高度关注。2020—2021年，国家对冷链物流发展提出了更高要求，不仅要求冷链运输在量上的提升，而且更加注重对冷链运输食品安全问题的管理和监督，仅2020年就有8个相关标准和法规发布，以对冷链市场进行全面规范，冷链物流行业也由此迎来提档提质的发展阶段。2020年3月，国家发展改革委发布《关于开展首批国家骨干冷链物流基地建设工作的通知》等文件，从政策上对农产品冷链物流的发展或提出规划要求，或提供相应支持。

2021年第一季度，国家发展改革委正式印发《2021年新型城镇化和城乡融合发展重点任务》，财政部及商务部也随即联合发布了《关于进一步加强农产品供应链体系建设的通知》，提出重点抓住跨区域农产品批发市场和干线冷链物流，补齐农产品流通设施短板，打通农产品流通"大动脉"；完善产区"最初一公里"的初加工设施设备，提升农贸市场、菜市场"最后一公里"的惠民功能，畅通农产品流通"微循环"的发展思路。一系列的政策及指导意见的颁布实施，促使冷链物流服务不再局限于大型城市和销地市场，而是深入农业农村发展和农产品供应链体系升级之中。其中，补齐产区"最初一公里"的预冷环境短板，使得冷链物流服务下沉至县域，发展前景巨大。

2021年11月，国务院办公厅印发《"十四五"冷链物流发展规划》。该规划是我国冷链物流领域的第一份五年规划，主要聚焦制约冷链物流发展的突出瓶颈和痛点难点卡点问题，对建设现代冷链物流体系作出了全面部署，为冷链物流高质量发展按下了"快进键"。根据该规划的发展目标，到2025年，初步形成衔接产地销地、覆盖城市乡村、联通国内国际的冷链物流网络，基本建成符合我国国情和产业结构特点、适应经济社会发展需要的冷链物流体系；调节农产品跨季节供需、支撑冷链产品跨区域流通的能力和效率显著提高，对国民经济和社会发展的支撑保障作用显著增强。

2022年1月，《数字乡村发展行动计划（2022—2025年）》明确提出：支持国家骨干冷链物流基地、区域性农产品冷链物流设施、产地冷链物流设施等建设，补齐冷链物流短板。为落实国家《"十四五"冷链物流发展规划》对供销合作社的任务分工要求，同年2月，《全国供销合作社"十四五"公共型农产品冷链物流发展专项规划》发布。该规划明确提出，"十四五"期间将构建以骨干网、省域网、区域网与信息平台（即"三网一平台"）为主架构的供销合作社公共型农产品冷链物流服务网络。该规划的公益性体现在为小微农户提供优质优价服务，并承担政府应急储备任务。

2022年5月，商务部、国家邮政局等八部门发布《关于加快贯通县乡村电子商务体系和快递物流配送体系有关工作的通知》，提出要"补齐冷链短板，提升冷链流通率"。同年6月，农业农村部、财政部发布《关于做好2022年农产品产地冷藏保鲜设施建设工作的通知》，推动冷链物流服务网络向农村延伸。

案例 5

2022 年广西投入逾 7 亿元，促进冷链物流产业发展

为进一步补齐冷链物流设施短板，提升广西当地的冷链物流发展水平，助力乡村振兴，2022年，广西壮族自治区财政加大投入力度，统筹财政资金7.07亿元，以推动冷链物流产业发展。

1. 支持打造消费品双向冷链物流新通道

为支持打造消费品双向冷链物流新通道，广西积极推动冷链物流服务网络向中小城镇和农村地区下沉。为此，广西争取到中央服务业发展专项资金1.47亿元，聚焦县域商业体系中的市场缺位和薄弱环节，支持农产品冷链物流设施等建设；发挥县城和乡镇的纽带作用，努力实现城乡生产和消费连接更加紧密，工业品下乡和农产品进城渠道更加畅通。

2. 提高农产品产地商品化处理水平

在提高农产品产地商品化处理水平方面，广西立足当地农产品丰富的优势，大力支持农产品冷链物流设施建设，畅通城乡经济循环。一方面，广西争取到中央农业生产发展资金3.05亿元，支持新型农业经营主体等建设农产品产地冷藏设施及其他农业生产项目，打通鲜活农产品产地的"最后一公里"。另一方面，广西安排自治区服务业发展专项资金1 460万元，支持11个冷链物流设施及信息化建设项目，进一步提高产地农产品的商品化处理能力。

与此同时，广西还安排了乡村振兴资金 1.88 亿元，支持一批符合条件的冷链物流中心、冷链物流产业园等基础设施项目建设，完善冷链物流服务体系，提升冷链物流服务品质。

3. 积极推动干线运输规模化发展

此外，广西还积极推动干线运输规模化发展，发挥国家骨干冷链物流基地等大型冷链物流设施资源集聚的优势，提高冷链物流干线运输的组织化、规模化水平。

具体而言，广西争取到城乡冷链和国家物流枢纽建设项目中央基建投资预算 3 100 万元，用以提升当地国家物流枢纽、国家骨干冷链物流基地的运行效率，提高冷链物流发展水平，服务区域畜禽屠宰和肉类流通，等等。同时，安排北部湾经济区发展专项资金 2 200 万元，支持广西北部湾国际生鲜冷链园区（一期）（图 2.5 为该园区沙盘展示）及公共信息服务平台、西部陆海新通道凭祥冷链物流仓储等项目建设；依托港口、口岸等通道优势资源，加快推进西部陆海新通道冷链物流网络建设。

图 2.5

资料来源：2022 年广西投入逾 7 亿元促进冷链物流产业发展 [EB/OL].［2022-12-20］. http://bbwb.gxzf.gov.cn/ywdt/t14545649.shtml. 有删改。

案例分析

1. 我国冷链物流产业发展迅猛，市场潜力巨大

近年来，我国冷链物流行业进入了发展快车道。中国物流与采购联合会发布的《中国冷链物流发展报告（2022）》显示，随着我国城乡居民消费水平和消费能力的不断提高，市场对冷链物流的需求持续旺盛。2021年，我国冷链物流同比增长19.65%，市场规模突破4586亿元。党的十八大以来的10年间，我国食品冷链物流需求总量增幅超过了300%。随着国家陆续出台支持冷链物流发展的相关政策，包括冷藏车、冷库等在内的冷链物流基础设施得到进一步完善。冷链产业的快速发展，有效推动了实体经济的数字化进程，助力了乡村振兴，给乡村百姓带来了富裕的生活。2021年，国内冷库容量突破1.96亿立方米，冷藏车保有量超过34万辆。从地域分布来看，目前冷链仓储资源主要集中在东中部地区，西南和东北地区的冷链仓储企业正在加速发展，区域不平衡局面也在逐步改善。

为健全冷链物流网络体系，保障区域生活物资供应，促进冷链物流与相关产业的联动发展，我国正大力推动建设国家骨干冷链物流基地。据国家发展改革委官网消息，2022年10月，国家发展改革委印发《关于做好2022年国家骨干冷链物流基地建设工作的通知》，明确了24个国家骨干冷链物流基地。加上此前发布的首批17个国家骨干冷链物流基地，目前国家骨干冷链物流基地已达41个，覆盖全国27个省（区、市）。

《中国数字乡村发展报告（2022年）》指出，支撑农产品上行的基础设施状况已有明显改善。截至2022年底，3年来国家共支持3.6万个家庭农场、农民合作社、农村集体经济组织建设6.9万个产地冷藏保鲜设施，新增库容1800万吨以上。

2. 我国农产品冷链物流发展面临"短板"

《"十四五"冷链物流发展规划》指出，我国冷链物流发展不平衡不充分问题突出，跨季节、跨区域调节农产品供需的能力不足，农产品生产后损失和食品流通浪费较多，冷链物流水平与发达国家相比还有较大差距。具体表现为以下几个方面。

第一，结构性矛盾较为突出。东中西部、南北方和城乡冷链发展不均衡，有的地区同质化低价竞争、低水平重复建设，有的地区冷库利用率不高。尚

未形成覆盖全国的骨干冷链物流网络，不能满足"通道+枢纽+网络"的现代物流运行体系要求。此外，运营主体大多实力不强，存在筹资能力较弱、冷链专业人才不足、用电用地等关键环节存在堵点等现实问题。

第二，冷链设施总体明显不足。设施建设标准差别较大，有的地区冷链物流温控手段较为粗放，信息化程度较低，影响了冷链效益。产地冷库建设相对滞后，现代化冷库数量较小，传统农产品批发市场中的冷链设施短板突出。冷链运输设施设备水平和人员作业专业化水平有待提高，低温加工配送中心数量不足，公路冷藏及保温车占货运汽车的比例极低，新能源冷藏车发展相对滞后。

冷链物流标准体系不够完善。存在推荐性标准多、强制性标准少、标准间衔接不够紧密、部分领域标准缺失等问题，同时政府职能部门对冷链物流的监管制度不够全面，有效监管不足。

3. 进一步促进冷链物流业高质量发展之"四全"重点工作

为推动冷链物流高质量发展，2021年国务院办公厅印发了《"十四五"冷链物流发展规划》，对冷链物流加强了顶层设计和工作指导，并进行四个方面的规划（即本文所指的"四全"重点工作），回答了谁来建设和怎样更好建设的问题，具体如下。

第一，优化冷链物流全品类服务。在肉类冷链物流方面，加快建立冷鲜肉物流体系，升级肉类冷链物流设施；在果蔬冷链物流方面，完善果蔬冷链物流设施设备配套条件，提高农产品产地商品化处理水平；在水产品冷链物流方面，强化水产品产地保鲜加工设施建设，健全支撑水产品消费的冷链物流体系；在乳品冷链物流方面，推进奶业主产区冷链物流设施建设，加强低温液态奶冷链配送体系建设；在速冻食品冷链物流方面，推动冷链物流与速冻食品产业联动发展，提升冷链物流对速冻食品消费的保障能力；在医药产品冷链物流方面，完善医药产品冷链物流设施网络，提高医药产品冷链物流的应急保障水平。

第二，推进冷链物流全流程创新。加快数字化发展步伐，提高智能化发展水平，创新技术装备，打造消费品双向冷链物流新通道，切实带动农业产业化发展，构建产业融合发展新生态。

第三，加强冷链物流全方位支撑。大力发展冷链物流骨干企业，引进国内外知名冷链物流企业和具有冷链整合能力的大型企业，提升冷链物流企业国际竞争力；加强冷链物流标准化建设，完善统计体系，加强人才培养。

第四，加强冷链物流全链条监管。健全监管制度，强化物流检验检疫和检测，不断完善并着手创新行业监管手段。

第三章　智慧农业建设

智慧农业是农业生产的高级阶段。《数字乡村建设指南 1.0》指出，智慧农业是集新兴的互联网、云计算和物联网等技术为一体，依托部署在农业生产现场的各种传感节点和无线通信网络，实现对农业生产环境的智能化感知、预警、决策、分析，并通过专家在线指导，为农业生产提供精准化种植、可视化管理和智能化决策等支撑。智慧农业是与现代生物技术、种植技术融为一体的，其主要内容包括农业数据资源建设、农业生产数字化（如种业数字化、种植业数字化、林草数字化、畜牧业数字化、渔业渔政数字化）、农产品加工智能化、乡村特色产业数字化监测、农产品市场数字化监测和农产品质量安全追溯管理等。智慧农业的特点：一是自动化，二是精准化，三是高效化，四是环保化，五是数据化。

智慧农业是全球未来农业的发展趋势和方向，也是我国农业的发展方向。发展智慧农业对驱动引领实现农业现代化、加快建设农业强国具有重要意义。同时，走基于数字化的智慧型农业之路，也是逐步实现数字化、网络化、智慧化，建设网络强国的需要。"十三五"规划纲要、2016 年以来每年的中央一号文件、近年发布的《新一代人工智能发展规划》等，都对农业数字化和智能化发展作出了顶层设计和系统谋划。2018 年 6 月，中共中央、国务院印发《乡村振兴战略规划（2018—2022 年)》，指出构建乡村振兴新格局要强化农业科技支撑。为此，应深入实施创新驱动发展战略，加快农业科技进步，提高农业科技方面的自主创新水平、成果转化水平，为农业发展拓展新空间、增添新动能，引领支撑农业转型升级和提质增效，具体措施包括提升农业科技创新水平，打造农业科技创新平台基地，加快农业科技成果转化应用，等等。

2019 年 5 月，中共中央办公厅、国务院办公厅印发《数字乡村发展战略纲要》，提出推进农业数字化转型。2019 年 12 月，农业农村部和中央网信办印发《数字农业农村发展规划（2019—2025 年）》，提出加快推进农业农村生产经营精准化、管理服务智能化、乡村治理数字化等。

2021 年 7 月，由中央网信办、农业农村部等 7 部门印发的《数字乡村建设指南 1.0》详细阐释了智慧农业的相关概念，并明确指出了我国在建设智慧农业过程中需要重点发展的各个农业数字领域。2022 年 2 月，《"十四五"全国农业农村信息化发展规划》提出了"十四五"时期关于智慧农业发展的目标，即智慧农业迈上新台阶，农业生产信息化率达到 27%，农产品网络零售额超过 8 000 亿元，建设 100 个国家数字农业创新应用基地，认定 200 个农业农村信息化示范基地，等等。这一规划还部署了"发展智慧农业，提升农业生产保障能力"的重点任务，从而为"十四五"时期农业农村的信息化发展指明了主攻方向。

2023 年的中央一号文件——《中共中央、国务院关于做好 2023 年全面推进乡村振兴重点工作的意见》，指出"加快农业农村大数据应用，推进智慧农业发展"，并部署了相关工作。

总体而言，近年来国内智慧农业的发展已取得了一定进展；从科技含量角度来看，则我国的智慧农业还处于起步探索及研发、示范、试点阶段。

一、农业农村大数据建设应用

习近平总书记指出，要大力"实施国家大数据战略，加快建设数字中国"。大数据技术可以为乡村振兴发展提供动力，提高决策的科学性，加快农业现代化进程，促进乡村治理的精准化，提高民生和公共服务水平，等等。

2019 年 5 月，中共中央办公厅、国务院办公厅印发《数字乡村发展战略纲要》。该纲要作为发展数字乡村的纲领性文件，指出数字乡村建设中的重点任务是推动数字农业和现代农业的深度融合，"发展农村数字经济"。《数字乡村发展战略纲要》强调：夯实数字农业基础，完善自然资源遥感监测"一张图"和综合监管平台，对永久基本农田实行动态监测；建设农业农村遥感卫星等天基设施，大力推进北斗卫星导航系统、高分辨率对地观测系统等在农业生产中的应用；推进农业农村大数据中心和重要农产品的全产业链大数据建设，推动农业农村基础数据整合共享；等等。

2019年12月，农业农村部和中央网信办印发的《数字农业农村发展规划（2019—2025年）》提出，加强包括国家农业农村大数据中心建设工程在内的重大工程设施建设。根据2015年《国务院关于印发促进大数据发展行动纲要的通知》有关实施"现代农业大数据工程"的部署要求，为实现数据资源共享、智能预警分析，要搭建包括国家农业农村云平台、大数据平台、政务信息系统等在内的大数据中心，以此提高农业农村领域的管理服务能力和科学决策水平。

2021年3月，《中华人民共和国国民经济和社会发展第十四个五年规划和2035年远景目标纲要》指出，"发展智慧农业，建立和推广应用农业农村大数据体系，推动大数据等新一代信息技术与农业生产经营深度融合"。同年7月，中央网信办、农业农村部等7部门印发的《数字乡村建设指南1.0》指出，"农业数据资源建设"包括：依据农业农村数据共享开放相关政策和管理规范，编制农业农村信息资源目录体系，汇聚基础地理、遥感数据、农业生产经营主体基础信息数据资源、耕地基本信息数据资源、渔业水域本底数据资源、农业投入品数据资源、农产品市场交易数据资源，开发涵盖种植业、养殖业、林业等方面的农业资源决策分析系统，实现县域内农作物种植适宜性评价、"三品"（即无公害农产品、绿色食品、有机食品）基地适应性评价分析、重大动物疫情防控决策、病虫害预警分析评价、农业产业结构调整等功能，为农业管理部门应急决策与指挥调度提供技术支撑。

2022年1月，中央网信办、农业农村部等10部门印发《数字乡村发展行动计划（2022—2025年）》，强调"加快推进农业农村大数据建设应用"。同年2月，农业农村部印发《"十四五"全国农业农村信息化发展规划》，明确了"十四五"时期农业农村大数据建设的目标，即基本建立农业农村大数据体系，建成国家农业农村大数据平台，基本形成农业农村数据资源"一张图"，不断丰富大数据应用场景，逐步显现数据的要素价值等，同时部署了"夯实大数据基础，提升农业农村管理决策效能"等重点任务。

案例 6

安徽省农业农村大数据中心建设实践

安徽省农业农村大数据中心历经两年建设，于 2019 年 10 月基本建成并上线运行，之后一直不断充实数据，完善平台功能，打造应用场景（如建设"网上农业农村厅"），用数据说话，进行管理、决策和服务，以大数据赋能全省农业农村行政管理和公共服务。

1. 构建三级架构

安徽省农业农村厅在建设大数据中心的过程中，建设思路清晰明确，将该中心建设列入重要的信息化项目中并单独立项，同时做到科学论证、统筹谋划、分步实施。按照国务院《促进大数据发展行动纲要》以及农业农村部《关于推进农业农村大数据发展的实施意见》的要求，并根据安徽省制定的"互联网+"现代农业实施意见，构建起农业农村大数据中心的三级架构——层级架构、支撑架构和内容架构。其中，层级架构包括厅本级、厅属各单位、市县级等预留接口，支撑架构主要由大数据指挥调度中心、云计算中心、标准规范体系、安全保障体系等构成，内容架构包括信息资源目录体系、信息资源数据库、大数据综合服务平台、数据共享交换平台等。

2. 设计六大板块，实现六大功能

安徽省农业农村大数据中心的核心和重点是大数据综合服务平台，该平台的主要架构为一图（图说三农）、一库（数据资源库）、一仓（决策管理仓）、一台（数据共享平台）、一端（数据和手机应用端），并根据需要设计了六大应用板块，包括首页、决策管理、数据共享、图说三农、数据应用、系统管理等。

首页主要体现展示功能，实现用数据说话。农业农村工作管理者打开首页后，即可全面了解全省农业农村的发展情况。

决策管理板块主要实现用数据管理、决策和服务的功能。

数据共享板块主要实现数据交换、共享的功能。通过这一板块，使用者可以获得其他业务部门的信息数据，实现基础数据共享。

图说三农板块主要实现的是农业农村基础信息数据上图入库的功能，从而为"三农"工作提供支撑，满足管理层对各类涉农主体进行空间定位和分析的需求。

数据应用板块主要实现的是应用智慧农业平台的功能，以此实现农业产销工作的智能化和精准化。

系统管理板块主要实现的是创建数据资源库的功能。

3. 取得四大成效

第一，实现了多系统数据集成共享。经过两年建设，安徽省农业农村大数据中心综合服务平台为全厅职工以数据为基础进行的管理和决策工作提供了高效的技术支撑，其中光是业务信息系统就整合了 12 个，并整合了 6 大行业的基础信息数据 8 000 多万条，此外还有 50 个厅属单位的电子文档实现了资源共享。

第二，打通了多平台数据双向通道。数据通道在农业农村大数据建设中起着重要的作用。该大数据中心的农业信息综合服务平台承担起了此项重任，成为安徽省农业农村厅对内对外的唯一数据通道，通过政务外网初步打通了与国家政务云平台、农业农村部共享平台、省政务云平台、省政务窗口、省信用平台和省"双随机""一公开"平台以及处室业务信息系统平台等的数据通道。

第三，解决了数据的实时性、有效性问题。通过这一大数据平台，可取得定期调度的月报数和实时数，使经由平台对接的"三农"重点工作数据得以及时、有效地进行传递；所对接的各个平台数据都是在线实时数据和终端实时采集数据，从而使该平台真正做到及时、好用。

第四，实现管理精准化。该平台大数据的实时性、有效性，可以实现决策管理、产销管理的精准化，实现"一网通办"之有效监督。通过该平台，2020 年度安徽省在诸多"三农"重点工作中实现了在线过程监测和动态管理，其中包括 50 多万个厕所改造、8.6 亿元农机购机补贴、8 961 台农机深松作业、9 万批次"三品一标"（指无公害农产品、绿色食品、有机农产品和农产品地理标志）农产品溯源、5 958 个农产品流向、131 万条农产品快检信息、2 279 件行政审批事项等。图 3.1 为安徽省农产品质量安全追溯管理信息平台。

图 3.1

资料来源：方文红，丁作坤，丁晶晶，等. 安徽省农业农村大数据中心建设实践与思考［J］.
安徽农学通报，2022，28（4）：120-122. 有删改。

案例分析

1. 农业农村大数据建设应用现状

安徽省农业农村大数据中心建设是在多层次、多方位深度调研的基础上，结合本省人力、财力、物力的实际，以及安徽省农业农村厅对大数据中心建设的明确要求，多次修改方案而建成的。此项建设为全国省级农业农村大数据综合服务平台建设贡献了思路，探索了路径，也积累了经验。例如，通过此项建设，有关方面意识到：政务大数据是方向和重点，摸清数据资源底细是基础，业务部门协同作战是关键，只有不断进行迭代升级、持续投入才能形成成熟的大数据平台。

此项建设是贯彻落实中央的大数据发展战略，发挥大数据在乡村振兴和现代农业发展中的倍增效应，围绕农业农村部《数字农业农村发展规划（2019—2025 年）》和安徽省"数字江淮"建设规划目标和任务要求而大力推进的成果。2019 年 12 月，农业农村部和中央网信办印发《数字农业农村发展规划（2019—2025 年）》，明确了今后一段时期数字农业建设的发展思路，即

"数字技术与农业农村加速融合"，快速推进产业数字化，加快智能化感知、分析、控制等数字技术向农业农村的渗透，不断深化农业农村大数据建设，逐步完善市场监测预警体系，建成农产品质量安全追溯、农兽药基础数据、重点农产品市场信息、新型农业经营主体信息直报等平台并投入使用，全面启动单品种大数据建设，推进种业大数据、农技服务大数据等建设初见成效。

据农业农村部网站消息，2021年12月，农业农村部市场与信息化司联合农业农村部信息中心发布《2021全国县域农业农村信息化发展水平评价报告》。该评价报告显示，我国正稳步推进农业生产信息化建设。其中，2020年全国的农业信息化水平为22.5%，农业信息化建设明显促进了农业总产值增长，为释放农业数字经济潜力提供了有利条件。

2. 农业农村大数据建设应用中存在的问题

大数据建设在乡村振兴应用过程中成效明显。但同时也应当看到，当前我国的大数据技术仍处于发展初期，还存在一些不足。例如，大数据思维尚不成熟，一些地方在规划建设时还未充分运用大数据；农村信息基础设施薄弱，还需要构建起完善的信息基础；大数据实施细则不配套，还没有完全跟上信息化发展的需要；农村信息化人才缺失，人才渠道和措施不完善；等等。这些都制约着大数据技术在乡村振兴发展中的深化运用。

3. 对农业农村大数据建设和应用中存在的问题，亟待采取多种措施加以解决

第一，继续强化农村信息化基础设施建设，并加强配套制度建设。在提高农村信息基础设施建设硬件水平的同时，还应建立、完善与之相配套的涉农大数据实施细则和保障制度等，为大数据技术和乡村振兴的有机结合提供制度保障。

第二，构建专业统一的大数据平台。构建集信息采集、监测监控、管理服务、调整反馈等为一体的大数据平台，以促进数据的有效运用。

第三，加强农村信息化人才建设。在政策上要对农村信息化人才给予更多的支持，与各方进行合作沟通，通过各种渠道、制定多种措施，积极、主动地吸引各类信息化人才投入乡村振兴建设。

二、天空地一体化农业观测网络建设

近年来，随着农业监测管理技术的发展，基于天基、空基、地基观测的

天空地协同感知成为智慧农业的发展方向,"天空地"一体化解决了单一传感器、单一遥感平台在实际农业应用中存在较多局限的问题。

围绕天空地一体化农业观测网络建设,国家已出台了一系列政策。2019年5月,中共中央办公厅、国务院办公厅印发《数字乡村发展战略纲要》,其重点任务之一"发展农村数字经济"中即包括"夯实数字农业基础",强调完善自然资源遥感监测"一张图"和综合监管平台,对永久基本农田实行动态监测;建设农业农村遥感卫星等天基设施,大力推进北斗卫星导航系统、高分辨率对地观测系统在农业生产中的应用;等等。

2019年12月,农业农村部和中央网信办印发《数字农业农村发展规划(2019—2025年)》。其目标是:到2025年,基本建成天空地一体化观测网络、农业农村基础数据资源体系和农业农村云平台。该规划还提出"加强重大工程设施建设",其中包括农业农村天空地一体化观测体系建设工程:按照中共中央办公厅、国务院办公厅印发的《关于创新体制机制 推进农业绿色发展的意见》中有关构建天空地数字农业管理系统的决策部署,建设天空地一体化的农业农村观测网络基础设施和应用体系,实现对农业生产和农村环境等全领域、全过程、全覆盖的实时动态观测,具体包括农业农村天基观测网络建设应用项目、农业农村航空观测网络建设应用项目、农业物联网观测网络建设应用项目等。

2021年7月,中央网信办、农业农村部等7部门印发的《数字乡村建设指南1.0》指出,通过互联网、云计算和物联网等技术,依托部署在农业生产现场的各种传感节点和通信网络,实现对农业生产环境的智能感知、智能预警、智能决策、智能分析、专家在线指导等功能,为农业发展提供精准化生产、可视化管理、智能化决策等支撑。

2022年1月,中央网信办、农业农村部等10部门印发《数字乡村发展行动计划(2022—2025年)》,强调"建设天空地一体化农业观测网络"。具体包括:统筹使用国家民用空间基础设施中长期发展规划卫星及民商遥感卫星等资源,构建农业天基网络,形成常规监测与快速响应的农业遥感观测能力;开发适合我国农业生产特点和不同地域需求的无人机导航飞控、作业监控、数据快速处理平台,构建航空观测网络,提升区域高精度观测和应急响应能力;整合利用各类农业园区、基地的物联网数据采集设施,逐步推动数据汇集。

案例 7

吉林省农业物联网应用示范建设和农业卫星数据平台建设

1. 建设概况

近年来，吉林省紧紧围绕乡村振兴战略，积极落实国家对天空地一体化农业观测网络的建设要求。为使省内农业建设更加智能、高效、精准，打造现代农业，吉林省确定其农业数字化的建设目标为农业产业、生产、经营三大体系的数字化提升，明确功能定位为"面向三农、引领三农、服务三农、宣传三农"，确定重点为互联网、物联网等信息技术在农业生产、经营、管理和服务等方面的应用。通过几年来在"互联网+农业"方面的理论探索和实践创新，吉林省取得了突出的成果。

2015 年，吉林省成功发射"吉林一号"卫星。这是我国第一颗商用对地观测卫星，在农业、林业、国土、水利等方面的应用前景非常广阔。吉林省通过启动数字农业创新工程建设，实施农业物联网应用示范建设和农业卫星数据平台建设，应用"吉林一号"建成首批综合性农业遥感分析监测平台——吉林省农业卫星数据云平台。该平台以"互联网+"为基础，以遥感等信息技术为工具，有效提升了农业生产、经营、管理和服务水平。图 3.2 为吉林省农业卫星数据云平台总体架构。

2. 建设内容

第一，项目建设总体方面。吉林省先后分 4 期组织实施了农业卫星数据云平台建设项目，该项目整体上包括云计算中心平台、大数据分析云平台、决策应用及服务推广云平台等三个部分。其中，云计算中心平台在解决地理信息共享中的数据更新、数据安全等问题时，采用了面向服务的软件工程方法；决策应用及服务推广平台由土地规划、农事作业、长势监测、收获管理、服务推广等 16 项功能应用模块组成，以此进行土地管理、作物全生命周期管理等。此外在应用建设上，数据方面支持县级数据接入，服务市县级的应用落地；推广方面，吉林省同时选取了 10 个示范合作社，作为应用示范点。

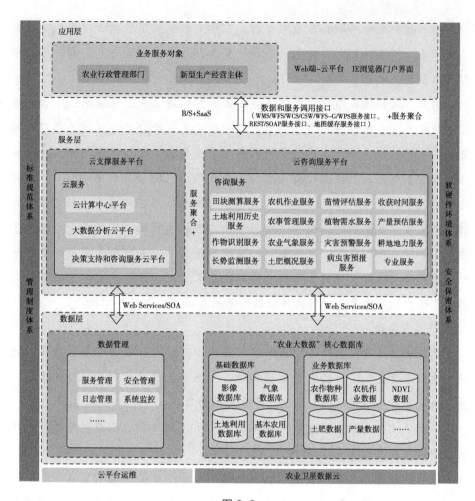

图 3.2

第二，农业基础生产资源数据建设方面。在农事作业过程中，以卫星遥感技术为核心，充分运用互联网、云计算、大数据等技术，智能获取每个地块的卫星影像数据，将历史数据与实时采集到的气象、长势、病虫害预报等大数据建立模型综合分析。该平台还规划开发了相应的应用模块，包括田块测算、耕地历史、产量预估、灾害预报、苗情评估、长势监控等。通过该平台中的这些模块，可以按 1 千米网格/天对吉林全省作物成熟度指数、作物需水指数、干旱指数、高低温指数等进行 1 次日分析；能够每 7 天对全省作物识别分析、长势情况等形成 1 次计算结果。通过这些分析，为决策支持和咨询服务平台提供了有力的计算能力和数据保障，从而实现了对地块的规划管理和对作物全生命周期的监管。目前，吉林省农业卫星数据云平台已实现对省内玉米、水稻、大豆等特色农作物长势及相关环境因素等的分析，可提供预测、预警、预报等服务。

第三，与其他各部门的数据合作方面。吉林省农业卫星数据云平台在建设过程中非常重视与横向各部门之间的涉农业务数据合作。通过各部门之间数据的贯通应用，提升了系统平台的聚合管理能力。经过几年的建设，吉林省农业卫星数据云平台在数据共享和交换方面已实现与吉林省水利厅、吉林省气象局等的合作，在数据资源的共建共用方面已与吉林省农业科学院、吉林农业大学等开展合作。在实际应用方面，吉林省利用该农业卫星数据云平台深入了解省内各市县、合作社等的实际应用需求，充分利用已有的数据基础和遥感技术能力，目前已在伊通县打造了农业"两区"平台和农业遥感数据应用平台，实现了省、县两级数据的互联互通。

3. 建设成效

从经济效益看，吉林省农业物联网应用示范建设和农业卫星数据平台建设向生产者提供了实时的农情数据和服务，在农业生产过程中通过精准辅助生产决策和预警生产风险，达到了节本增效的目标。

从社会效益看，吉林省农业物联网应用示范建设和农业卫星数据平台建设提高了农业管理部门的决策能力；云计算中心平台、大数据分析云平台、决策应用及服务推广云平台等通过大数据的运用，提高了省内农村经济运行监测的能力和效率。2019年，吉林省在农业物联网应用示范建设和农业卫星数据平台建设的三期项目中，围绕棚膜经济设计并打造了设施农业数据上报系统和设施农业遥感监测系统。其通过分析上报数据和经由遥感 AI 模型监测得到的设施农业数据，可以进行可视化展示和预警提醒，同时准确、实时监测各县、市上报的数据，从而为农业主管部门决策和市场主体生产经营决策提供了高效服务。

从推广应用效益看，吉林省农业物联网应用示范建设和农业卫星数据平台部署上线后，将历史数据与实时采集到的气象、苗情、长势等大数据建立模型并进行综合分析，以此获得作物全生命周期生产数据；将智能获取的农业资源和农业生产监测、投入品监测等各项数据，根据需求产出数据及报告，形成"天上看、网上算、地上用"的一体化管理模式，项目应用也由此达到长期、持续、稳定的状态。以往，农民只能通过天气预报大致估计气温和降水情况，而大范围的预报有时并不能对范围较小的区域进行精准预测。现在，通过无线农业气象综合监测站，可以把大田里的数据直接传到县里的黑土地保护监测中心，再由专家根据这些数据分析并给出指导意见，农民足不出户就可以通过手机了解到这些信息。

目前，吉林省农业物联网应用示范建设和农业卫星数据平台建设已逐步进入全省推广使用阶段。以四平市伊通县为例，该县在农业卫星云平台的基础上与其他公司进行合作，深入进行数字化建设。例如，在数字水稻田园建设方面，该县与吉林省七星农业生产资料有限公司合作，在大田种植和设施园艺上推动智能感知、智能分析、技术与装备等的集成应用。又如，在利用物联网技术和智能监测设备进行智慧黄牛养殖基地建设方面，该县与伊通满族自治县云群牧业有限公司、西苇镇红光德泽牧业小区这两个典型的畜牧养殖企业进行了合作。实践证明，这些应用均取得了良好效果，吉林省也被农业农村部确定为物联网区域试验试点省。

资料来源：焦铁锋，田海运，于海珠，等. 吉林省农业卫星数据云平台研究 [J]. 农业开发与装备，2019 (11)：52-53. 有删改。

案例分析

1. 天空地一体化农业观测网络建设成效显著

乡村数字基础设施建设加快推进。《中国数字乡村发展报告 (2022 年)》显示，我国农村网络基础设施已实现全覆盖。截至 2022 年 6 月，农村互联网普及率达到 58.8%，与"十三五"初期相比，城乡互联网普及率差距缩小近 15 个百分点。《数字农业农村发展规划 (2019—2025 年)》指出，要初步确立农业遥感、导航和通信卫星应用体系，成功发射适合农业观测的高分辨率遥感卫星"高分六号"；加速推广物联网监测设施，应用农机深松整地作业的面积累计超过 1.5 亿亩。

吉林省扎实落实国家"十三五"规划纲要目标，积极进行农业物联网应用示范建设和农业卫星数据平台建设，成效显著。上述案例中的农业物联网应用示范建设和农业卫星数据平台建设项目正式运行 1 年后，吉林省对重点水稻生产监测区域当年生产数据和历史数据进行的测算显示：平均每亩水稻生产物资成本降低110元、劳动力人力资源成本降低240元。对伊通智慧黄牛养殖基地生产成本进行的评估显示：平均每头牛的生产物资成本降低350元、劳动力成本降低850元。这些数据有力地证明，农业物联网应用示范建设和农业卫星数据平台建设实现了节约成本、增加效益的目的。

2. 天空地一体化农业观测网络建设中存在的问题

目前，天空地一体化农业观测网络建设仍处于起步阶段，有很大的发展空间，很多地方也还有待完善。例如，建设中的信息化水平还有待提高。《2021全国县域农业农村信息化发展水平评价报告》显示，与美国平均每个农场拥有约50台连接物联网的设备相比，我国的差距仍较大。面向农业的4G和5G网络、遥感卫星、北斗导航、物联网、农机智能装备、大数据中心、重要信息系统等信息基础设施在研发、制造、推广应用等方面还不能全面满足农业现代化发展的需求。

3. 提高天空地一体化农业观测网络建设水平对策建议

在平台具体操作界面方面，可以多借鉴心理学和设计美学，设计符合用户心理需求，更美观、更方便的操作界面。在前端采集系统方面，可以增加更多的采集要素，加强精度，从广度和深度上提高采集数据的准确性、全面性。在后端管理软件方面，可以融入更多部门的大数据，完善更深层次的服务功能。

三、农业生产数字化

农业生产数字化是指在农业生产中利用计算机等现代信息技术实现数字化、网络化、自动化管理的现代农业模式。农业生产数字化的内容主要包括农业信息化、物联网、云计算、大数据、人工智能、区块链技术在农业领域的应用等，其目的是实现农业生产数据的数字化、信息化、智能化和共享化，提高农业生产效率、质量和可持续性。农业生产数字化的特点，一是数据化，二是智能化，三是网络化，四是可视化，五是共享化。

数字化农业的概念于1977年由美国科学家首次提出。当今世界，随着新一轮科技革命的到来，发达国家在构筑农业现代化、发展产业优势时将数字科技与农业发展相融合，将发展数字农业作为方向，在农业产业化中积极推进数字化转型。就我国而言，随着数字化在社会各个领域的广泛应用，在农业产业化的过程中也已尝试利用数字化技术助推农业产业升级，逐步推进农业产业的数字化。自 20 世纪末以来，我国日益重视数字农业的发展，强化顶层设计，落地实施相关政策，明确提出推动数字技术与农业生产经营管理等方面的融合。

2018 年 9 月出台的《乡村振兴战略规划（2018—2022 年）》指出，要加强农业信息建设，推进信息进村入户，加强农业信息监测预警，提高农业综合信息服务水平，大力发展数字农业。

2019 年 2 月出台的《关于坚持农业农村优先发展 做好"三农"工作的若干意见》指出，要坚持农业农村优先发展，始终把解决好"三农"问题作为全党工作重中之重不动摇，统一思想、坚定信心、落实工作，巩固发展农业农村好形势，深化农村改革，激发乡村发展活力。

2019 年 5 月出台的《数字乡村发展战略纲要》指出，当前的一项重点任务是"推进农业数字化转型"。其主要内容包括：加快推广云计算、大数据、物联网、人工智能在农业生产经营管理中的运用，促进新一代信息技术与种植业、种业、畜牧业、渔业、农产品加工业的全面深度融合，打造科技农业、智慧农业、品牌农业。建设智慧农（牧）场，推广精准化农（牧）业作业。同年 12 月出台的《数字农业农村发展规划（2019—2025 年）》提出"加快生产经营数字化改造"，其主要内容包括种植业信息化、畜牧业智能化、渔业智慧化、种业数字化、新业态多元化、质量安全管控全程化等。

2020 年 5 月出台的《"互联网+"农产品出村进城工程试点工作方案》明确提出，要发挥"互联网+"在农产品生产、加工、储运、销售等各环节中的高效协同和其在产业化运用中的作用，培育具有较强竞争力的县级农产品产业化运营体系。同年 7 月出台的《关于开展国家数字乡村试点工作的通知》提出了明确的建设目标：数字乡村建设取得明显成效，乡村数字经济快速发展，农业生产智能化、经营网络化水平大幅提高，乡村数字治理体系基本完善，乡村网络文化繁荣发展。

2021 年 7 月，中央网信办、农业农村部等 7 部门印发的《数字乡村建设指南 1.0》指出，"农业生产数字化"包括种业数字化、种植业数字化、林草数字化、畜牧业数字化、渔业渔政数字化等。

2022 年 1 月，中央网信办、农业农村部等 10 部门印发《数字乡村发展行动计划（2022—2025 年）》，强调"加快农业生产数字化改造"。为此，国家计划建设一批智慧农场、智慧牧场、智慧渔场，推动智能感知、智能分析、智能控制技术与装备在农业生产中的集成应用；推进无人农场试点，通过远程控制、半自动控制或自主控制，实现农场作业全过程的智能化、无人化；大力推进数字育种技术应用，建设数字育种服务平台，加快由"经验育种"向"精确育种"的转变，逐步发展设计育种；完善国家农产品质量安全追溯管理信息平台，推进农产品质量安全信息化监管，探索建立追溯管理与风险预警、应急召回之联动机制。

案例 8

江苏盐城"5G+智慧渔业"助力鱼塘提档升级

1. "智慧渔业"需求旺盛

江苏盐城海丰农场（以下简称"海丰农场"）地处黄海之滨，其所处的地理位置上有着狭长的海岸线和广袤的湿地，拥有丰富的水产品资源，该农场的特色产品有海鱼、虾蟹、海蜇、泥螺等。这些大众餐桌上的美味的养殖过程有着很高的要求，（如饲料投喂、氧气供应、病害防治、水质管理等环节）一旦出现差错就会影响水产品的品质。为此，对该农场的技术人员来说，实现养殖管理的智能化是亟待解决的头等大事。围绕这一需求，中国移动通信集团江苏有限公司（以下简称"江苏移动"）等有关机构和部门与海丰农场等各渔业农场加强合作，助力鱼塘提档升级。

2. 鱼塘提档升级

5G"智慧渔业"监控平台就是江苏移动为盐城海丰农场量身打造的。该平台自 2020 年 8 月上线使用以来，已实现对 12 000 亩鲫鱼、鳗鱼养殖塘的监控和管理。每个鱼塘由于养殖品种不同，对环境指标的要求也不一样。以鳗鱼养殖为例，养殖塘的水温需要保持在 15 度到 30 度之间；水质要求呈微酸性；水体含氧量最佳值要求为 5 毫克/升到 12 毫克/升，以防止氧含量不达标而引起鱼浮头甚至批量死亡；要确保水体中钙铁元素、硝酸盐及硫化氢、氨气等的含量合理，过多过少都会影响鳗鱼的正常生长。根据这些水产品种的不同养殖要求，基于移动5G网络和部署在养殖场的物联网设备，每一个养殖塘都安装了不同的传感器，能够全天候不间断地监控各类环境数据，如温度、湿度、pH酸碱度、光照强度等。在智能管理中心，技术人员关注监控大屏，通过该监控平台的关键区域高清监控、环境数据及时更新、增氧排水一键控制等功能，可以实时了解每个养殖塘的温度、光照、溶氧、酸碱度等影响水产品品质的环境数据并实时调整仪器参数。

　　5G"智慧渔业"监控平台实现了远程操控，真正做到了省时省力又省心。该监控平台根据养殖品种的不同为每个养殖塘都设置了环境数据红线值，一旦出现异常情况便会以短信的方式提醒技术人员。例如，当平台监控到某个养殖塘溶解氧浓度过低（如鳗鱼塘内的溶解氧含量低于3毫克/升）时，平台就会自动发送信息提醒技术人员。技术人员不需要到现场测量水体含氧量或监测塘内注水情况，而是只需要在电脑或手机上操作点击，就能完成定时定量的增氧、注水等工作，真正实现了对养殖场现场情况的实时了解和远程操控管理。尽管类似的远程控制功能之前也有，但那时因受传输技术的限制，操作会有延时。现在，海丰农场的"智慧渔业"监控平台有了5G网络的"加持"，其手机远程监测和远程控制的精准度不断提高，使养殖塘能够稳定地保持高标准环境，从而满足精品养殖的要求。图3.3为农场技术人员通过"智慧渔业"监控平台远程控制鱼塘增氧机的现场画面。

图3.3

同时，5G 网络的高速无线接入能力很好地满足了对高清视频监控覆盖的需求。过去因养殖基地面积广，很多区域与湿地、滩涂接壤，难以接入有线网络进行监控，养殖户只好将其外包出去。现在随着 5G "智慧渔业"监控平台的运用，实现了养殖区域全域监控，解决了这一问题。

3. "智慧渔业"成效显著

5G "智慧渔业"监控平台的运用，极大地节省了人力和支出。海丰农场拥有 12 000 亩养殖塘（共分为 90 口塘）。按以往的传统养殖方式，这 90 口塘需要近 100 人才能基本实现 24 小时管理。加之渔业养殖环境监控对技术的要求高，从事此类相关工作的人员较少，因此仅此项人工支出每月就要 50 万元左右。5G "智慧渔业"监控平台投入使用后，前后端总共只需要 15 名左右工作人员就可以实现同样面积的养殖塘管理，从而极大地提高了效率，降低了成本。

通过"智慧渔业"系统的智能研判和管理，大幅提升了养殖产品的竞争力。"智慧渔业"系统的运用，为养殖户进行鳗鱼、鲫鱼等精养品类的集中连片标准化养殖提供了智能研判和管理依据，使养殖户可以精准把控整个养殖过程，全方位保证水产质量，从而实现了精养品类的产品竞争力和品牌知名度的大幅提升。

资料来源：移动 5G 赋能智慧渔业，12 000 亩鱼塘提档升级［EB/OL］. ［2022—09—07］. https://k. sina. com. cn/article_5675440730_152485a5a020017r1p. html. 有删改。

案例分析

1. 渔业数字化建设取得明显成效

随着新一轮科学技术的发展，各个行业都迎来了转型机遇。对于渔业生产来说，智慧渔业为水产养殖带来了新契机。智慧渔业实际上就是以物联网、人工智能、卫星遥感、移动互联网等现代信息技术为基础，以大数据为核心，以智能监测与感知监测的先进传感设施设备为载体，以精准化养殖、可视化管理、智能化决策为手段，深入开发和利用渔业信息资源，全面提高渔业综合生产力和经营管理效率。

《中国数字乡村发展报告（2022 年）》显示，我国渔业数字化正在稳步推进中。养殖水体信息在线监测、精准饲喂、智能增氧、疾病预警与远程诊断等数字技术与装备在渔业行业已得到不断推广和应用，渔业生产信息化稳步推进，由数字技术支撑的工厂化养殖、稻虾养殖、鱼菜共生等模式相继投入应用。数据显示，2021 年全国水产养殖信息化率为 16.6%。分品种看，蟹类、虾类、鱼类和贝类的生产信息化率分别为 23.6%、21.6%、20.9% 和 6.0%。以江苏南京浦口区为例，其通过生产、流通、消费全环节数字化，打造青虾订单生产、透明供应、信任消费的产业体系，节省养殖人工成本 15% 以上，节约仓储加工物流配送成本 20% 以上，养殖收益增加 15% 以上。此外，沿海省份持续推进海洋渔船北斗和天通卫星终端等装备的安装工程，深入推进"插卡式 AIS"更新换代和渔业"宽带入海"。海洋渔船动态船位信息全国"一张图"就是依托渔船动态监控管理系统完成的，并由此形成了完备的"渔船+船港+船员、近海+远洋"捕捞业数据库，这使开展对伏季休渔期渔船疑似违规作业、疑似跨海区作业等的识别分析，以及伏季休渔管理、渔船监管等工作得到了有力的支撑。

得益于信息化、数字化的双重推动，各省以智慧渔业为代表的农业数字化建设成效凸显。2021 年 12 月，农业农村部市场与信息化司联合农业农村部信息中心发布的《2021 全国县域农业农村信息化发展水平评价报告》显示，我国农业生产信息化工作正在稳步推进之中。2020 年，全国农业生产信息化水平为 22.5%，对农业总产值增长有明显的促进作用，有利于释放农业数字经济潜力；反观 2018 年的数据，农业生产数字化水平为 18.6%。短短两年时间，农业生产环节信息化水平已有较大提高。此外，农业农村信息化的发展环境也在逐年优化之中。2020 年，全国财政投入县域农业农村信息化建设方面的资金总额达到 341.4 亿元，县均 1 292.3 万元；全国县级农业农村信息化管理服务机构覆盖率为 78.0%。

《中国数字乡村发展报告（2022 年）》显示，农业产业数字化进程加快，数字育种探索正在起步，智能农机装备研发应用取得重要进展，智慧大田农场建设多点突破，畜禽养殖数字化与规模化、标准化同步推进，数字技术支撑的多种渔业养殖模式相继投入生产，2021 年的农业生产信息化率已达到 25.4%。

2. 农业生产数字化建设中存在的问题

以智慧渔业为例，尽管我国水产物联网发展迅速，但仍旧存在两项短板。

一是渔业专用感测器落后。目前，由我国自主研发的渔业感测器数量屈指可数，且准确性、稳定性等均有待提高。二是从实际效果看，很多物联网产品的展示成分大于实际效果，不少还停留在简单的信息传输与显示上，在实际运用中与渔业的融合深度还不够，解决渔业实际问题的效果还不明显，在技术创新和行业标准建立方面也还有许多工作要做。

总体而言，我国农业生产数字化尚在起步阶段，实际应用还很有限。例如，还缺少基础研究及精确农业的发展支撑，关键技术速度慢、精度低；所开发的应用系统软件在计算机运用平台、信息接口等方面的兼容性较差，不利于进行数据交换、传播和使用。此外，尽管当前农业生产数字化发展水平整体呈上升趋势，但因地区不同而仍存在较大差别。

3. 提高农业生产数字化建设水平对策建议

第一，加强顶层设计，制定专项发展规划。实践中要通过自上而下的政策引导、项目规划和发展等，谋划形成政府主导、农民参与、企业建设、社会支持的农业生产数字化发展大格局。

第二，加强科技引领，加大科研投入。加快推进物联网、人工智能、大数据等在农业生产领域的实践与应用；进一步加大科研经费的投入和科技攻关力度，深入开展农业生产领域数字化建设的创新研究。

第三，加强人才培养，切实提高数字技术的应用效能。支持引导农业经营主体与科研院所开展合作，共同培养专业型、复合型农业人才；加大对新型职业农民、技术人员、农村信息员的数字化技能培训，把他们培养成为数字农业的应用高手。

四、智慧农业技术创新

信息技术与农业机械化技术的融合，可以进一步提高农业机械的智能感知、自动导航、精准作业和智能管理水平，进一步提高农业机械化促进农业现代化的能力。

2018年6月，中共中央、国务院印发《乡村振兴战略规划（2018—2022年）》，强调"提升农业装备和信息化水平"，包括：推进我国农机装备和农业机械化转型升级，加快高端农机装备和丘陵山区、果菜茶生产、畜禽水产养殖等农机装备的生产研发、推广应用，提升渔业船舶装备水平；促进农机农艺融合，积极推进作物品种、栽培技术和机械装备集成配套，加快主要作物生产全程机械化，提高农机装备智能化水平；加强农业信息化建设，积极推进信息进村入户，鼓励互联网企业建立产销衔接的农业服务平台，加强农业信息监测预警和发布，提高农业综合信息服务水平；大力发展数字农业，实施智慧农业工程和"互联网+"现代农业行动，鼓励对农业生产进行数字化改造，加强农业遥感、物联网应用，提高农业精准化水平；发展智慧气象，提升气象为农服务能力。

2019 年 5 月，中共中央办公厅、国务院办公厅印发《数字乡村发展战略纲要》，指出重点任务是"强化农业农村科技创新供给"，其中包括"推动农业装备智能化"。例如，促进新一代信息技术与农业装备制造业结合，研制推广农业智能装备；鼓励农机装备行业发展工业互联网，提升农业装备智能化水平；推动信息化与农业装备、农机作业服务和农机管理的深度融合。

2019 年 12 月，农业农村部和中央网信办印发《数字农业农村发展规划（2019—2025 年）》，提出"强化关键技术装备创新"，在"强化战略性前沿性技术超前布局"方面的要求主要是：面向世界科技前沿、国家重大需求和数字农业农村发展重点领域，制定数字农业技术发展路线图，重点突破数字农业农村领域的基础技术、通用技术，超前布局前沿技术、颠覆性技术等；积极开展 5G 技术在农业领域的应用研究，建立健全 5G 引领的智慧农业技术体系。此外该发展规划还提出"加强重大工程设施建设"，其中就包括国家数字农业农村创新工程。根据《数字乡村发展战略纲要》的决策部署，此项创新工程的主要内容有加快推进重要农产品全产业链大数据建设、打造数字农业农村综合服务平台等，具体包括国家数字农业农村创新中心建设项目、重要农产品全产业链大数据建设项目、数字农业试点建设项目等。

2022 年 1 月，中央网信办、农业农村部等 10 部门印发《数字乡村发展行动计划（2022—2025 年）》，强调"加快智慧农业技术创新"，具体包括：制定智慧农业技术发展路线图，重点突破智慧农业领域的基础技术、通用技术和关键技术，超前布局前沿技术；加强专用传感器、动植物生长信息获取及生产调控机理模型等关键共性技术攻关，重点推进适用各种作业环境的智能农机装备研发，推动农机农艺和信息技术集成研究与系统示范；加强农机装备技术创新，逐步突破 200 马力无人驾驶拖拉机、大型液压翻转犁、精密播种机械、复式作业机具等整机和机具技术。

案例 9

北斗赋能，深入服务农业全流程

1. 北斗技术引领关键农业取得技术突破

农业农村部 10 大引领性技术之一——北斗导航支持下的智慧麦作技术（主要包括北斗导航支持下的小麦无人播种收获技术、无人机支持下的小麦精确施肥喷药技术以及物联网支持下的小麦智慧灌溉技术等），由南京农业大学智慧农业研究院领衔开发。智慧麦作技术通过将北斗导航、现代农学、信息技术、农业工程前沿科技等应用于小麦耕、种、管、收全过程，从而实现了生产作业从粗放到精确、从机械到智能、从有人到无人方式的转变。

这套智慧农业技术的关键，一是能够立体化感知农业信息。通过卫星遥感、无人机、田间物联网设备共同架设"天眼地网"，定量、全面、立体化地获取农情数据。二是根据气候条件、土壤信息、品种特性、植物长势等确定种、肥、水、药的用量，改变以往农民施肥喷药多凭经验的情况。三是研发智能化农机装备，并将农机、农艺与信息技术融合，实现农机装备智慧化。

播种机安装了北斗终端后，可以自行作业，农户省心又省力。在江苏省，基于北斗系统的小麦无人播种施肥一体机指导着小麦生产耕、种、管、收的全流程，智能机械替代了人工。同时，种、肥、水、药的施用量更精确，施用的部位也更准确，既实现了产量翻倍，又节省了不少成本。无人驾驶插秧机上使用了北斗提供的高精度定位服务后，无须人员进行驾驶和操作，就可以在设定好的作业区域自动规划插秧路线，并按照规划的路线准确行驶。以往农忙时，很多农民不会用农机，并且熟练的农机手也不好找。自从农机装上了北斗导航终端后，农民只要点击屏幕就能轻松知道田块大小和作业路线等信息，解决了农忙时的不少问题。

2016 年起，湖北省荆门市率先在全省开展北斗现代农业示范项目试点。该市在掇刀区建成全省首家股份制"北斗+农机"信息调度中心，并探索建立了以农机合作社为主体，由农机部门、移动公司、金融机构等部门共同参与的"1+N"北斗应用模式。目前，荆门市的北斗应用已覆盖农机作业的6大环节，包括农机耕整地、机械化播种、无人机植保、机械收获、秸秆收集处理、粮食烘干等。荆门市还建有3家农机北斗信息中心，涵盖农机合作社571家，安装北斗监测终端5 910台，累计服务面积达1 409.8万亩。

2020年，江苏省内的小麦生产依靠"天眼地网"实现精确播种、施肥、施药、灌溉和收获，亩均产量可达到1 200斤，实现了既省成本、效果又好的目标。

当前，以北斗技术为引领，农业技术领域取得了一系列关键突破。其中，趋于成熟的单项技术有天空地立体化苗情监测诊断技术、无人机支持下的作物精确机喷药技术、基于物联网的灌溉技术等，并且已在全国主要麦作区示范应用；初具雏形的技术有小麦无人播种收获技术等。图3.4为装有北斗终端的小麦无人收割机正在进行收割作业。

图3.4

2. 北斗技术实现增产5%、省油10%

近年来，广泛应用于小麦跨区机收的农机作业监测技术取得了重要突破，这一技术正是基于北斗自动导航技术研制而成的。目前，北斗系统已广泛应用于农业生产中的起垄播种、土地深松、作物收割、秸秆还田等各道工序。安装了北斗系统的农机装置也已应用于秸秆还田机、深松整地机、起垄机、插秧机、收割机、拖拉机等多类农机上。与此同时，一些相关技术也日臻成熟。例如，我国已研发应用了具有自主知识产权的传感器、无人机、农业机器人，集成应用卫星遥感、航空遥感、地面物联网的农情信息获取技术等。目前，已在不同程度上将北斗技术应用于农业生产的有北京、辽宁、黑龙江、四川、湖北、江苏、浙江、山东、陕西、山西、青海、西藏、新疆等地。

北斗系统融合了互联网、云计算、大数据、人工智能等技术，农机作业监管平台因为有北斗技术的应用，已实现农机远程管理与精准作业，服务农机设备超过5万台，精细农业产量提高5%，农机油耗节约10%。

在广东湛江，往常至少需要3个人工作15天到20天才能完成面积近550亩水田的全部插秧作业。现在，只要设定好北斗无人插秧机的参数，它就可以自动作业，不到10天就可以完成所有的工作。不仅如此，与传统的插秧机相比，无人驾驶的插秧机还具备很多优点，如不受光线干扰、可以夜间作业、作业质量高等；其工作效率可提高20%以上，节省50%的人力成本，也减少了作业中的秧苗浪费。

3. 北斗系统的高精度定位技术保证农业效率与质量

在农业生产过程中，如果无人驾驶或自动驾驶农具的相关坐标精准，则有利于后面一系列的计划操作。北斗精准导航与测控技术应用于播种领域，如安装到拖拉机、插秧机上，可以让机器走直行，行间衔接好，实现条带清垄精准播种，从而避免复播、漏播、转行横播交叉等问题，提高田间作业质量；应用于灌溉领域，可实现精准对行灌溉。此外，农业航空精准施药技术通过作业规划、导航监管、施药控制、施药质量评估、防效评估、病虫情诊断等，实现了探得清、飞到位、施得准、雾化好、可评价和全程可控等目标。数据显示，截至2022年底，全国已有150万台（套）农机装备装有北斗定位作业终端，其中超过17万台拖拉机安装有辅助驾驶系统。

北斗系统的高精度定位技术可清晰记录工作轨迹，从而解决了传统农机作业管理中的相关问题，如传统农机作业管理中对人力依赖大，成本高效率低的问题；传统农机作业中面积测量不准，影响计费的问题；传统农机作业中，农户因难以监控农机作业质量等情况而容易引起各种纠纷的问题；等等。

农机信息化管理系统在卫星信号遮蔽、多路径干扰等条件下，仍然能够对农机进行稳定、连续、高精度定位，精准记录农机位置移动信息。应用该系统，可将农机作业面积测量的误差降到 1%，并可提供实时作业轨迹查询，从而方便用户掌握作业进度，保障了农机作业的效率与质量。

资料来源：北斗赋能，精准定位服务农业全流程［EB/OL］.［2022-11-07］. https://nyncw. sh. gov. cn/xyyw/20200806/5122733e3a8044c980bdd61bc2a2f8b3. html. 有删改。

案例分析

1. 智慧农业技术创新发展现状

2019 年 12 月，农业农村部和中央网信办印发的《数字农业农村发展规划（2019—2025 年）》指出，当前农业发展成效中的"科技创新能力不断提升"：数字农业领域国家工程技术研究中心、农业信息技术和农业遥感学科群、国家智慧农业创新联盟相继建成，智慧农业实验室、数字农业创新中心加快建设，农业物联网、数据科学、人工智能等相关专业在高等院校普遍设立；数字农业标准体系加快建设，农业物联网应用服务、感知数据描述和传感设备基础规范等一批国家和行业标准陆续出台；具有自主知识产权的传感器、无人机、农业机器人等技术研发应用，集成应用卫星遥感、航空遥感、地面物联网的农情信息获取技术日臻成熟，基于北斗自动导航的农机作业监测技术取得重要突破，广泛应用于小麦跨区机收。

以北斗系统的发展为例。2020 年初，《数字农业农村发展规划》特别提出要利用北斗系统等高科技手段，服务国家数字农业农村发展。该规划提出，要利用北斗系统等手段，加快生产经营数字化改造，特别是在渔业智慧化中，要大力推进北斗导航技术在海洋捕捞中的应用，升级改造渔船卫星通信、定位导航、防碰撞等船用终端和数字化捕捞装备。该规划还提出，要充分利用国家空间基础设施，如北斗系统等卫星资源，建设农业农村天基观测网络建设应用项目，开发适合我国农业生产特点和不同地域需求的无人机导航飞控、作业监控、数据快速处理平台等，提升区域高精度观测和快速应急响应能力。

2021 年，农业农村部和财政部发布《关于做好 2021 年农业生产发展等项目实施工作的通知》。该通知指出，要完善优化农机购置补贴，加大对粮食生产薄弱环节、丘陵山区特色农业生产急需机具以及高端、复式、智能农机产品的补贴力度，推广应用北斗导航智能终端。此后，全国多地出台支持推进北斗系统深入农业领域应用的政策，以充分发挥北斗技术优势，提升农业机械化、智能化水平，助推乡村振兴蓬勃发展。

2022年4月20日，中央网信办、农业农村部、国家发展改革委、工业和信息化部、国家乡村振兴局联合发布《2022年数字乡村发展工作要点》，该文件提出，要推进北斗智能终端在农业生产领域的应用。

《中国数字乡村发展报告（2022年)》显示，我国智能农机装备研发应用不断取得突破。例如，六行采棉机实现全链突破，国内首台5G+氢燃料电动拖拉机、8kg~12kg/s多功能联合收获机、无人驾驶轮边电动拖拉机等研制成功；农机北斗终端定位导航的两类主流产品精度从2018年的5米和10米分别提升到目前的2米和5米；农机自动驾驶系统功能已从直线行走升级为自动避障、自主停车、自主线路规划，目前配置了基于北斗定位的作业监测和智能控制终端的拖拉机、联合收割机已超过60万台，其中安装有辅助自动驾驶系统的拖拉机超10万台。同时，数据平台已汇集了49万台农机北斗终端的200亿条农机综合数据，实现了对全国农机作业数据的实时采集和动态展示。2021年，全国植保无人机保有量12.1万架、年作业10.7亿亩次。此外，数字技术和智能装备在农产品分级包装、贮藏加工、物流配送等环节也得到推广、应用。

2. 推进智慧农业技术创新中存在的问题

近年来，在相关政府部门的大力扶持下，我国智慧农业的发展比较快，但目前仍处于智慧农业开发的初期阶段，在下列领域有待进一步发展。

第一，农业机械的智能感知方面。目前，我国的农情信息获取技术取得了一定进展，但在对实时获取各种农情的传感器研究和应用等方面，距农机精准作业的需要还有较大差距。

第二，农业机械自动导航方面。虽然我国在相关领域取得了长足发展，但与国外先进技术相比，我国农机导航产品还不能适应坡地、水田等复杂地形地况和高速作业工况，我国商用卫星星基增强的定位精度还不能满足农机自动导航的需要。

3. 提高智慧农业技术创新水平对策建议

第一，尽快突破关键核心技术。应加大对传感器的研发力度，开发多用途小型传感器，以实现对农情信息的实时获取；研发自动导航技术，以适应坡地、水田等复杂地形地况和高速作业工况；提升我国商用卫星星基增强定位精度，以更好满足农机自动导航的需要。

第二，强化智能技术应用。应用此项技术后，用户通过智能终端、平板电脑等可随时查看显示模块，对农作物生长进行实时远程视频监控；通过数据分析，对农作物施肥、灌溉、收获等作出精准决策。

第三，探索新型农耕方式。利用 5G、物联网、卫星导航等技术，运用多功能耕整地、高速精准种植、精准施肥播种等高效智能作业装备进行耕作、播种、收获，从而改变传统的工作方式，开启智慧农业新模式。

五、农业科技信息服务

在市场化农业高度发展的今天，市场的需求决定了农民的生产，市场的需求量决定了农民生产的规模，市场的需求偏好决定了农民生产的结构与方向。在这种情况下，农民渴望获得先进的农业科技信息。可见，推进农业科技信息服务对加快我国农业现代化建设，提升农业综合竞争力，助力农民掌握先进技术和最新的市场信息具有重要作用。

农业科技信息服务是指运用"云问诊""云课堂"等互联网手段，为农业生产经营主体提供有关种植业、畜牧业、农产品加工业等相关的科技信息，对种植、畜牧、农机等方面开展分类技术指导。对此，全国农业科教云平台提供了平台在线农技问答服务，农业生产经营主体可利用 App、小程序等开展远程学习，检索农业科技信息资源，掌握农业前沿技术信息，并获得专业技术指导。

农业科技信息服务有效促进了农村经济发展。一是加快了农业科技推广的应用步伐，提高了农业科技贡献率，维护了国家粮食安全。二是转变了农业发展方式，助力我国由农业大国转型为农业强国，提高了我国农产品的竞争力。三是有力促进了农民收入的增加和农村经济的持续快速增长。总之，农业科技信息服务有助于提升农民科技素养，提高农业生产组织效率，从而提振农村经济发展、提升农业科技水平、增加农民收入。

2015 年 5 月，农业部办公厅印发《国家农业科技服务云平台建设工作方案（试行）》，以深入推进"国家农业科技服务云平台"建设，提升新常态下农业科教体系服务现代农业的能力。

2019 年 5 月，中共中央办公厅、国务院办公厅印发《数字乡村发展战略纲要》，其中的一项重点任务"强化农业农村科技创新供给"中即有"优化农业科技信息服务"的内容。具体包括：建设一批新农民新技术创业创新中心，推动产学研用合作；建立农业科技成果转化网络服务体系，支持建设农业技术在线交易市场；完善农业科技信息服务平台，鼓励技术专家在线为农民解决农业生产难题。

2022 年 1 月，中央网信办、农业农村部等 10 部门印发《数字乡村发展行动计划（2022—2025 年)》，强调"加强农业科技信息服务"，具体包括：完善农业科技信息服务体系，支持培育一批面向新型农业经营主体和小农户的信息综合服务企业，引导社会主体开展以数据为关键要素的农业生产社会化服务；建立完善科技特派员综合信息服务平台，支持科技特派员开展在线指导答疑和交流工作经验；等等。

案例 10

科技志愿服务活动助力宁夏山区乡村振兴

1. 专家解决难题，助农增产增收

近年来，为实施"基层科普行动计划"，打造高质量科普服务体系，积极响应中国科学技术协会"智惠行动·百会百县乡村行"活动，宁夏科技成果转化研究会成立科技志愿服务队，先后组织多位知名专家深入宁夏山区，为农业、农村、农民服务。图 3.5 为宁夏当地开展的科技志愿服务活动。

2022 年 9 月，西吉县通红种植专业合作社迎来了宁夏科技成果转化研究会组织的一批专家。合作社农户向专家提出了施肥、除草、灌水等关键技术方面的问题，得到了专家的耐心细致讲解。专家对该合作社在山楂种植过程中应注意的一些技术细节进行了现场指导，同时提出了果药套种模式的建议，即在山楂林下种植柴胡，从而提高产量与品质，增加收入。专家们还来到该合作社的仓储、加工车间，了解山楂的初加工及销售情况，及时把农户急需的实用技术和政策信息送到他们手中，受到了山楂种植户的一致好评。

图 3.5

2. 专家精准施策，破解技术难题

宁夏科技成果转化研究会先后多次为宁夏中南部地区送去科技志愿服务活动。例如，组织多位知名中药材种植专家深入宁南山区，开展以"乡村振兴 药有科技"为主题的系列科技志愿服务活动，等等。

在科技志愿服务活动中，专家们帮助当地企业和农户解决了在金银花、柴胡、黄芩等中医药的种植、病虫害防治、田间管理过程中出现的问题，同时为当地农户全面系统地讲解了修剪、施肥、除草等诸多关键环节中的技术细节。

在科技志愿服务活动中，专家聚焦技术难点，进村入户，手把手进行技术指导，及时精准地解决了种植户的技术问题，并为中药材种植农户推荐适种品种，为想从事中药材种植的农户指明方向。在固原市寨科乡中川村，由中国农业科学院中药材种植专家组成的宁夏科技成果转化研究会科技志愿服务队了解到当地存在种植品种不明确、缺乏中药材种植技术指导等问题后，有针对性地向中川村村干部、企业和农户进行了专业推荐。例如，专家们向中川村推荐了在当地较适宜种植的中药材品种（包括柴胡、黄芩、红花等），并针对这些品种进行了详细的技术指导。专家们的指导为当地中草药的种植提供了强有力的技术支撑，当地将专家们的技术方案与生产实践相结合，积极创建适宜的作物生长环境，助力宁夏中药产业走向高质量发展。

3. 专家强化培训，助力乡村振兴

在送技术、解难题的同时，针对一些常见问题，宁夏科技成果转化研究会通过举办技术培训班，在田间地头进行指导，开展现场技术咨询等，为村里培养"田秀才""土专家"，打造"永久"人才队伍，提振乡村企业和农户对发展中草药种植行业的信心，促进当地的产业转型和可持续发展，为科技振兴乡村助力。

线上技术培训。2022年11月15日，宁夏科技成果转化研究会举办了一次线上技术培训。此次培训是该研究会联合国家中药材产业技术体系中卫综合试验站进行的，邀请了国家中药材产业技术体系的虫害防控岗位专家进行授课，各企业人员和农户足不出户就可以参加线上培训。通过线上培训，培训专家为当地金银花种植企业、种植户进行了技术讲授，详细讲解了在金银花生产中的栽培管理、虫害防控等方面存在的问题。通过此次培训，全面提升了当地在金银花栽培方面的技术水平，也增强了金银花种植户对病虫害防治的实际操作能力。

线上线下结合培训。在固原市隆德县科技局、隆德县科协的大力支持下，宁夏科技成果转化研究会邀请多位专家到隆德当地开展了多场线上线下中药材种植的技术培训，农户可根据自己的实际情况参加其中的培训场次。数据显示，该培训项目共服务了40多家企业和机构，培训科技志愿服务者上百人次。

宁夏科技成果转化研究会科技服务队动员了大量的科研人员参与志愿服务，推动了宁夏科技志愿服务工作的高质量发展。志愿人员深入农村，让科技志愿服务惠及农业农村农户，解决了企业和农户在种植、栽培、技术等方面提出的一系列问题，以强有力的科技支撑助力乡村全面振兴。

资料来源：科技志愿服务活动走进宁南山区［EB/OL］.［2023-04-21］. http://nx. people. com. cn/n2/2023/0418/c407413-40381478. html. 有删改。

案例分析

1. 农业科技信息服务现状

第一，农业信息基础设施逐步完善。通过集成网站、电话、实时视频等多种信息服务方式推动农村信息化发展，为实现农业科技信息资源的共享提供了重要支撑。

第二，初步建成了农业科技信息服务创新体系。在农业生产的前期、中期、后期提供全程服务过程中，农业龙头企业、农村专业合作社、农民经纪人等社会化农业科技服务主体逐步参与服务体系，与公益性的农业科技服务形成了有效互补。

第三，有效提升了农业信息化集成水平。主要包括：强化农业科技信息资源平台建设，整合涉农信息资源，建立数据库，提升农业生产信息化水平；打造农业物联网基地建设，推进信息技术与现代农业融合，促进农业生产的智能化。

第四，建立农业科技创新服务平台。通过打造专业网站及创建公众号等方式，开展政策指导、新成果新技术推介、技术咨询等工作，同时依托科技信息服务站开展人员技术培训、技术指导等活动，实现线上线下的良好互动。

第五，科技志愿服务结出硕果。截至2023年4月，根据中国科学技术协会的数据，全国已有420万名科技工作者用志愿服务"点亮"了万家灯火，已成立的9万多个志愿服务组织开展了160多万项活动，人民群众的获得感、幸福感和安全感得到了切实提升。

2. 农业科技信息服务中存在的问题

通过农业科技信息服务，农民对农业科技的敏感度明显提高，但运用的熟练程度仍显不够，需要进一步通过培训、交流等方式加强其在理论与实践方面的结合。农业科技信息服务中的现存主要问题如下。

第一，农业科技普及传播方式尚不能惠及农民全体。例如，年龄在50岁以上的一些农民的网络概念薄弱，传统的电视传播仍是他们获取信息时的首选方式，而这种方式在当前的农业科技普及传播中显然在一定程度上被忽视了。

第二，信息服务人才建设有待加强。有的地方的农业科技服务人员数量不足，服务职责也不十分明确；专家队伍匮乏，大多数是兼职，并且对专家队伍的管理也不尽完善，培训机制也不够健全。

第三，信息服务资源缺乏整合。农业农村信息资源的建设和整合缺乏持续性，如在进行信息发布时还明显具有随意性，主要体现为发布的信息针对性不强，设置的栏目实用性较弱，等等。

3. 农业科技信息服务建设对策

第一，提高农民的科学文化素质，提升其认知水平。应鼓励农民响应政府号召，积极参加精准农业、3S 技术（遥感技术 RS、地理信息系统 GIS、全球定位系统 GPS 的统称）等科技信息技术的培训。

第二，加强农业科技信息人才队伍建设。逐步完善信息服务人员和专家队伍的管理体制，优化农业科技工作环境；通过举办培训班等方式，形成有效的农村信息科技培训网络，提高农民信息素养；增加经费投入，制定人才规划，吸引优秀的农业科技信息人员投身农业农村建设。

第三，做好信息服务保障。建立全方位、多渠道、多层次的现代农业科技信息服务体系，增强农业科技信息推广的广度和深度；完善农业科技信息服务机制，营造良好的服务环境。

第四章　乡村新业态新模式发展建设

《数字乡村建设指南1.0》指出，乡村新业态是指随着现代农业发展和农村一二三产业融合发展，基于互联网、人工智能、大数据等新一代信息技术在乡村农林牧渔、旅游、文化、教育、康养等领域的应用而形成的新型产业组织形态，包括智慧乡村旅游、智慧认养农业等。培育、发展乡村新业态新模式具有重要意义，新业态新模式是改变农业生产方式、加快农业转型升级的现实路径，是助力农村全面进步、推进农村现代化的重要举措，也是促进农民收入增长、助推农民走向共同富裕的有力保障。

近年来，乡村新业态新模式不断涌现。在现代信息技术的推动下，农村经济提质增效，激发乡村新业态蓬勃兴起，乡村旅游、休闲农业、民宿经济等不断发展，农村电商持续增长，农村消费潜力不断释放，农村数字普惠金融服务的便利性也得到不断提升。与此同时也存在一些问题，如东西部、城乡间、产业间的新业态新模式发展还不平衡不充分；农村物流体系存在薄弱环节，"最后一公里"还有待解决；农村电商品牌意识不强、品牌效应不强；农村科技创新供给不足，创新能力尚不能满足创新创业需求；城乡居民收入水平差距仍然较大，尽管农村居民生活水平提高明显，但农村消费潜力尚未得到完全有效释放；农村新业态发展快速的同时在规范化方面还存在不足，亟待加快探索可持续盈利模式；等等。

当今世界，各个国家和地区相继出台鼓励政策以推进数字经济的发展，加快释放数字技术在农业领域的活力，采取各种措施推动农业领域的数字化发展，以构筑新一轮产业革命新优势。就我国而言，已围绕数字中国、乡村振兴、数字乡村等进行了战略部署，为新业态新模式发展提供了强大动力。2022年1月，中央网信办、农业农村部等10部门联合印发《数字乡村发展行动计划（2022—2025年)》，部署"新业态新模式发展行动"重点任务，包括深化农产品电商发展、促进农村消费升级、加快培育农村新业态等。2023年1月，《中共中央 国务院关于做好2023年全面推进乡村振兴重点工作的意见》强调指出"培育乡村新产业新业态"。这些部署将有力推动未来一段时期乡村数字经济发展，激发乡村振兴新动能。

一、农产品电商发展

《数字乡村建设指南1.0》指出，农村电子商务是指利用互联网、计算机、多媒体等现代信息技术，使从事涉农领域的生产经营主体通过电子化、网络化方式完成产品或服务的销售、购买和电子支付等业务过程；农产品电商则是围绕农村的农产品生产、经营而开展的一系列电子化的交易和管理活动。发展农产品电商有利于减少农产品流通中介环节，缩短产品流通链；有利于降低农产品的流通成本；有利于健全农产品市场机制和功能。

2003年至2015年间，我国农村电商的发展处于探索阶段。2005年的中央一号文件首次指出发展电子商务后，国家开始部署发展农村电商，并于2012年提出充分利用现代信息技术手段，发展农产品电子商务等现代交易方式。2016年至2020年，农村电商进入规模化、专业化发展阶段。国家不断加大农村电商物流基础设施建设，完善县乡村三级农村物流体系，如国家邮政总局开展的两进一出工程，进一步提升了邮政快递网服务能力，极大促进了快递下乡工作；积极推进电子商务进农村综合示范工作，如从2015年开始，持续开展电子商务进农村综合示范工作；健全农村电商服务体系，如2016年提出的建立健全适应农村电商发展的标准体系等；支持涉农电商载体建设和新模式发展，如2015年提出的支持相关企业参与涉农电子商务平台建设等。

2021年以后，农村电商发展进入"数商兴农"高质量发展新阶段。农村电商蓬勃发展，为农产品架设了流通新平台。2022年1月，中央一号文件《中共中央 国务院关于做好2022年全面推进乡村振兴重点工作的意见》首次明确提出促进"农产品直播带货"业态的发展，农村电商助力乡村振兴的作用日益明显。同月，中央网信办、农业农村部等10部门印发《数字乡村发展行动计划（2022—2025年)》，要求深化农产品电商发展，推进"互联网+"农产品出村进城工程建设，扩大农村电商覆盖面，持续实施"数商兴农"政策，加快农村寄递物流体系建设，用好社交电商、直播电商等新模式。4 月，农业农村部、财政部、国家发展改革委等 3 部门联合印发《关于开展 2022 年农业现代化示范区创建工作的通知》，提出重点发展农村电商等产业，推进电子商务进乡村，促进农副产品直播带货等新业态健康发展。同月印发的《2022 年数字乡村发展工作要点》明确提出，到 2022 年底农产品电商网络零售额突破 4 300 亿元。2023 年 1 月，《中共中央 国务院关于做好 2023 年全面推进乡村振兴重点工作的意见》提出：深入实施"数商兴农"和"互联网+"农产品出村进城工程，鼓励发展农产品电商直采、定制生产等模式，建设农副产品直播电商基地。

案例 11

甘肃省酒泉市"电商+直播+农特产品"业态开辟乡村振兴新路径

1. 电商促销拓宽销路

近几年，农特产品的销路有了一个新的渠道——电商。在各地农村，"电商+直播+农特产品"新兴业态相继火了起来。甘肃省酒泉市采取各种方式积极活跃直播电商发展氛围，在拓宽优质农产品销售渠道方面不断利用流量效应，运用直播方式推介优质农产品，开辟了一条乡村振兴的新路径。

2022 年，酒泉市积极组织企业参加全国网上年货节活动。该市筛选出当地特色粉皮、八宝茶、辣椒面、枸杞等产品，借助县级电商服务中心为电商企业和短视频爱好者提供直播间，借助网络平台（如京东、拼多多、淘宝等）进行直播促销活动，并采取满减、秒杀、满赠等多种灵活促销形式，其在当年网上年货节期间的统计交易额达 560 万元。

酒泉市一批绿色、个性化、高品质的特色产品（如"金塔三宝""甜蜜瓜州""酒泉糊锅"及敦煌研究院"2022 复春礼"等）通过网红主播、短视频爱好者的直播带货和短视频宣传而被全国人民所熟知，深受消费者喜爱。在甘肃省第二届"臻品甘肃"杯电商直播大赛中，酒泉市组织了 38 名短视频爱好者和 22 名直播带货达人参加，推介酒泉特色产品，成为线上流量赋能实体经济的有效之举。图 4.1 为中国青年年货节酒泉专场，酒泉本地青年主播正在进行线上直播带货。

图 4.1

2. 培育本土电商人才

酒泉市积极利用适当时机组织各项活动，进一步拓宽特色农产品的销售渠道，培育本土电商人才。每当农特产品上市季和重点节会到来时，酒泉市所辖各县市区即纷纷举办直播带货技能大赛，此举既增加了农产品的网络销售额，同时也为培育本土电商人才创造了时机，促进了农民增收。

例如，金塔县组织 20 多名直播网红和电商从业者参加"感党恩·促消费·兴乡村"电商直播带货暨网络促销比赛。在 10 天的时间里开展了上百场直播，直播在线观看超过 48 万人次，实现销售额 25 万元。

又如，瓜州县紧抓当地特产蜜瓜、枸杞上市的机会，举办当地首届电商直播带货大赛，组织"纵享甜蜜·自在瓜州"抖音短视频比赛，并组织本地网络销售企业参加评比，以此加大当地特色产品的销售力度。

再如，敦煌市充分利用李广杏的销售季到来之机，组织了30多家电商企业和个体开展李广杏直播带货活动，成功利用带货话题（如"此物本应天上有，人间只留二十天"和"敦煌新农人"等）吸引大量视频观众，超过80万次的播放量直接带动了150余吨李广杏的销售，销售额超过400万元。

此外，酒泉市还与知名直播带货企业开展产销对接活动，在积极培育本土电商人才的同时，也通过知名直播带货企业带货，提升销售额，扩大知名度。例如，当地通过东方甄选这一农产品直播电商平台，仅带货4次就销售了5万单蜜瓜，实现交易额220多万元，带动55家农户收入增加，户均超过4万元。

3. 项目扶持夯实基础

在发挥电商促销作用的同时，酒泉市还积极争取专项资金，在各县推进电子商务项目建设。2022年，酒泉市为继续推进瓜州县电子商务进农村综合示范项目，争取到中央电子商务发展专项资金1 500万元。该项目建成后，改善了瓜州县的电商基础设施，健全了当地寄递物流体系，加快普及了短视频电商、直播电商等新兴业态，加速推动了电子商务与一二三产业的融合，全面提升了瓜州县农业产业链、供应链的数字化水平。

在敦煌市"数商兴农"助力乡村振兴重点推进县建设中，酒泉市为其争取到120万元支持资金，在敦煌当地打造集电商直播、孵化和产业链条服务于一体的电商服务中心，并引导本地电商企业发展、培训电商人才，以使更多优质农产品通过网络平台销售出去。

此外，酒泉市还注重对旅游从业者和合作社成员、大场大户、普通农户等进行培训，提升其电商直播水平。该市以"导游变主播、全民变网红"作为电商人才培育理念，以"1+8"（即一次集中培训和八次下乡培训）的模式开展培训活动；尝试将旅游业与电商相结合，支持旅游从业者忙时做导游本职工作，闲时做家乡带货主播。

资料来源：甘肃酒泉乡村"新农活"："电商+直播"外销农产品［EB/OL］.［2022-11-27］. https://www.gs.chinanews.com.cn/news/2022/11-24/355861.shtml. 有删改。

案例分析

1. 农产品电商有效助力乡村振兴

在国家各项政策的大力支持下，"数商兴农"深入推进，农村电商"新基建"不断完善，农村电商规模稳步提升，进入了一个蓬勃的发展期。2014年农村电商出现井喷现象，越来越多的农产品走向网络。农村电商成为活跃城乡市场的重要渠道和发展农村数字经济的重要突破口。在脱贫县持续快速发展的特色农产品电商，极大助力了脱贫攻坚事业和农业的高质量发展。

《2022年中国乡村数字经济发展专题研究报告》显示，我国农村网络零售额已有了大幅提高，2015年为3 530亿元，2021年已达到2.05万亿元，总体规模扩大近6倍。

《2021全国县域农业农村信息化发展水平评价报告》显示，我国农产品电子商务呈现高速增长趋势。其中，2020年全国县域农产品网络零售额为7 520.5亿元，占农产品销售总额的13.8%，比上年增长了3.8个百分点。同时，农产品质量安全追溯也在不断完善中，通过接入自建或公共农产品质量安全追溯平台，农产品实现质量安全追溯的产值占比为22.1%。此外，农村电商服务正在加快普及。截至2020年底，全国共40.1万个行政村建有电商服务站点54.7万个，行政村覆盖率达到78.9%。

《中国数字乡村发展报告（2022年）》显示，农村电商保持良好发展势头。①农村电商双向流通格局（工业品下乡、农产品进城）得到巩固提升，新型电商模式（如直播电商、社区电商等）不断创新发展，农村电商继续保持了乡村数字经济的"领头羊"地位，在更好保障农产品有效供给等方面发挥了不可替代的重要作用。截至2021年底，36.3%的市级以上重点农业龙头企业通过电商开展销售，利用电商销售的农产品加工企业营业收入比2020年增长10.8%。以"832平台"为例，这是隶属中国供销集团、集"交易、服务、监管"功能于一体的脱贫地区农副产品网络销售平台，其于2020年1月1日上线运行，截至2022年底，脱贫地区已有超过2万家供应商入驻"832平台"，实现交易额超过136.5亿元，同比增长20%。可见，通过积极助力脱贫地区的农产品销售，电子商务正在为乡村振兴注入巨大活力。②"互联网+"农产品出村进城工程、"数商兴农"工程深入实施，首届"大国农匠"全国农民技能大赛（农村电商人才类）顺利举办，中国农民丰收节金秋消费季、"数商兴农"专场促销活动等扎实推进，有力促进了产销对接和农村电商的发展，2022年全国农村网络零售额比2021年增长了3.6%，达到2.17万亿元。③农村电商公共服务基础设施建设得到不断强化。截至2022年7月，累计支持1 489个县电子商务进农村综合示范项目，支持建设超过2 600个县级电子商务公共服务中心和物流配送中心。④快递服务向乡村基层不断延伸，实现超过80%的快递进村。2021年，农村地区收投快递包裹总量达370亿件。

2. 农产品电商发展中在存在的问题

第一，政策协同性不足。各部门虽然能够积极落实国家政策，各自出台政策措施支持发展农村电商，但在政策制定中由于部门间沟通不畅和配合动力不足，发展农村电商的协调促进机制还没有完全得到建立，从而降低了电商政策的支持效果。

第二，电商产品质量良莠不齐。一方面，一些商家通过质次价低甚至假冒伪劣产品迅速抢占农村市场，而农村消费者辨别好坏真假产品的能力不强、维权意识较弱，导致农村市场的劣货、假货问题始终难以得到解决。另一方面，农特产品形态大多以初级农产品为主，并且大多以农户个体为主，因此普遍存在农产品缺乏统一标准、地域品牌影响力较弱、农产品深加工发展滞后明显等问题，农产品品质保障不到位。

第三，农产品电商基础设施薄弱。从地域上来看，这一点在中西部地区表现得尤为明显。由于农村物流体系的末端服务能力相对较弱，导致电商不得不增加产品的物流配送成本。例如，因受冷链运输、冷冻仓储、冷链配送体系等的影响，生鲜农产品的电商物流配送成本相对较高，从而在一定程度上阻碍了农村电商的规模性发展。

第四，农业电商专业人才短缺。受地理位置、区域经济差异等因素的影响，许多地方引进农村电商人才难度大且流失率高。《2020中国农村电商人才现状与发展报告》显示，到2025年，我国农村电商人才缺口预计将增加至350万人。此外，农村电商的培训内容和方式也有待跟上形势。

3. 农产品电商发展对策建议

第一，完善强化扶持政策。一是为推动农产品电商发展，要培育农业农村产业新业态，加大休闲农业、乡村旅游与电子商务的深度融合。二是统筹政府与社会资源，发展订单农业。三是探索电子商务平台数据的有序开放和共享机制，探索按需发展的路子。四是推进"互联网+高效物流"，健全农村寄递物流体系。

第二，充分利用电商大数据，将其与农业生产进一步融合，以消费数据需求来确定种植、生产的品种和方式，开展订单农业、定制农业、众筹农业、预售农业等的创新。

第三，加强基础设施建设。一是加快完善农村电商基础设施，着重打通农产品"出村进城"通道，夯实乡村物流发展基础。二是鼓励把直播间作为新型基础设施纳入乡村建设行动。三是着力解决电子商务发展不充分不平衡的关键问题，在东中西部建立一批电子商务创新示范基地。四是着重扩大品牌影响力，通过政府引导、建设农业品牌与营销服务平台、电商平台实现优质优价等做法，切实提高农产品知名度。

第四，加大人才培养力度。一是加大农村实用人才带头人农业农村电子商务专题培训的举办力度。二是加强专业性电商服务组织建设，加强电商人才培养。三是培育专业团队，加强实操指导。四是加大线上线下新媒体人才培训力度。

二、农村消费升级

2022年1月，《数字乡村发展行动计划（2022—2025年)》强调，"促进农村消费升级"的做法主要包括：畅通"工业品下乡"通道，促进农村居民生活用品、农资农具、生产经营服务的线上购买；丰富农村信息消费内容，发展乡村数字文化消费新场景；合理引导农村居民在网络娱乐、网络视听内容等领域的消费；加强农村信息消费市场监管，严肃查处制假售假、违法生产经营等行为，切实保护农村居民的消费权益；瞄准农村信息消费重点领域和产品，开展消费品质量安全"进社区、进校园、进乡镇"的消费者教育活动，提高农村居民的消费品质量安全意识。

农村消费升级是农民生活水平提高的重要标志，同时这也给农村市场建设提出了新课题。从消费的角度看，需要从各个方面努力，不断赶上农村消费升级的脚步。目前最为迫切的是，流通渠道要赶上农村消费升级的步伐。

2021 年 6 月，《商务部等 17 部门关于加强县域商业体系建设 促进农村消费的意见》明确提出"健全农村流通网络"，包括完善县城商业设施、建设乡镇商贸中心、改造农村传统商业网点等，以满足农民的消费升级需求。如今，互联网已经铺展到了偏远乡村，农民的购物方式也逐渐转移到了线上。但是线上购物后还需要线下把货送到，而目前快递送货在农村商品流通中还是短板，亟待促进快递业向农村延伸。2021 年 8 月，国务院办公厅发布《关于加快农村寄递物流体系建设的意见》，提出充分利用农村各类末端配送资源，有效统筹寄递物流与农村电商、交通运输等的协同发展。该意见提出，要加快发展农村快递业务，快递小哥要充当新时代走村串户的"货郎"，把货品送往农村中的千家万户。

案例 12

江西省"第四方物流"助力城乡流通

1. "第四方物流"创新共享，畅通城乡双向循环之路

为解决农村现有流通中存在的主体多而散、县乡村流通服务半径短、农产品产销衔接不畅、农村食品流通安全隐患等问题，聚焦补齐农村电商物流服务短板，自 2017 年 1 月起，江西省供销合作社利用互联网技术陆续推进"互联网+第四方物流"供销集配体系建设，为快递、快消品、农产品、农资产品提供"统一仓储、统一分拣、统一配送"服务。"互联网+第四方物流"供销集配体系是指建立买方（第一方物流）、卖方（第二方物流）、配送企业（第三方物流）共享的人、仓、车集中配送的物流体系，即第四方物流。第四方物流利用县乡村网点打通双向流通渠道，着力解决的就是农产品上行"最先一公里"和工业品下行"最后一公里"的问题，其目标是畅通城乡双向循环之路。"互联网+第四方物流"之供销集配体系建设最先在寻乌、广昌等11 个县区进行了试点。图 4.2 为第四方物流配送中心内琳琅满目的货品。

2. 第四方物流助力生产经营户，让城乡流通有了"高速路"

第一，第四方物流助力流通之路。江西省万载县双桥镇盛产百合、冬笋等农特产品，以往这些农特产品都只能在当地开店销售，很难卖到外地去，

图 4.2

因为要想往外卖只有通过物流整车送到浙江等地去搞批发，成本又高又卖不出好价钱；要想通过电商营销平台来销售，则又必须把产品送到县城的快递公司，物流成本也很高。很长一段时间以来，这成为摆在许多农户面前的一大难题。现在通过第四方物流，广大农户不仅可以把各种产品卖到外地去，而且物流成本也节省了一半以上。

第二，第四方物流助力提高农特产品附加值。江西武功山源华农业开发有限公司的工作人员算了一笔账，从运出去看，以搓菜这一芦溪特产为例，以前将一件 30 斤的搓菜从公司送到芦溪县城的物流费需要 16 元，现在通过第四方物流网点发到县城，物流费只要 1 元左右；以前将 1 公斤货品发往浙江、湖南的物流费要 10 元，现在通过第四方物流网点发往这两地，1 公斤物流费不超过 3 元，并且比之前至少提前 1 天到达。从运进来看，之前从浙江网购一件商品要 4 天左右才能收到，还得自己到县城去取，现在则只要两三天，并且可以送货上门。除了帮助农户们降低农产品物流成本，芦溪县"互联网+第四方物流"供销集配中心还帮助他们打造、宣传品牌，对他们进行农特产品技术指导，帮助他们提高农特产品附加值。在第四方物流的帮助下，源华农业开发有限公司的农特产品销量扩大了十几倍，仅 2021 年第四方物流服务就帮助公司和农户增收 300 多万元。

寻乌县的脐橙也因为有了第四方物流而被果农称为"奔跑的脐橙"——白天还在树上，晚上已在路上，第二天就到了消费者的餐桌上。不仅如此，通过第四方物流，发货费用也减少了一半以上。以前一件20斤的寻乌脐橙发到北京，物流费要25元，现在只要12元就够了。售价也因第四方物流而有了很大提高，以前当地的脐橙每斤卖不到2元，这是因为只能等着中间商来采购，现在借助第四方物流走出去，每斤已能够卖到7元左右。

第三，除了农特产品，第四方物流也在农资配送服务等方面发挥了重要作用。以会昌县供销社为例，其建成的第四方物流农资配送网点覆盖全县19个乡镇、102个村级农资服务站。农户只要打个电话，县供销社第四方物流的车辆就会把农资产品送到指定地点。第四方物流通过集中仓储、网上交易、集中配送一体化等，为全县农业生产提供了及时、到位的服务。

第四，第四方物流给当地群众的日常生活带来了极大便捷。以前，当地村子里的日用百货店进货和快递包裹等都不能在村里直接寄递，而是要到乡镇上去办。现在，人们只要打一个电话给县第四方物流集配中心，集配中心就会把所需物品配送好，送到当地群众手中，并捎走往外寄的快递，极大方便了当地群众。

3. 第四方物流集中配送，实现了合作共赢

如果每家快递企业都下乡镇单独配送货物，各快递企业的配送路线将高度重合，且按照现行的配送价格，每家都难以盈利。供销集配则实现了快递件在仓储中心的统一揽收、分拣、配送、发货等，既节省了人力物力，又降低了各快递企业的物流成本，还提升了效率，从而实现了各方的合作共赢。万载县晨达第四方物流供销集配中心与申通、韵达、百世、极兔等快递公司的合作就是一个很好的说明。以快件从浙江送到万载县双桥镇双桥村为例，如果按以前的物流费用，一个1.5公斤的快件，买方和卖方分别要向快递公司支付三四元，而作为第三方的快递公司，其下乡的物流成本就要6元以上，按照以上快递费标准，快递公司不仅不赚钱，而且可能赔钱，因此很少有人愿意去做这种赔本的买卖。反观现在，由晨达第四方物流负责从县城到双桥村的配送，一件货品的物流费只要0.6元。这样一来，供销集配中心有效助力了全县农户农特产品的销售，推动了全县农特产品的上行和工业品的下行，也实现了与各快递公司的合作共赢。据统计，与第四方物流开展合

作的物流企业，配送效率提升70%、成本降低20%、快递价格下调15%，同时3公斤以内的农村快递物流平均成本由过去的每件0.9元降至现在的0.7元，并减少过期产品流出率3%左右。

现在，江西省各地正纷纷构建双向流通更加高效、服务品质更加优化的供销物流网络，做大县城集配中心，做优乡镇集配站点，做全村级服务站点。目前，江西省供销合作社系统已建设了93个县域集配中心、8 624个乡（镇）村集配网点，2021年完成6.35亿件上下行物流配送，实现城乡流通商品货值370多亿元，享受到供销集配快捷服务的乡村百姓已有780多万。为进一步发展第四方物流，江西省将修水县等10个县（市、区）列为2022年县域物流配送体系建设试点县，将进贤县等10个县（市、区）列为2023年县域物流配送体系试点县，以此推进物流品牌化、服务品牌化、农产品品牌化。为进一步保证商品配送质量，第四方物流供销集配体系正逐步建立有效的追溯机制。2020年1月7日，"探索'第四方物流'推动城乡上下行"作为全国供销合作社系统和江西省的唯一典型案例入选首批城乡高效配送典型案例，江西省也成为"第四方物流"建设的先行示范区。

资料来源："第四方物流"让城乡流通有了"高速"路［EB/OL］.［2022-06-19］. http://www.quannan.gov.cn/qnxxxgk/qn8749/202205/4a0c95f7242b41649083212d4ce2fd2e.shtml. 有删改。

案例分析

1. 农村消费环境持续改善

建设安全放心的农村消费环境对扩大内需、不断释放农村市场消费潜力有着重要作用。近年来，农村消费环境整体持续改善。江西省通过高位推动、部门协同、地方支持等做法，成功建设第四方物流，补齐了农村物流短板，改善了农村消费环境。

同时，针对农村实体店供给不足的短板，网络购物在一定程度上进行了补位。农村电子商务的兴起带动了农村网络消费的迅速发展，直接推动了农村的消费升级。2023年3月中消协发布的《2022年农村消费环境与相关问题调查报告》显示，我国农村居民对当前农村消费环境的综合满意度为 75.35 分，农村消费环境总体表现良好。2022 年，我国农村的消费人口已近 5 亿，乡村消费品零售额达 59 285 亿元。这一体量近 6 万亿元的庞大乡村消费市场正吸引着众多企业"下乡"，而在一些物流成本较高、交通不便的地区，缩小城乡消费种类和价格差异的正是电商平台。有研究显示，在我国有接近四成的农村居民每月在网上购物 1~5 次，有 18.9% 的居民每月在网上消费 6 次以上；无现金支付方式在农村地区已经达到较高的渗透率，近半数的农村消费者在购物时首选无现金支付；曾经困扰农村消费环境中的假冒伪劣问题，在大型平台供货体系的保障下也有所好转；农村消费者对政府执法工作成效评价积极。

2. 消费环境有较大提升空间

《2022 年农村消费环境与相关问题调查报告》显示，农村市场上仍然存在快递点不能到村、售后服务缺失、服务不规范等典型问题，还需要解决农村网络通信信号差、上网费用偏贵等问题。

第一，部分地区农村快递物流配送慢。《2022 年农村消费环境与相关问题调查报告》显示，约有 31% 的农村居民认为缺少电商服务点和快递点是当前农村消费中亟待解决的问题，有 30.7% 的消费者认为农村电商快递物流配送慢。此外，物流体系建设不足也影响了农村的消费和供给能力，如在江西省的第四方物流建设中，乡村站点建设难已经成为目前存在的最大问题：有的县山区多，覆盖面广且分散；有的县则面临仓库用地指标审批难等困难。受物流制约或习惯影响，当前我国农村居民最主要的消费场景仍是本地线下。调查显示，40.9% 的受访者平时主要集中在本村的商店、超市消费，19.8% 的受访者主要在本村附近的集市、农贸市场消费，只有 9.7% 的受访者选择在电商平台进行日常网络购物。

第二，农村市场上销售问题产品的情况依然较多。当前，农村居民对必要的消费知识和消费维权意识还比较缺乏，很难辨别商品的真假以及是否过期等，这在一定程度上也令假冒伪劣商品、"三无"商品等的制造者、销售者更加有恃无恐。《2022 年农村消费环境与相关问题调查报告》显示，有 44.5% 的消费者最近一年中在本村及附近的市场上买到过假冒伪劣产品、"三无"产品。

3. 对农村消费环境的建议

第一，加快推进乡村物流快递配送体系建设。为解决农村快递点位数量不足的问题，要加快建设点位，尽快加以补充。针对农村快递物流网络覆盖存在重合、未到之处的实际情况，应进一步进行细化分布。针对县级层面快递物流效率不高等问题，应加大建设力度，提高配送效率。

第二，多角度发力以丰富农村消费供给。为提高农村商业的丰富性和标准化水平，要加强调度，配置好商业资源并给予适当补贴，同时应着重发挥商业连锁品牌的供应链优势，着力发挥农村电商新业态的积极作用。

第三，完善农村消费者维权支持网络。为方便农村基层消费者维权，要建立健全农村消费维权网络体系；要结合农村居民的需求特点，加大宣传力度，做到通俗易懂、方式灵活、实效明显，并持续推进放心消费创建活动进乡村等相关工作。

三、乡村旅游智慧化发展

《数字乡村建设指南1.0》指出，智慧乡村旅游是指运用数字化赋能乡村旅游管理、服务、营销、运营各环节，通过线上线下相融合的做法，实现乡村旅游服务方式和管理模式创新，从而打造游前、游中、游后服务体验的闭环。游客在出行前，可通过信息服务平台查询旅游信息，制订出游计划，进行在线预订；在旅游过程中，可通过智能化设施享受便捷的停车、导览、观光、购物、游玩、居住等体验。旅游运营管理方可通过客流量实时监控、快速投诉处理、高效应急处置等措施，为游客营造安全放心的旅游环境；通过游客评价、购物数据的搜集分析等，进一步完善景观线路设计、旅游设施布局，提升旅游产品和服务质量。智慧乡村旅游对数字化的运用，包括景区设施数字化、景区运营服务数字化、景区营销推广数字化、景区管理数字化等。

我国乡村旅游自20世纪80年代开始起步，随后快速发展。近年来，随着物联网、云计算等电子信息技术的运用，信息化已经渗透到乡村旅游活动的各个环节之中，这使乡村旅游智能化得到全方位、立体化的升级，也为乡村旅游提供了新动能。国家先后印发了一系列政策文件，以促进乡村智慧旅游的发展。2017年7月，国家发展改革委等14部门联合印发《促进乡村旅游发展提质升级行动方案（2017年）》，提出促进1 000个乡村旅游重点村与旅游电商、现代物流等相关企业建立合作关系，持续推进"乡村旅游后备箱工程""一村一品"产业建设专项行动；鼓励和引导乡村旅游与互联网等现代信息技术相结合，发展智慧乡村旅游。2018年3月，国务院印发《关于促进全域旅游发展的指导意见》，明确提出"推进服务智能化"。同年11月，文化和旅游部等17部门印发《关于促进乡村旅游可持续发展的指导意见》，提出促进乡村旅游可持续发展的五项措施，以推动乡村旅游提质增效，加快形成农业农村发展新动能，全面推进乡村振兴战略。2019年以来，按照《"十三五"旅游业发展规划》等的要求，文化和旅游部会同国家发展改革委开展了全国乡村旅游重点村名录建设工作，并在重点村和镇名单公布后，要求各地加大对其在政策、资金、市场、人才等方面的支持，充分发挥重点旅游村镇的示范带头作用，提升乡村旅游发展质量和效益，助力乡村振兴。2020年11月，文化和旅游部、国家发展改革委、农业农村部等10部门联合印发《关于深化"互联网+旅游"推动旅游业高质量发展的意见》，提出鼓励采用网络直播、网站专题专栏、小程序等线上营销方式，推介全国乡村旅游重点村镇、中国美丽休闲乡村和乡村休闲旅游精品景点线路。2021年3月，《中华人民共和国国民经济和社会发展第十四个五年规划和2035年远景目标纲要》指出，要加快发展以数字化、网络化、智能化为特征的智慧旅游，深入发展智慧旅游，创新旅游产品体系，改善旅游消费体验。同年4月，文化和旅游部在《"十四五"文化和旅游发展规划》中明确提出，要推动智慧旅游的深度发展和模式创新。

案例13

贵州省贵阳市开阳县水东乡舍"互联网+乡村旅居"助力乡村振兴

1. 创新"村村"大数据平台，盘活农村资源

2021年，开阳水东乡舍"互联网+乡村旅居"助力乡村振兴项目（以下简称"水东乡舍项目"）被列为国家智慧旅游景区、度假区、乡村建设运营的典型案例。

该项目依托贵州水东乡舍旅游发展有限公司自主研发的智慧旅游管理服

务平台——水东乡舍"村村"数字乡村 App 运营平台（图 4.3 展示了该平台首页），整合了宅基地使用权、土地经营权、农业产业等农村要素全资源，是一个互动型、体验型、娱乐型、定制型的农旅生活大数据平台，也是实现乡村旅居生活共同体的新型乡村社区互联网平台。

图 4.3

2017 年，贵州水东乡舍旅游发展有限公司率先对开阳县南江乡龙广村平寨组进行了开发。在这之前，平寨村民大多依靠种植水稻、玉米生活，年收入只有两三千元，村里房屋破旧，村民生活贫困。为此，水东乡舍项目的开发以"三变"为发展理念，即资源变股权、资金变股金、农民变股民；采用"三改一留"开发模式，即闲置房改经营房、自留地改体验地、老百姓改服务员、保青山留乡愁；按"622"机制运行，即投资人以乡舍改造资金占股 60%（改造投运后，投资人获 20 年经营使用权，享有一间长住房，并享有其他房间经营收益的 60%），农户以房屋经营权占股 20%（农户以其闲置房的 20 年使用权入股），平台公司占股 20%（平台公司负责设计、改造及整体运营等）。村民将自家的乡舍民宿加入该项目后，由水东乡舍旅游发展有限公司开发的"村村"农旅大数据平台进行统一打造，统一运营。

平寨村民加入水东乡舍项目后，公司除帮其改造民宿外，还统一派人管理、清洁、维护，算下来每6间民宿每年可为村民带来1万元左右的收入。依托民宿，村民们还纷纷办起了农家乐。以主营盗汗鸡的农户为例，其每月餐饮营业收入即可达到1万元左右，收入比以前增加了好几倍。并且，大部分客人都是通过水东乡舍"村村"App下单的。村民抢单成功后，就会有客人主动找上门，村民不用再去四处揽客，与以往相比赚钱轻松了很多。2020年，水东乡舍项目先后入选第一批国家森林康养基地、贵州省健康养生产业示范基地和贵州省民政厅全省示范健康养老小镇名录。

2. 创新功能，开拓全新管理运营模式

水东乡舍"村村"大数据平台开发了游客端、投资人端和农户端三类端口，可以更好地进行资源整合和管理运营，实现三方数据实时共享和收益实时分配。

第一，游客端整合了周边旅游资源和旅游产品。水东乡舍"村村"数字乡村运营平台对游客端进行了重点打造，设置了"发现""遇见你""艺术会""找乡愁""乡建手工""寻物寻味""山水康旅"等各项功能，游客可以查看景点，分享精彩，寻找志同道合的朋友，发布趣事，发布各种悬赏任务，查找资源，预定康养、休闲产品等。"以内容生产为主、人人皆是主体"的创新，使每个人的需求和能力都可以在这个大数据平台碰撞出火花。游客可以通过该平台挖掘和发现更多有价值的乡村资源，并能够深度体验乡村生活及休闲活动——这也是该平台和其他同类产品的最大不同。总之，游客端的设计极大满足了游客们层出不穷的个性化需求，挖掘了很多丰富的业态。

第二，投资人端和农户端将游客吃宿行游购娱等需求信息进行共享。在水东乡舍的"村村"数字乡村运营平台上，投资人可以选择"我要投资"功能，自主选择喜欢的闲置农房按照"622"机制进行投资，还可以通过投资人端实时查看经营状况，收益分红也可以实时提现。这一运营模式吸引了大批对乡村开发具有目标认同、价值认同、情感认同和有专业、有技术、有特长的人成为股东，从而吸引更多高素质投资人参与乡村旅游产业发展。目前，水东乡舍项目已吸引入股投资人72位，吸引社会资金2 800余万元，已参与43个分红，入股增收达到人均28 000元/年。

在水东乡舍"村村"数字乡村运营平台上，乡民通过闲置房使用权入股后，可通过农户端实时查看经营状况，实时提现收益分红。他们可以在"寻物寻味"板块上传农家乐产品、农产品、土特产品，可以向游客提供"找乡愁"服务并收取佣金。在此过程中，水东乡舍项目全面带动村里人力、物力的发展，带动乡民深度参与乡村旅游产业，使之通过股东分红、服务员工资、农产品销售、农家乐收益等方式增收致富。目前，已有110余位投资人入股农户，水东乡舍项目已打造并投运民宿43栋，吸引社会入股资金2 800余万元，获得政府配套支持2 500余万元，完成总投资5 300余万元；带动就业增收户均30 000元/年；带动200余户农家乐、农产品销售等增收，户均增收20 000元/年。

目前，水东乡舍"村村"数字乡村运营平台已正式上线运营，平台已拥有147家农家乐、饭店、农特产品店、超市、小卖部等，收到订单总数为2 140单，此外还收到10 000余单乡舍订单和540条"乡愁任务"订单。总之，水东乡舍"村村"数字乡村运营平台构建起了出行更便捷、业态更丰富的度假空间，从而有力推动了乡村振兴。

资料来源：贵阳市水东乡舍"互联网+乡村旅居"助力乡村振兴 [EB/OL]. [2022-08-21]. https://travel.gmw.cn/2022-08/05/content_35935173.htm. 有删改。

案例分析

1. 乡村智慧旅游提质增效

在互联网、物联网、大数据等技术推动下，我国乡村智慧旅游已经进入高速发展阶段。2019年以来，按照《"十三五"旅游业发展规划》等的要求，文化和旅游部会同国家发展改革委开展了全国乡村旅游重点村名录建设工作。截至2022年底，已公布了四批全国乡村旅游重点村和两批全国乡村旅游重点镇（乡）。与此同时，我国的浙江余村和安徽西递村入选联合国世界旅游组织首批"世界最佳旅游乡村"名单。

文化和旅游部数据显示，2012年全国乡村旅游人次近8亿，到2019年乡村旅游人次已跃升到30亿，平均每年增长约20%。2021年一季度，全国接待乡村旅游9.84亿人次，比2019年同期增长5.2%；全国乡村旅游总收入3 898亿元，比 2019 年同期增长 2.1%。其中，全国乡村旅游重点村平均每村接待 6.15 万人次，约为全国平均水平的 1.8 倍。乡村旅游点无线网络覆盖占比也在不断增加，截至 2020 年 8 月底，乡村旅游点无线网络覆盖占比达到 86.2%，同比增加 4.1%。

《中国数字乡村发展报告（2022 年）》显示，随着光纤和 4G 网络在我国各行政村的全覆盖，互联网技术和信息化手段进一步助力乡村旅游、休闲农业、民宿经济加快发展。截至 2022 年 9 月，农业农村部通过官方网站发布推介乡村休闲旅游精品景点线路 70 余次，覆盖全国 31 个省（区、市）148 个县（市、区）的 211 条乡村休闲旅游线路；利用"想去乡游"小程序推介乡村休闲旅游精品线路 681 条，涵盖 2 500 多个精品景点等优质资源。此外，农村创新创业带头人队伍不断壮大，2021 年返乡入乡创业人员达到了 1 120 万人，同比增长 10.9%。其中，80% 以上的创业项目是一二三产业融合项目，从而带动了农事体验、电商直播等蓬勃兴起。

2. 乡村智慧旅游发展中的制约因素

我国智慧旅游发展还处于起步阶段，主要表现为以下几个方面。

第一，乡村信息技术基础在乡村旅游数字化转型方面的能力与动力明显不足。乡村旅游基础设施的数字化建设还未达到游客的需求目标，还需要开发休闲农业和乡村旅游精品线路，完善配套设施。

第二，缺乏智慧旅游人才支撑。由于农村地区大量青壮年外出务工，造成当地智慧旅游业缺乏高素质人才特别是有智慧旅游发展经验的人才为之提供理论指导及技术支持。

第三，维护资金不充足。一些乡村地区经济发展相对滞后，政府投入和社会资本投入有限，乡村旅游基础设施维护资金不足。

第四，农户参与意愿存在差异。部分地区的农民对改变发展现状不是很积极，他们更倾向于遵循传统发展模式，对新的乡村智慧旅游发展模式接受度不高。

3. 促进智慧旅游，有效助推乡村振兴

第一，加强政府的引导支持。政府应持续加强对智慧旅游的宣传，引导当地农民的想法和意愿，鼓励支持他们加入智慧旅游业。

第二，注重乡村基础设施建设。应完善网络设施，完善乡村生活设施，完善乡村交通，从而为改善农村生活、发展智慧旅游提供条件。

第三，凸显地域特色。应深入挖掘乡村自身的特色，发挥乡村自身的优势；不搞"一窝蜂"式上马旅游项目，避免旅游产品的同质化。

第四，注重社会组织的协同参与。应构建三方利益联结机制，在智慧旅游项目中加强政府、外部资本和村民等参与主体的高效协调和联动，从而加强各方积极性，发挥各方独有优势。

第五，积极培养乡村旅游规划设计人才。应通过院校、社会机构等培养乡村旅游规划设计专业人才，使乡村智慧旅游业从最初的设计到最后的实施都在科学化、正规划的条件下进行，从而保证乡村旅游发展的可持续。

四、基于互联网的认养农业新业态发展

"认养农业"起源于德国，最初是从旅游模式中发展起来的，后来逐渐在美国、日本、法国等国家走红并向世界各地推广。近年来，我国也逐渐发展起了具有中国特色的农业认养模式。就目前情况而言，认养农业可被视为订单农业的一种，《数字乡村建设指南1.0》对此作出这样的定义：智慧认养农业是一种消费者预付生产费用，生产者为消费者提供绿色、有机食品的乡村新业态，通过在生产者和消费者之间建立风险共担、收益共享的合作模式，实现农村与城市、土地与餐桌的直接对接；认养农业经营主体依据自身实际开展数字化改造，实现农业耕作、养殖的智能化、数字化和远程控制，将农业对象、环境以及生产全过程进行可视化表达、数字化展现和信息化管理；消费者可利用App、小程序等，实现对田园种植物、畜禽、果树、鱼塘等的在线认养、实时监控；等等。

认养农业有两种主要经营模式。一是传统的认养模式。农产品的需要者到农业产业园区或农业基地中挑选某块田地或某一产品，既可以亲自参加劳动，也可以委托供养者按自己的要求进行生产管理。二是互联网+认养农业模式平台，也就是上面所指的智慧认养模式。消费者通过App和小程序等认养农产品并实时监控自己的田地，当然其在条件允许的情况下也可以亲自到现场去体验劳动的快乐。

认养模式为农业带来了新变化：使种植透明化，更有效保障食品安全；乡村可以直接连接消费者，农产品也不再愁卖，从而做到风险共担、利益共

享；将一二三产业融合，增加农户的收入来源。正是因为这些优势的存在，认养农业逐渐成为农村经济发展新的增长点。

2021 年 7 月，农业农村部等 7 部委将智慧认养农业写入《数字乡村建设指南 1.0》，推动了认养农业模式的跨越式发展。2022 年 1 月，中央网信办等印发《数字乡村发展行动计划（2022—2025 年）》，提出"推进创意农业、认养农业、健康养生等基于互联网的新业态发展，探索共享农场、云农场等网络经营新模式"。随着互联网的发展，利用移动互联网、5G、物联网、短视频、直播等技术打造一体化、可视化的认养模式逐渐成为认养农业的主流方式。

案例 14

辽宁省盘锦市盘山县稻田认养的"盘山模式"

1. 盘锦大米"互联网+"认养项目热度高涨

2015 年，辽宁省盘锦市率先在全国提出"认养农业+互联网"的耕种新模式。盘锦市盘山县政府与辽宁麦壳电子商务有限公司联合推出稻田认养的"盘山模式"。所谓"盘山模式"，是指由当地县政府选取优质稻田地块，采用无公害种植标准方式进行耕种，实现田中种稻、水中养蟹、埝埂种豆的一种立体生态种植模式。麦壳公司为"盘山模式"种植方式提供信息技术支持，进行全程追溯，并提供全产业链检测保障，通过多种途径保证稻米质量，从而改变农户"用药才能增产"的错误观念，为消费者提供安全放心的盘锦大米。

"盘山模式"的认养方式有两种。一种是自主认养，即认养人通过自主选择，进行种植过程全体验；另一种是托管认养，即认养人委托专业人员提供全程服务，然后获取高质量农产品。认养的流程很简单，登录微信公众号"土地管家"，点击认养、选择亩数就可以了，随后工作人员会通知认养者该土地的经纬度。通过微信公众号，认养者可以 24 小时监控画面，随时查看自己的稻田情况，关注水稻的成长，体验作为农场"庄主"的乐趣（图 4.4 展现了一位"庄主"认养的稻田），更重要的是获得了一块无公害土地的那种真实感。不仅如此，认养者还可以以微信红包的形式将稻田"赠送"给亲朋好友，最少可以赠出 0.1 亩。这样，既能把自己消费不了的稻米产量作为特产礼品馈赠出去，又能与更多人一起分享水稻成长和收获的喜悦。"盘山模式"自推出以来，得到大量市民的热情追捧，其热度节节攀升，甚至登上了世界电子商务大会和全球市长论坛。2016 年，盘山县政府和辽宁麦壳电子商务有限公司一同出席了世界电子商务大会。在这次大会上，稻田认养的"盘山模式"被公认为开创了"生长中的农作物通过移动互联流通世界"的先河，此举大大提高了农业效率和竞争力。

图 4.4

2. 政府托底、消费者和农户等多方受益

对消费者来说，在"盘山模式"认养中既可以体验到种植的乐趣，又可以获得无公害土地。秋收时，种植户会帮忙收割稻谷，仓储稻谷（仓储可以最大限度地保鲜稻谷）；种植户还会根据消费者的需要将大米免费快递到他们手中，保证消费者随时吃到放心的稻米。

对当地农户来说，"盘山模式"实现了他们的增收。在"盘山模式"推广前，当地每亩水稻收入约 2 500 元；认养模式推广后，土地流转增加直接收入约 1 100 元，农民将土地出租后，在不消耗自身劳动力的情况下纯收益就可直接增加至 5 500 元。除此之外，农民还可以另外再给当地农场打工增加额外收入，一年的收入也可以达到 2 万元到 3 万元。

为保证整个平台体系的资金安全，盘山县政府全程监督辽宁麦壳电子商务有限公司的稻田认养专项资金账户。同时，在水稻生长的分叉、抽穗等一些重要时间节点上，当地监测部门会严把质量关，对水稻进行取样检测并出具检测报告。此外，考虑到对认养者的积极性和收益的保证，遇到天灾绝收时，盘山县政府还会给认养者每亩 600 斤的保底，这一保底数是根据盘山当地普通稻田和认养稻田的产量而计算得出的。由于化肥及农药的控制不同而相差悬殊，盘山当地普通稻田的亩产在 1 200 斤左右，而个人认养稻田的亩产仅有 500 斤到 600 斤。当然，个人认养的稻田采用生物制剂、杀虫灯和"蟹稻共生"的绿色种植模式，更安全也更健康。

资料来源：潘鸿，屈敬然 . 盘锦市认养农业模式效果评价与问题分析 ［J］. 农业经济，2017（11）：19-21.（有删改）。

案例分析

1. "认养农业"新模式助力农业发展

在我国，"认养农业"的兴起不过短短五六年，还处在探索阶段，但很多地方已经抓住机遇，依靠农产品"认养"，走出了一条致富新路子。

随着 2015 年辽宁省盘锦市率先开创了"认养农业+互联网"的耕种新模式，国内各地已经在以水稻、生猪等为代表的种植、养殖业领域纷纷"试水"这种新型认养模式。2018 年春，吉林省推出"吉田认购"（即优质吉林大米订单活动）模式，在吉林全省优质大米核心产区，优选出 10 000 亩良田，面向全国征集 50 000 名消费者当农场主。推出这一创新营销模式不到 3 年，吉林省就已经吸引了 2 万多各消费者成为专属稻田农场主。"吉田认购"模式的产出效益达到了普通稻田的 2~3 倍，这一创新模式也使吉林大米品牌迅速走向全国。当然，眼下最为人熟知的认领农业品牌莫过于"认领一头牛"。凭借精心打造的认养模式，该互联网网红品牌迅速崛起，短短几年就在行业里占据了一席之地，并在 2021 年创下近 35 亿元的营业额。"认养农业"的成功让越来越多的人意识到，这种创新模式的出现不仅仅是农业模式的裂变，更是立体农业模式的典范。

2. "认养农业"存在的问题亟待解决

"认养农业"模式有一定的门槛，还存在诸如品质不一、履约不到位、认养规模贪大求全、资金不足等问题。

所谓品质不一，是指因单个农户分散种植而缺乏统一的技术和管理。例如，有农户在第一次尝试水稻认养模式时就出现了稻米的品质、口感、外观都变差的情况，从而没有达到消费者对稻米品质的期待。

所谓履约不到位，是指在认养过程中因出现养殖价格波动较大的情况，客户需要为此支付两三倍以上预期价格的费用，因此出现客户宁愿违约、放弃订金也不再认养的情况。

所谓认养规模贪大求全，是指有的养殖户因规模铺得过大，造成成本大幅上涨，加之各种因素的影响而无奈关闭养殖场等情况。

所谓资金不足，是指有的养殖户没有经过切实考察便匆忙上马项目，加之规模铺得太大，因此出现资金不足、运行困难等情况。

3. 保证"认养农业"持续健康发展所需要做的工作

第一，走"新型经营主体+农户"的抱团模式。认养农业对农业生产要求更高，面对市场更需要抱团发展，更需要在各方面都进行统一。在实际运行中，可通过合作社或龙头企业、村集体等经营主体对农户进行帮扶，从而在种植、管理、加工、包装、销售等领域实现标准统一。

第二，走小而美、小而精的认养农业之路。对于这种崭新的发展模式来说，目前市场还不够大，市场接受度的提高也需要一个过程，为此应集中力量走小而美、小而精之路，在市场尚不成熟的时候尽可能避免盲目开展大规模种植、养殖。

第三，政府应抓好相关配套服务。例如，从鼓励支持的角度，农业部门可尝试设立专项资金，鼓励更多经营主体参与认养农业生产；为保障消费者和相关主体的合法权益，对于认养过程中出现的毁约、违约等情形，应由政府牵头设立的第三方机构加以判定，并将判定结果纳入个人征信系统。同时，应着眼认养农业的长远发展，对从业者开展相关的种植、养殖技能培训，相关部门也应当建立起技术帮扶体系。

总之，如何抓住机遇，打开农业发展的广阔空间，是认养农业接下来的着力点和发力点。随着认养农业的不断提质扩面，相信其在创新模式上还会融合更多匠心与技术，呈现出更健康、更绿色的发展势头。

五、"互联网+"激活农村非物质文化遗产生命力

《数字乡村建设指南1.0》指出，农村非物质文化遗产（以下简称"非

遗"）数字化是指对农村地区传统口头文学及文字方言、美术书法、音乐歌舞、戏剧曲艺、传统技艺、医疗和历法、传统民俗、体育和游艺等非遗进行数字化记录、保存与宣传展示，以实现农村非遗的数字化留存和传播。

传承和传播是非遗保护的两项重要任务。乡村振兴的一项重要使命是文化传承，而非遗正是美丽乡村的灵魂，是历史的文化记忆和积淀，也是村民精神文化生活中必不可少的内容。在乡村振兴的道路上，非遗也是重要的推动力。利用互联网和数字技术，能够让非遗项目"活起来"；通过有效传播，众多非遗项目能产生可观的经济效益，使非遗传承人"富起来"。

我国高度重视非遗保护工作，近年来已出台了一系列保护政策。2017 年 1 月，中共中央办公厅、国务院办公厅印发《关于实施中华优秀传统文化传承发展工程的意见》，部署实施"非物质文化遗产传承发展""中华文化新媒体传播"等一批重点工程项目，对如何在新形势下传承好、发展好优秀传统文化作出了具体部署。此后，中央网信办与文化部等联合组织开展了非遗大型网络传播活动，积极探索利用新媒体，主动把握网络传播规律，进一步营造弘扬中华优秀传统文化的浓厚舆论氛围。2021 年 8 月，中共中央办公厅、国务院办公厅联合印发《关于进一步加强非物质文化遗产保护工作的意见》，提出适应媒体深度融合趋势，做好非遗相关传播工作。

脱贫攻坚任务完成后，文化和旅游部、人力资源和社会保障部、国家乡村振兴局等共同开展了非遗助力乡村振兴工作，以充分发挥非遗特别是传统工艺资源优势。2021 年 12 月，《关于持续推动非遗工坊建设 助力乡村振兴的通知》印发，该文件对脱贫攻坚期间推动非遗工坊建设帮扶政策进行了调整和优化，明确了支持措施。2022 年 1 月出台的《数字乡村发展行动计划（2022—2025 年)》强调，通过网络传播农村各类非物质文化遗产资源，促进乡村特色文化产业发展。

案例 15

网络助力非遗传播、振兴、传承

1. 网络传播，让非遗"活"在当下

现实中，因为各种原因，人们很难做到为了看一位花甲老人编竹筐而亲自到一个偏僻的小山村去，也很难做到为了欣赏一位姑娘在院子里染花布而赶到一个遥远的古镇去。但是，互联网平台给了这些身怀绝技的手艺人一个可以充分展示非遗文化与技艺的平台，他们通过这个平台还可以销售自己亲手制作的各种非遗作品。同时，成千上万的网友不用亲自前往就可以在短视频平台观看和点赞，并在手机上下单购买。如今，越来越多的老手艺人拿起了手机，将非遗与短视频结合，借助短视频形式多样的表现力和突出的视觉冲击力，在短时间内把非遗老手艺最美、最吸引人的一面展现出来，将非遗老手艺记录下来、传播开来，从而使非遗再次进入大众视野，获得了更多的曝光度与关注度。

在抖音平台上，"乔师傅"是一家很有名气的非遗手工皮艺店。作为乔家手工皮艺传承人，乔雪创立了自己的皮艺制品公司，并打造了"乔师傅"品牌。2020年，借助抖音短视频平台，乔雪团队一共做了200多场直播，高峰时段同时在线的观众超过万余人，累计卖货达300万元。乔雪对于手工皮衣的制作非常有心得，她秉持匠人精神，坚持每打造一件手工皮艺制品都要经过72个小时绘图、10万刀雕刻、60万次敲击、3 360分钟上色等126项工艺流程。尽管这是一件耗时又耗力的工作，但乔雪仍然坚持精工细作，她的手工缝线水平已经远远超过了现在最先进的机器。乔雪认为，真正的传承就是让年轻人把传统手艺"背"在身上。现在，已有越来越多的人认可这一富含古典之美的非遗文化产品，肯定这种精益求精的工匠精神。目前，乔雪的抖音账号已经有粉丝57.1万，获得了298.7万个点赞。图4.5为乔雪通过抖音账号"皮雕大师乔师傅"传播祖传手艺。

2021年初，"朱伯伯的苏罗"账号在抖音上线。网友们看到织布机被搬进了直播间，罗布织品被推上了销售链接，传统的织罗技艺得以通过网络平台向大众展示。创新这一销售模式的人叫朱立群，他是"吴罗织造技艺"的代表性非遗传承人。1976年朱立群高中毕业后，来到苏州原吴县丝织二厂工作，从此开启了织罗生涯。随着国内兴起的"汉服热"和"国潮风"，朱立群也开通了短视频。最初，他账号上的短视频主要是科普性质的罗衫展示，后来应粉丝要求出成衣并上线产品，罗织品这一有着数千年传统的奢侈品就这样通过网络进入了寻常百姓的视野。目前，通过抖音短视频和直播，"朱伯伯的苏罗"已拥有粉丝11万，收获点赞数188.1万个，其中人气最高的一条

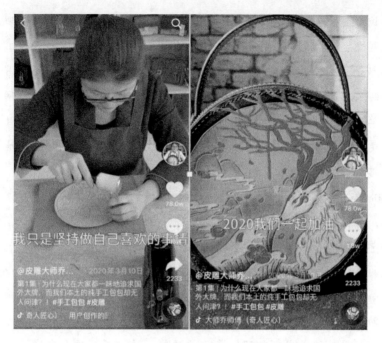

图 4.5

短视频获赞 14.1 万。

直播拉近了非遗产品与用户之间的距离，非遗品牌也通过线上的全方位沟通，更符合当下多样化、个性化、定制化的消费趋势和潮流。现在，越来越多的非遗传承人正积极通过"非遗+互联网"使非遗"活"在当下，推动非遗高质量发展。

2. 网络销售，让非遗助力乡村振兴

非遗项目经过生产性保护和发展，已产生了可观的经济效益。2020 年 10 月 23 日，抖音平台开启"看见手艺"计划，通过流量扶持、费用优惠、官方培训等多种渠道，发挥新媒体的视频直播、电商等作用，助力传统手工艺被更多人看见，从而为老字号品牌打开新销路。在新媒体的助力下，在 2020 年有 85 位手艺人通过电商实现年收入过百万元，其中包括 10 位非遗传承人。数据显示，2021 年非遗传承人带货成交总额再度创下新高，较 2020 年增长了 15 倍。

以朱立群为例，他的"苏罗的小店"自创办一年来，几经创新，在抖音平台的产品销量不断攀升，已售出了 4 000 多单罗织品。此前我国的罗织品一直以外销为主，如 2015 年以前的产品订单中，有八成出口到国外；现在的销售比例则发生了很大变化，内销占到了 80%，散客订单也逐渐成为工厂销量的重要部分。2022 年"文化和自然遗产日"的前一天，首次参与江苏省非遗购物节的朱立群在抖音直播间的罗织品销售额突破 10 万元，达到他网上开店以来的单日最高销售额。对此朱立群表示，希望通过自己的努力，让更多国人尤其是年轻人喜欢上这项传承数千年的传统技艺，并从中更强烈地感受到文化自信。

2008 年，以草本植物为主要原料的传统编结手艺入选第二批国家级非物遗名录，其代表性传承人是尹慧菊和她的儿子孟祥君。2018 年年底，孟祥君以阳都草编为工艺基础创立了维内（VINE）品牌，不断推出传统技艺与时尚相碰撞的草编包，从而将传统技艺融入现代生活，焕发出新的活力。2020 年，阳都草编制作技艺入选山东沂南县第五批非遗名录。在 2022 年的非遗购物节上，借助互联网和电商平台，短短几天内阳都草编产品就达到了近 6 万元的销量，相比平时的成交额翻了一番。就这样，通过互联网和电商平台，一个小县城的非遗草编名扬海内外，还带动周边 2 000 多名妇女实现了在家门口就业。

3. 网络传承，让更多年轻人"接棒"

很多传统手艺人在通过网络平台开拓销路、为更多人提供就业创业的机会的同时，也不忘运用抖音直播等方式进行免费教学，传承非遗文化。当年，"90 后"女孩杨雪就是为了学习苏绣技艺而跨越千里，扎根苏州镇湖的。如今，经过 10 余年的学习，她已经成为苏绣的代表性传承人。

为了让苏绣走近大众，让更多的人尤其是更多的年轻人了解、喜欢、传承苏绣，杨雪想到了网络短视频，并由此入驻抖音。2018 年，杨雪在抖音平台上面免费教了网友一整年的苏绣。观众的喜爱超出了她的预期，她的免费课堂创下一节课近千万人观看、点赞超百万的纪录。在美颜成为日常的当下，杨雪在教学视频中却从不打开美颜功能，就是为了不让屏幕中的绣品色彩失真。在杨雪看来，苏绣比自己的脸更重要。在她的教学视频中，镜头经常是对着她的手部拍特写，一场直播下来，观众甚至见不到她几面。杨雪的手艺和她对苏绣的热爱得到了广大网友的一致认可。即使不露脸，网友们的参与度也超乎杨雪的想象。曾有粉丝从头跟到尾跟了她一整场 8 小时的直播，更多网友则纷纷表示想购买她的刺绣，时常催促她上架新产品。

可见，在互联网时代，只要充分利用互联网手段来保护、传播、传承、发展非遗，让更多年轻人接触、了解、爱上非遗，自觉传播和传承非遗，非遗就一定会有更加灿烂的明天。

资料来源：杭州非遗：左手振兴，右手传承［EB/OL］.［2022-11-21］.https://www.hangzhou.gov.cn/art/2019/12/20/art_812262_41155749.html. 有删改。

案例分析

1. 发展非遗产业对推动乡村振兴具有特殊意义

由唯品会公益联合艾瑞咨询、广东省振兴传统工艺工作站、文木文化遗产技术服务中心共同发布的《2019 年非遗新经济消费报告》显示，"非遗新经济"效应初显。非遗在传承发展过程中的时尚产品覆盖品类越来越丰富，以"95 后"为代表的年轻非遗产品消费者不断增加，社会公众对非遗产品的溢价认知不断提升，消费升级使传统非遗手艺人的生产效率与收入都得到了提高，非遗消费新市场有效地助力了精准扶贫。《2022 年非遗新经济消费报告》显示，非遗消费继续稳定增长。2022 年，淘宝平台上的非遗店铺数量比 2020 年增长了 9.5%，达到 32 853 家，非遗交易额比 2020 年增长了 11.6%；"90 后"和"00 后"正在成为非遗产品消费的主力，非遗产品消费者规模已达上亿人。

非遗工坊在带动城乡就业、促进就业增收、巩固拓展脱贫攻坚成果、助力乡村振兴等方面发挥了独特的作用。据文化和旅游部介绍，截至 2022 年 6 月，国家已支持各地设立了 2 500 余家非遗工坊，其中在脱贫县设立了 1 400 余家，覆盖了 450 多个脱贫县和 85 个国家乡村振兴重点帮扶县，培养了包括"全国脱贫攻坚楷模"在内的一批优秀带头人。此外，为打通非遗产品从生产到销售的"最后一公里"，我国从 2020 年开始连续 3 年举办"非遗购物节"，其中 2022 年的销售额超过 16 亿元。

《中国数字乡村发展报告（2022 年）》显示，数字技术使农耕文明的文化价值、社会价值、经济价值得到持续挖掘和释放；国家级非遗代表性传承人记录工程，是利用数字多媒体等现代化手段，以口述片、项目实践片、传承教学片等形式，记录和保存包括农村地区在内的 489 名国家级非遗代表性传承人的独特技艺和文化记忆；中国传统村落非遗资源数字化工作持续推进，将具有重要价值和鲜明特色的乡村文化形态纳入国家级文化生态保护（实验）区整体性保护范围，并于 2021 年和 2022 年重点支持了 364 个中国传统村落的非遗资源保护数字化工作。该报告还显示，截至 2022 年 6 月，中国传统村落数字博物馆已收集整理了 6 819 个传统村落基本信息，建设完成了 658 个村落单馆，形成了涵盖全景漫游、图文、影音、实景模型等多种数据类型在内的传统村落数据库；中国历史文化名镇名村数字博物馆二期建设已完成对辽宁、贵州、安徽、湖南等 4 个省份的基础信息收集；等等。

2. 非遗发展中不容忽视的问题

第一，在推动非遗创新性传承的过程中，一些地方在"爆发式"发展的势头中忽视了非遗技艺的自身特点，"非遗+电商"模式中出现了产品质量良莠不齐、对非遗产品过度消费等问题。

第二，某些非遗产品在网络平台上存在哄抬价格的现象。在"非遗热"的浪潮下，一些商家开始盲目涨价，超高的价格打击了网民刚建立起来的消费热情，令不少网民对非遗产品敬而远之。《2019 年非遗新经济消费报告》显示，在关于"中国消费者尚未购买非遗产品的原因"调研中，有 44.3%的受访者认为"价格太贵"。调查显示，超过 90%的普通消费者更愿意购买 300 元以下的非遗产品，而对高价的非遗产品接受力有限。

第三，我国自 2011 年 6 月 1 日起施行的非物质文化遗产法并没有针对非遗本身提供知识产权保护。例如，该法第四十四条指出，使用非遗时涉及知识产权的，适用有关法律、行政法规的规定。显然，这一条款针对的是在使用非遗过程中涉及的法律和行政法规，如涉及非遗的著作权、邻接权、商业秘密等，而并不是针对非遗本身创设的一项知识产权。因此，非物质文化遗产法作为行政法，并没有为非遗传承人的相关权利提供特定的民事保护。其所规定的"代表性传承人"并不是该项目的独占者，也不享有排他性权利，而只是该非遗项目的传承人之一。

3. 进一步挖掘非遗的数字化潜力

根据《2022 非物质文化遗产消费创新报告》，笔者提出以下几点建议。

第一，以开放式创新模式推动非遗新产品的开发，以平台为依托，积极创新。

第二，构建非遗品牌矩阵，助力非遗产业高质量发展，赢得新竞争优势。

第三，以数字科技助力非遗营销创新，推进线上线下营销渠道融合。

第四，坚守匠心品质，打造核心竞争力；形成稳固的发展定力，不盲目扩张。

第五，拓展非遗助力乡村振兴的路径，如利用非遗项目建设非遗小镇、非遗主题民宿等。

第五章 乡村数字治理能力建设

"治理有效"是乡村振兴的五大总要求之一，也是乡村振兴的基础。习近平总书记多次强调，要夯实乡村治理这个根基。数字乡村治理在弥合城乡"数字鸿沟"、提升农民数字化素养、实现农业农村现代化等方面发挥着重要作用。《数字乡村发展战略纲要》指出，乡村数字治理能力建设包括乡村数字治理的政务体系构建、乡村数字治理基础设施和制度规则建设、乡村数字治理对经济社会民生的推动等内容。

我国已出台了一系列政策，对乡村数字治理能力建设进行了部署，并对乡村数字治理内容进行了细化。2018 年 7 月，国务院印发《关于加快推进全国一体化在线政务服务平台建设的指导意见》，部署实现网上政务服务全覆盖的目标。2019 年 5 月，中共中央办公厅、国务院办公厅印发《数字乡村发展战略纲要》，将"推进乡村治理能力现代化"作为 10 大重点任务之一。同年 6 月，中共中央办公厅、国务院办公厅印发《关于加强和改进乡村治理的指导意见》，要求进一步加快补齐乡村治理的短板弱项。2020 年 1 月，农业农村部和中央网信办印发《数字农业农村发展规划（2019—2025 年）》，提出"构建乡村数字治理新体系"的要求。2021 年 7 月，中央网信办、农业农村部等 7 部门印发《数字乡村建设指南 1.0》，指出乡村数字治理包括"智慧党建""互联网+政务服务""网上村务管理""基层综合治理信息化""乡村智慧应急管理"等内容，对乡村数字治理内容进行了细化。2022 年 1 月，中央网信办、农业农村部等 10 部门印发《数字乡村发展行动计划（2022—2025 年）》，进一步瞄准和聚焦乡村基层党组织"散"、基层综治负担"重"、村民自治手段"少"等重点难点问题，提出实施"数字治理能力提升行动"这项任务，其中包括"完善农村智慧党建体系""推动'互联网+政务服务'向乡村延伸""提升村级事务管理智慧化水平""推动社会综合治理精细化""加强农村智慧应急管理体系建设"等内容。同年 2 月，农业农村部发布《"十四五"全国农业农村信息化发展规划》，明确"十四五"时期关于数字乡村建设的目标，强调数字化要成为完善乡村治理的重要手段。

一、农村智慧党建体系建设

党的二十大报告指出，要"抓党建促乡村振兴"。习近平总书记深刻指出，将信息技术应用到党建工作中，既是信息化时代发展的客观要求，也是党建工作改革创新的必然要求。建设智慧党建平台，让党员工作、生活逐渐网络化、信息化、数据化，这是自党的十九大以来各级党组织积极探索的党建发展新方向。这就是说，要通过信息化技术创新党建工作模式，充分发挥智慧党建平台优势，推进党建工作信息化建设。

《数字乡村建设指南 1.0》指出，智慧党建是指打破传统的农村党建条件限制，通过充分运用互联网、大数据等新一代信息技术，推动农村党建相关工作的全面整合，以此提高县级、村级党建工作的一体化、智能化、信息化水平，同时通过数据分析手段及时跟踪了解基层党建工作的进展，从而不断提升党建管理效率和科学化水平。智慧党建主要包括党务管理信息化、新媒体党建宣传、党员网络教育等内容。

《数字乡村发展行动计划（2022—2025 年）》部署的"完善农村智慧党建体系"强调，要优化升级全国党员干部现代远程教育系统，在农村党员教育中扩大网络党课的应用；进一步丰富党建信息化综合平台功能，推进党建云平台的运用；综合运用重点新闻网站、政务网站、"两微一端"等平台，积极稳妥、依法依规推动党务、村务、财务等信息的网上公开，拓宽党群沟通渠道，畅通社情民意。

案例 16

天津市西青区王顶堤村利用"三网一台一报"平台推进党建信息化

1. 网络公开，提高党务、村务公开透明度

近年来，党员群众对党务、村务公开的关注度越来越高。天津市西青区王顶堤村党委从提高党务、村务工作透明度出发，充分利用现代化信息技术，积极探索推进党务村务公开、加强民主管理的新思路和新招法，创建了"三网一台一报"信息平台，即村集团网站、手机短信网、远程教育网、有线电视台、《党员学习报》，及时发布党务、财务公开及合作社要闻等信息，为全村党员群众参与民主决策、民主管理和民主监督搭建了便利平台。图5.1为王顶堤商业中心。

图 5.1

在王顶堤村的"津堤奔腾"网站和微信公众号上，村党委、村委会、村集团的一些重要工作部署、重大活动安排等，会通过文字、图片和视频等多种形式在此及时进行公开发布。2020年4月，该村完成农村集体产权制度改革，成立了王顶堤村股份经济合作社，将村集体资产量化到村民手中，而对王顶堤村股份经济合作社的重要经济项目——红旗农贸综合批发市场的"一进一出"和每日千万元级的流水额等工作，全村党员群众通过上网就能及时了解到。全村党员群众通过村网站，还可以随时了解村党委、村委会、村集团公司的日常工作动态，了解村里的党建、村务和经济发展等方方面面的工作情况。此外，在该村网站的互动版块页面还专门设置了留言信箱，鼓励党员、群众参与民主决策、民主管理和民主监督，党员、群众可以通过这一渠道随时向村党委、村委会和村集团等提出意见建议，发表个人看法。此外，该村还在网站上设置了专用系统，如房屋租赁、财务电算化等，用于及时向全村干部群众公开企业的租赁信息、财务收支等信息。村集体按照"四议两公开"（"四议"是指村党支部会提议、村"两委"会商议、党员大会审议、村民代表会议或村民会议决议；"两公开"是指决议公开、实施结果公开）民主决策程序，在网上公示流转村内部分房屋使用权等信息，待公示期结束后村股份经济合作社下属企业再按照相关规定与中标运营公司签约。村里集体经济实行挂牌交易，对此全村党员群众都可以在村网站上了解和查询到，或者通过微信端就能看得清楚、看得明白。王顶堤村"透明"办大事，令村民认可、百姓满意。

2. 短信公开，增强村务公开及时性

为便捷联系，及时征求意见、传递信息，王顶堤村党委与天津电信公司联合创建了手机短信平台。通过手机短信的形式向全村党员、群众代表公开涉及村党委、村委会、村集团公司的一些重要会议和重要活动信息，平时每周发送一次，遇有重大活动则随时发送。通过这一形式，村党委主动与党员、群众代表沟通交流、交换意见，征求党员、群众代表对党务、村务等重要工作事项的意见建议。王顶堤村党委还通过手机短信为每位过生日的党员、群众代表送去生日祝福，体现了来自党组织的人文关怀。

3. 远程教育平台公开，拓展党内公开服务

王顶堤村党委充分利用现代信息技术，运用远程教育网络进行党员学习教育，加强对全村党员的集中教育和引导。例如，在村网站上公开党员学习教育的计划安排和重要内容，方便党员群众随时了解、掌握计划内容和进度；精选红色经典影视节目、先进模范典型事迹专题片，以及科学致富知识、科技养生知识等，满足党员群众的学习、教育、娱乐需求。这种做法既拓展了党内公开服务，又方便了党员、群众随时了解学习，在运行中得到了党员、群众的一致好评。

4. 通过有线电视平台、《党员学习报》及时公开村里重大工作动态

王顶堤村党委在实际工作中考虑到有些群众对手机等网络产品的使用不是很熟练，而是习惯于收看电视的实际情况，于是借助有线电视平台，以新闻播报的形式及时传达、通报上级的指示精神和全村经济发展、村务管理、民计民生、党建工作等重大事项。其中，对重大事项坚持一周内连续播报，对村党委每半年一次报告工作的大会情况则通过有线电视进行全程直播，以此做到知情全覆盖，村民足不出户也能知晓村里的大事小情。

在运用网络信息平台的同时，王顶堤村党委还创办了《党员学习报》，该报设置了10余个版块，包括党建动态、经济发展、民计民生等，将涉及村党委的重要决策部署、重大项目进展情况和重点民计民生工作等事项定期向全村党员公开，再通过党员向全村群众公开，从而起到宣传社会发展新亮点、新变化的积极作用。

资料来源：西营门街王顶堤村：增和谐 谋幸福 强党建 促发展 [EB/OL]. [2022-09-25]. http://tj. wenming. cn/xqwmw/tlgg2/xqwmfe/202208/t20220826 _ 6461077. html. 有删改。

案例分析

1. 智慧党建探索成效显著

王顶堤村通过打造"三网一台一报"现代化信息平台，拓宽了党务、村务公开渠道，满足了新媒体时代广大党员对多元化学习的需求，充分调动了全村党员群众参与民主决策、民主管理、民主监督的积极性，搭建起了服务基层党组织、服务党员互动的桥梁，使党建宣传动起来、活起来，有效促进了全村的和谐稳定。

近年来，各地党建智慧化工作的探索取得了较好的成效，在党员教育培训、干部工作、群众工作、推进全面从严治党等方面都大量运用了网络信息技术。例如，在党员教育培训中，为丰富党员教育方式、拓宽党员教育途径，开发运用在线学习平台、微博、微信、手机 App 等即时学习工具；在干部工作中，为有效提升干部工作的质量和效率，开发运用干部选拔任用纪实系统、干部日常管理系统和干部考核评价系统等；在群众工作中，为提高党组织服务群众的水平，为群众提供线上线下相结合服务；在推进全面从严治党中，开发运用党建责任制网络反馈系统；等等。从近几年的实际运行看，党建信息化现在已处于普遍推行、综合运用阶段，成效较为显著。总体而言，智慧党建实现了基层党建工作的可视化管理，实现了党建工作的移动化管理，实现了党员、党组织之间的互助互通。

《中国数字乡村发展报告（2022 年）》显示，农村党务、村务、财务（即

"三务"）网上公开已基本实现。各地为切实保障农民群众的知情权、决策权、参与权和监督权，持续推进农村党务、村务、财务的网上公开工作。评价显示，2021 年全国"三务"网上公开行政村覆盖率接近 78.4%，较上年提升了 6.3 个百分点，其中党务、村务、财务的覆盖率分别为 79.9%、79.0%、76.1%。此外，全国党员干部现代远程教育网络已完成升级改造，党员教育平台已基本实现全媒体覆盖，"互联网+党建"已成为农村基层党员干部和群众指尖上的"充电站"。

2. 党建信息化建设中存在的问题

从认识层面看，一些党员干部对党建信息化建设认识还不足，重视程度还不够，在实际工作中的参与积极性还不高。从总体设计看，有的地方出现设计片段化、"数据孤岛"等问题，总体设计和工作统筹不够，党建信息化的整体性、协调性较弱。从建设层次看，有的地方党建信息化建设层次较低，应用范围较窄。从人才保障方面看，一些地方缺少信息化人才，导致网络使用受阻，应用业务难以展开。因此，要进一步推进党建信息化，就必须针对这些问题采取有力措施，主动加以解决。

3. 提高党建工作智慧化水平对策建议

第一，进一步提高党员干部的信息技术能力，扩大党建信息化的覆盖面。在现实工作中，一些党员干部由于自身储备不足，对现代信息技术的发展趋势、优化思维、优化方式和优化机制等掌握不够，遇到网络舆论事件时往往手足无措、处置失当。对此，应当加强党建信息化相关技术知识的教育培训，并深化信息技术在党建宣传、干部工作、基层党组织建设等各方面的应用。

第二，推动各级党建网络平台信息资源的互联互通。要充分考虑到不同层级机关和各单位的情况特点，按照不同的目标要求，采取相应的政策措施分类推进。此外，还要强化统筹协调，构建智慧党建平台时应尽量做到全国联通、统一标准，并在此基础上适时将各地的党建信息平台有效连接起来。

第三，加大党建信息化专门人才的培养和选拔力度。要拓宽党建信息化人才的选拔渠道，从中优选出党建信息化专业人才；要加强党建信息化业务培训和实践锻炼，培养既熟悉党建业务又精通互联网技术的智慧党建工作者。

第四，正确处理网络党建与实体党建的关系。在工作中，要将信息技术手段与党建的传统优势相结合，实现党建工作线上线下的良性互动。同时，要防止出现以网络党建取代实体党建、以线上的"键对键"联系取代线下"面对面"沟通的思维方式和做法。事实上，在开展批评与自我批评、谈心谈话、走访困难群众等工作时，"面对面"的做法和优势是不可缺少的。

二、"互联网+政务服务"向乡村延伸

《促进大数据发展行动纲要》指出，大数据已成为"提升政府治理能力的新途径"。《数字乡村建设指南1.0》明确提出，"互联网+政务服务"主要包括乡村政务服务"一网通办"、乡村政务服务"最后一公里"等内容，即利用互联网、大数据、云计算等技术手段，构建一体化政务服务平台，为企业、群众提供一站式办理的政务服务。

近年来，党中央、国务院以及各省市地区针对"互联网+政务服务"工作提出了明确的指导意见和任务要求，在规范建设、深度发展、优化运行等方面提供了制度层面的保障。2016年3月，"互联网+政务服务"首次出现在国务院《政府工作报告》中，此后又在专题研究的基础上出台了一系列政策文件。2016年4月，国家发展改革委等部门联合发布《推进"互联网+政务服务"开展信息惠民试点的实施方案》，对推进"互联网+政务服务"工作进行了具体部署。同年9月，国务院印发《关于加快推进"互联网+政务服务"工作的指导意见》，标志着"互联网+政务服务"正式成为国家战略层面的议题。12月，国务院办公厅印发《关于"互联网+政务服务"技术体系建设指南的通知》，通过加强顶层设计的做法对各地区各部门的网上政务服务平台建设进行规范。2018年6月，国务院办公厅印发《进一步深化"互联网+政务服务"推进政务服务"一网、一门、一次"改革实施方案》，以推进政务改革，并提出实现到政府办事像"网购"一样方便的改革目标。同年7月，国务院印发《关于加快推进全国一体化在线政务服务平台建设的指导意见》，就加快建设全国一体化在线政务服务平台、全面推进政务服务"一网通办"作出部署。2019年4月，《国务院关于在线政务服务的若干规定》公布，要求全面提升政务服务的规范化、便利化水平。2021年7月，中央网信办、农业农村部等7部门印发《数字乡村建设指南1.0》，强调打造"一站式"服务功能，打通政务服务"最后一公里"。2022年1月，中央一号文件《中共中央

国务院关于做好 2022 年全面推进乡村振兴重点工作的意见》提出，"以数字技术赋能乡村公共服务，推动'互联网+政务服务'向乡村延伸覆盖"。其目的是缩小城乡公共服务差距，以需求为导向，使民生保障、社会保障、社会救助、教育、医疗、文化旅游等领域的数字化服务广泛向乡村延伸，面向农村的电子政务实现网上办、"码上办"、"只跑一次"甚至"一次都不用跑"，从而解决群众反映强烈的办事难、办事慢等一系列问题。同月，中央网信办、农业农村部等 10 部门印发《数字乡村发展行动计划（2022—2025 年)》，部署"推动'互联网+政务服务'向乡村延伸"。

案例 17

浙江省高质量推进政务服务"一网通办"

1. "四张清单一张网"改革

浙江省是我国启动"互联网+政务服务"工作较早的省份。早在 2003 年，习近平同志在浙江工作时就对"数字浙江"的工作进行了部署，制定了浙江数字经济、数字政府、数字社会的建设蓝图，指明了"数字浙江"的发展方向。2014 年 6 月 25 日，浙江政务服务网正式上线，其在线服务平台包括个人办事和法人办事两大主体板块，涵盖了阳光政务、行政审批、便民服务三大专项服务内容（图 5.2），成为全国第一个在云平台上构建的省市县乡村五级全覆盖的一体化政务服务网，被媒体形象地喻为"政务淘宝"。2016 年 12 月，浙江省推动打造服务型政府，提出"最多跑一次"的改革目标，即通过创新工作流程，打破"信息孤岛"，让"数据多跑路、群众少跑腿"。2018 年至 2020 年，浙江省实施政府数字化转型，推进数字化改革深入发展。据统计，浙江政务服务网正式上线后的 5 年里，注册用户数已超过 2 500 万，日均访问量超过 1 200 万次。

党的十八大以来，浙江省按照国务院"放管服"改革部署，以群众和企业办事创业更便利为目标，积极利用现代信息技术，在"互联网+政务服务"方面进行了一系列探索。2013 年，浙江省开始实施以"权力清单"建设为主体的"四张清单一张网"改革，规范和改善政府权责运行，统筹推进包括行

图5.2

政审批、综合行政执法、乡镇"四个平台"建设、科教文卫体等专项改革在内的系列改革。此项改革最初在杭州市富阳区进行县级试点，不到一年的时间即在省级部门和各市县全面实施。2014年，随着"四张清单一张网"和行政审批、公共服务、综合执法、市场监管等若干专项领域改革的相互配合、整体推进，浙江省相继探索、实施了一批开创性的改革举措，如企业投资100天高效审批、核准目录外企业投资项目不再审批、"零地技改"项目不再审批、市县同权的行政审批一体化改革等，以打造最简、最优、最高效的审批流程。这些举措推动了政府职能的转变，厘清了政府、市场与社会的关系，也让群众办事时"门难进、脸难看"的情况大为改观。

2. 打破"信息孤岛"

2015年11月，浙江省数据管理中心成立。一年后，省级中心就可以通过政务服务网上的数据交换，同全省90个县市区、43个部门窗口实现信息资源的实时共享应用。2016年底，浙江省提出"最多跑一次"改革。为了更好服务民生、保障民生，浙江省政府提出10项"互联网+政务服务"，实现了开具证明、申办补换证照、信息查询、登记预约等便民服务的网上申请、在线服务、快递送达，给民众带来了少跑腿的最大便利。2017年，浙江省出台《浙江省深化"互联网+政务服务"工作方案》，强调推行"最多跑一次"改革，积极破除信息壁垒、实现数据共享，着力解决困扰群众的"办证多、办事难"等问题。

浙江政务服务网融合线上线下服务并不断迭代。该网上线 5 年间，全省已经统一进驻了 3 000 多个行政机关，实现了 1 400 多个乡镇（街道）、20 000 余个村（社区）站点全覆盖。此外，该网推出行政审批、便民服务、阳光政务、数据开放、公共资源交易等五大功能板块，并形成"统一收件、按责转办、统一督办、统一出件、评价反馈"的业务闭环，实现了"受理"和"办理"相分离、"办理"和"监督评价"相分离。同时，构建起线上线下一体化发展的网上政府雏形。在线上，全省统一规范了网上身份认证、电子印章、电子档案、电子证照等技术体系，并集中公布了办事指南，统一了各种事项标准，包括办事事项编码、服务名称和服务流程等，以加快实现跨地区、跨部门服务；开通专门渠道受理政务咨询投诉举报，并提供"办理申请、快递送达"服务，群众或企业只需要"点鼠标"，不用再"跑上门"。经过 5 年的发展，省市县三级政府办事项目均开通了网上申请，全省 63.6% 的民生事项实现了"一证通办"。在线下，该网依托"一张网"建成了全省统一的行政权力事项库和"一窗受理"信息系统，顺利推进了全省各级行政服务中心"一窗受理、集成服务"的改革。

3. 打造"掌上办事之省"

2018 年，在"最多跑一次"改革的基础上，浙江省加快推进政府数字化转型。为向企业、群众提供不受时间空间限制、随时在线的政务服务，在"掌上办事之省"和"掌上办公之省"建设目标的指引下，浙江省全面推进"网上办""掌上办"政务服务改革，在优化迭代的基础上推出"浙里办"App；加快推动"一网通办"和"一窗受理"。各地、各部门将原来自建的各类政务 App 全面整合至"浙里办"App，依托"浙里办"App 实现了行政权力和公共服务事项"应上尽上"。截至 2019 年 6 月，"浙里办"App 下载量已达 2 400 万次，日活跃用户数超过 15 万，已汇聚便民服务应用达 344 项。从公积金社保查询、缴学费、查违章到不动产登记证明、企业开立等，通过"浙里办"App 都可以实现一站式办理。

资料来源：浙江：打造全省一体化的"互联网+政务服务"平台［EB/OL］.［2022-09-30］. https://www.gov.cn/zhengce/2017-01/30/content_5164382.htm. 有删改。

案例分析

1. "互联网+政务服务"取得显著进展

浙江省高质量推进政务服务"一网通办",是提升群众、企业办事体验的迫切要求。以数字化改革为总抓手,初步构建起来的"一网通办"之浙江模式,实现了"网上一站办、大厅就近办、办事更便捷"。浙江省通过不断深化政务服务改革,逐步形成"数据多跑路、群众少跑腿""掌办优先、网办为辅、窗口兜底"的良性局面,在便利群众企业的同时也做到了切实为基层降本减负。

2016 年以来,国务院提出了推进"互联网+政务服务"的行动战略,提出建立政务服务体系、实现"一号一窗一网",以持续提升公共服务质量和群众使用体验,并在先行确立的试点城市取得了较好的发展。在这些试点城市的示范带动作用下,各级政府部门都在加快推进"互联网+政务服务"建设。

各地"互联网+政务服务"的建设成就主要体现为政务服务信息化、标准化和效率明显提升;理论研究深入,政务服务意识增强,群众认同增加;进一步简政放权,完善政务服务数据库,群众获得感增强;等等。2021 年12 月,农业农村部市场与信息化司联合农业农村部信息中心发布的《2021 全国县域农业农村信息化发展水平评价报告》显示,截至 2020 年,全国县域政务服务在线办事率为 66.4%。

《中国数字乡村发展报告(2022 年)》提出,要加快向乡村延伸覆盖"互联网+政务服务",不断提升全国一体化政务服务平台在农村的支撑能力和服务效能。截至该报告发布时,全国已建设 355 个县级政务服务平台,国家电子政务外网已实现县级行政区域 100%覆盖、乡镇覆盖率达 96.1%。这些举措加速推进了政务服务"一网通办",农民群众的满意度、获得感不断提升。2021 年,在综合在线办事方面,全国县域社会保险、新型农村合作医疗、劳动就业、农村土地流转、宅基地管理和涉农补贴等六类涉农政务服务的事项率达 68.2%。

2. "互联网+政务服务"向乡村延伸发展面临的难题

第一,"互联网+"工作推进度有待加强。部分区县对传统政务服务工作比较得心应手,对"互联网+政务服务"工作的重视程度则还不够,"互联网+政务服务"工作的推进速度和效果也都不尽如人意。同时,在"互联网+政务服务"工作中，许多地方尚未跟上群众、企业等办事的个性化需求，在设计和运用中，有关农民、农民工和老幼残等特殊群体的一些实际需求还存在较大缺口；现实中仍存在数据壁垒，各类基础库的建设推进速度也有待加快。

第二，服务规范性有待加强。虽然各地都相继成立了大数据局，但缺乏相应的人才。一些工作人员对"互联网+政务服务"的理解不全面，只是把原本的线下工作简单迁移到了网站上。各部门信息存在格式不统一、标准不统一等现象，从而影响了工作效率的提升。此外，相关工作机制仍比较缺乏，如尚未健全信息开放与信息共享机制，对信息开放的程度还有待规范界定，等等。

第三，数据资源共享有待加强。不少部门间的网络尚不能互通、数据尚不能共享，实际上造成了"信息孤岛"。"信息孤岛"是制约全流程网上审批的重要障碍，不利于政务改革的纵深发展。从目前来看，因信息不畅通而出现的相关部门重复收集资料、政务办理周期延长等问题仍比较突出。

3. 加快推进"互联网+政务服务"向乡村延伸的对策建议

第一，强化理念，转变思维。对此应正确认识"互联网+政务服务"的重要性，注重"用户至上"理念在政务服务中的体现，建立"以人为本"服务型政府的新型理念；深化"共享"思维，树立政务数据"公有"的理念。

第二，整合政务信息资源，打破"各自为政、条块分割、烟囱林立、信息孤岛"的状态。对此应切实贯彻落实国务院《政务信息资源共享管理暂行办法》，持续推进政务服务平台优化升级。

第三，优化机构设置，大力培养相关人才。例如，应规范工作制度流程，理顺上下左右关系；加强培训和学习教育，加大人才培养力度，条件允许的单位可以着力培养自己的软件开发团队。

第四，规范服务流程，推动数据共享。对此应优化调整原有流程，确保信息数据有序流动；打通数据壁垒，统筹建立政务服务数据资源库，实现数据信息互联互通、共建共享。同时，应强化网络安全意识，健全工作安全保障体系。

三、村级事务管理智慧化

村级事务管理涉及广大农民群众的切身利益，是农村基层组织建设的重要内容，也是群众极为关注的问题，其成效直接影响党在群众中的执政基础。《数字乡村建设指南 1.0》指出，网上村务管理主要包括村务财务网上公开、"互联网+村民自治"等，村务管理者应通过互联网平台公开村务财务信息，征集村务决策意见，接受群众监督。

2022 年 1 月，中央网信办、农业农村部等 10 部门印发《数字乡村发展行动计划（2022—2025 年)》，该计划在部署"数字治理能力提升行动"时提出，"提升村级事务管理智慧化水平"，着力解决农民自治手段"少"的难题；推广村级基础台账电子化，建立统一的"智慧村庄"综合管理服务平台；推广村级事务"阳光公开"监督管理平台，推进村级事务及时公开、随时查看；进一步丰富村民自治手段，推进村民在线议事、在线监督；加快农村集体资产监督管理平台建设，促进建成便民快捷、管理高效、上下联动、部门共享的农村集体资产大数据库；进一步丰富农民自治手段，畅通民意表达渠道。

案例 18

浙江桐乡"乌镇管家"赋能乡村治理

1. 以信息化平台为支撑夯实基础

近年来，为构建职责明确、依法行政的政府治理体系，浙江桐乡乌镇以法治化和数字化改革为动力，在全镇 108 个网格中发动村民组建了"乌镇管家"队伍，并同步建立"乌镇管家"云治理平台（图 5.3)，运用大数据、物联网等智慧化手段，将"乌镇管家"融入基层社会治理和民生服务工作中，规范有序地开展依法行政的各项工作，助力乌镇的乡村治理。

作为乌镇乡村治理"神经中枢"的"乌镇管家"云治理平台，将 25 个部门、20 多个平台的数据和 13 项条线功能网罗在一起，形成了"1+4+X"模式。其中，"1"是指由"一个中心"承担社会服务治理联动和社会治安立体化防控两大功能，以保证社会问题处置中的资源能得到及时调用；"4"指的是统筹四个关键的功能平台，即数据集成、监测预警、分析决策、共治服务等；"X"是指数字平台在整合治安、安监、民情等相关基础数据的基础上建

图 5.3

立"镇—村—网格—微网格—户"的五级网格化架构，从而形成一张"社会治理大网"，并利用这张"治理大网"实现基层条块部门的资源互通和统筹协调。这样，便捷的治理平台使信息处置更加及时有效。"乌镇管家"云平台自建成以来，实现了村民的各项问讯都有回音、各件事情都有落实的目的，信息处置率达到100%。

2. 智慧赋能，协同互促，提升乡村治理水平

所谓"智慧赋能，协同互促"，是指通过"自治、法治、德治"的三治融合体系，构建多元参与的社会共治新模式。

第一，智慧"自治"方面。乌镇村民通过"乌镇民情"公众号的"我有民情"端口可立即反映问题，既可以发照片，也可以发录音；"乌镇管家联动中心"收到信息后会立刻将其流转至相关部门进行处理，24小时后村民即可通过"民情查询"栏目查看所反映问题的处理结果。2017年3月成立的乌镇管家联动中心，像是给"管家"们装上了一个智慧的大脑，其智能和高效前所未有。截至2022年10月，"乌镇管家联动中心"已参与处理各类信息近6万条。在乌镇陈庄村，通过利用移动水质监测平台——"白天鹅"进行自动巡河，"白天鹅"体内搭载了智能传感器，可以24小时不间断地监测所在河道的水质环境并实时上传。接到上传信息后，云端会进行水质数据分析，只要发现指标异常就会自动启动无人船巡河模式对污染源进行追踪溯源，或者指派就近的"管家"立即前往现场进行处理。

第二，智慧"法治"方面。乌镇充分利用"乌镇民情"、浙里调小程序、

线上矛盾化解平台（ODR）等打造云上矛盾调解中心，打破时空限制，构建"互联网+矛盾纠纷多元化解"新模式，并在矛盾化解过程中采用了便捷、高效、精密的"一案一码"，努力推动群众在矛盾纠纷化解时"最多跑一地"。该举措在实际运行中印证了其方便性和及时性。例如，当地银杏社区的一位租户因为洗手台破裂而与房东发生了退租纠纷，并通过民情平台上报了这一问题。后台端口接案后即时生成专属"数字图形码"，并根据事权优先、网格优先的原则，将矛盾纠纷直接分流到网格，系统立刻指派就近的"管家"（调解员）前去调解处理。经过调解沟通，双方就该问题的解决达成了一致意见。

第三，智慧"德治"方面。为加强乡风民风建设，弘扬良好的社会风气，乌镇不断推动"微嘉园"移动平台的深度应用，实现线上线下的融合互动。通过"微嘉园"平台，村民可以实现更多民生项目"掌上办"，如反映问题、在线议事、获知最新政策和了解招工信息等，该平台让群众切身体验到了"指尖上的便捷"。为调动村民使用平台的积极性，该平台搭建了积分兑换体系。村民可通过使用平台或在平台上发布信息以及参与垃圾科学分类等方式获取相应的积分，所获积分可以换取米、油、牙膏、洗衣液等生活用品，也可以兑换平安保险、航天北斗参观、老人理发券、家宴费用减免等社会服务，积分较高的还可以作为村里年度各类评优评先的重要依据，并能享受到相应的惠农政策。

此外，在"乌镇管家"平台运行的基础上，乌镇乡村治理智慧化已向全领域拓展。例如，在医疗服务方面，当地建立了智慧养老综合信息平台，通过运用智能物联健康信息系统，可以实现智能家居照护、SOS跌倒呼叫与报警定位、网络医院预约挂号及网上会诊等功能，从而打造没有围墙的养老院。乌镇当地还建立了全国首家互联网医院，实现了群众"在家就能挂上专家号"的愿望。在交通出行方面，乌镇建立了智慧交通诱导系统，在主要道路设置了停车场引导及停车位数量实时显示电子屏；人们只要使用手机扫描二维码就可以租赁公共自行车，使用手机应用程序就可以实时查看公交车的位置、线路。同时，乌镇还开通了城市开放道路"5G自动微公交"示范线路，投入智能驾驶汽车。在法律服务方面，当地探索将互联网与司法服务相融合，建立了互联网司法所、设置了全省首家5G智慧法庭，当事人足不出户就可以获得优质的法律服务。当地法院基于"最多跑一次"的服务理念，通过网络信息化操作平台进行立案、受理、庭审；结合现有的高清数字法庭系统、庭审录音备份系统和"审务云"，利用基于智能语音识别系统的智能记录系统，实现庭审同步录音、录像率 100%，从而高效记录了庭审全过程，为司法各类案件的科学、妥善解决提供了有力的技术支持。

资料来源："乌镇管家" 赋能乡村治理：浙江省桐乡市乌镇镇大力推进乡村治理数字化 [J]. 农村经营管理，2021（3）：27-28. 有删改。

案例分析

1. 村级事务管理向智慧化发展

村级事务管理平台成为基层党组织宣传政策的 "传声筒"、服务群众的 "好帮手"，使村民们实现了日常办事小事不出村，大事不出乡。

以积分制为例，其最早见诸的中央文件是 2018 年《中共中央 国务院关于打赢脱贫攻坚战三年行动的指导意见》。该指导意见指出，推广以表现换积分、以积分换物品的 "爱心公益超市" 等自助式帮扶做法，实现社会爱心捐赠与贫困群众个性化需求的精准对接。2020 年 7 月，中央农村工作领导小组办公室、农业农村部印发《关于在乡村治理中推广运用积分制有关工作的通知》，全面启动了在乡村治理中推广运用积分制的工作。

2021 年 5 月，农业农村部与腾讯公司签署 "耕耘者" 振兴计划战略合作协议。"耕耘者" 振兴计划就是用数字化的方式总结农村发展的成功经验，形成一套可以快速推广复制的方案，培育一批乡村治理和产业发展的 "能人"，从而实现 "培养一个人，带动一个村"。"耕耘者" 振兴计划在全国实施落地后，覆盖了全国 31 个省、自治区、直辖市，面向乡村治理骨干和新型农业经营主体带头人开展免费培训，提出一年内线下培训不少于 3 万人，并用 2022 年至 2024 年 3 年时间实现线下免费培训 10 万人、线上免费培训 100 万人的目标。2022 年 1 月，中央 "一号文件"（《中共中央 国务院关于做好 2022 年全面推进乡村振兴重点工作的意见》）指出，"突出实效改进乡村治理"，推广积分制等乡村治理方式，有效发挥村规民约、家庭家教家风作用。同年 4 月，农业农村部下发《关于实施 "耕耘者" 振兴计划的通知》，正式宣布将在全国全面铺开 "耕耘者" 振兴计划，巩固脱贫攻坚的成果。"耕耘者"振兴计划开发了数字乡村治理工具——"村级事务积分制管理"小程序，其中包括村规民约、户主文明档案、积分细则、积分看板等栏目。通过该微信小程序，村民可以在线申报积分：先点击"积分"菜单，在弹出页面填写记录对象、户主姓名、积分事项并上传照片或视频凭证，之后村干部通过平台进行审核。通过这个小程序，村干部拿着手机就能审批事项，既快速又准确，不耽误双方时间，并且全村都能对村干部的决策进行监督，从而使此项工作更加透明、准确、及时，效率更高。村民所获积分将按比例折算成其在村集体经济中的股份并参与分红，多劳多得，不劳不得。这一做法促使越来越多的村民成为"互联网上的村民"，他们在线上参与村庄建设、享受发展成果。

2023 年 1 月，《中共中央 国务院关于做好 2023 年全面推进乡村振兴重点工作的意见》出台。该意见在"提升乡村治理效能"方面，强调"完善推广积分制、清单制、数字化、接诉即办等务实管用的治理方式"。

从各地实践经验看，积分制较好地解决了乡村治理中的短板弱项，既凸显了广大农民群众在乡村治理中的主体地位，又增强了对他们的激励和约束，从而创新了"三治"（自治、法治、德治）相结合的载体，提高了乡村治理效能。

《2021 全国县域农业农村信息化发展水平评价报告》显示：2020 年，通过应用信息技术已实现行政村"三务"综合公开率达 72.1%，较上年提升6.8 个百分点，其中党务公开、村务公开、财务公开水平均达到 70% 以上。《中国数字乡村发展报告（2022 年）》显示，不少地方在推进"积分制""清单制"的过程中，积极运用互联网技术和信息化手段，促进了积分管理的精准化、精细化、及时化，增强了清单管理的规范化、透明化、便捷化。

2. 村级事务管理智慧化建设中存在的问题

第一，村民参与程度弱。例如，在已经施行电子村务公开的地区，部分村民的参与积极性不高。在实际运行中，有的村民对电子村务的参与层次较浅，且往往集中于对村务信息的获取等方面，而在对村干部以及村级财务进行监督时往往不"较真"甚至不监督。也有的村民认为电子村务短期实效不高，从而对参与抱着可有可无的态度，或者在电子村务公开活动中有选择地参与一些同自己有直接利益关系的活动。

第二，电子村务公开自身建设存在问题。例如，有的地方在电子村务公开方面重形式轻实效，在公开信息时形式化严重，公开内容不全面、重点不突出，从而影响了实效性；有的地方的电子村务，其公布时间与频率不确定，也缺乏时效性，导致村民的参与积极性不高；有的地方的村务信息只重视公开，对线上反馈的处理却不及时，这也影响了村民参与电子村务公开的积极性。

第三，公开程序不规范。例如，有的地方由一人同时担任村支部领导与村主任职务，即"两委"一体化。对此有错误观点认为，村务是党内的事，而村民不全是党员，因此不需要通过电子平台公开村务，从而影响了村民及时行使知情权和监督权。

3. 完善电子村务公开的路径

第一，提高村民的文化素质与法治意识，增强村民行使知情权与监督权的权利意识，加强村民在电子村务公开方面的参与主动性。

第二，建章立制，完善管理制度。各层级都应制定相应的保障与监督政策，完善与电子村务公开相关的法律保障与监督机制；制定推进电子村务参与的激励政策，鼓励村民参与制度创新。

第三，用好电子村务公开平台，做实村务公开。对此，应从多个方面促进村务信息电子化公开的透明度与可信度，力求实现服务有广度、管理有速度、民主有温度，从而提高村民的政治信任度，促进村民更积极地参与村务治理。

四、乡村社会综合治理精细化

"精细化"是起源于 20 世纪 50 年代西方发达国家的一种企业管理理念，具有精确、细致、规范等含义。20 世纪 80 年代以来，精细化理念被逐步运用到行政领域当中。党的十八届五中全会提出了"加强和创新社会治理，推进社会治理精细化，构建全民共建共享的社会治理格局"这一目标，"精细化治理"也由此成为推进国家治理体系和治理能力现代化的重要议题。农村处于社会治理格局的最基层，人口众多、社情复杂，是我们党执政兴业的根基。乡村治理是实施乡村振兴战略的基础，乡村社会综合治理精细化对于提升人民群众的幸福感、获得感和满意度有着重要意义。

我国对农村社会治理问题一直持续关注。进入 21 世纪后，中央相继出台了一系列政策。党的十六大提出"多予、少取、放活"的农村建设方针，以保护农村生产力，保持农村稳定。历年中央一号文件针对不同时期的乡村治理都有与之相应的侧重点。例如，2004 年起，中央提出从农村公共事业建设入手，大力兴办农村、农业基础设施，聚焦农民增收和解决"三农"问题；2007 年的中央一号文件首次提出创新农村社会管理体制机制，助推农村社会发展；2008 年提出探索乡村有效治理机制；2010 年，提出完善符合国情的农村基层治理机制，密切关注农村社会的治理问题；2013 年提出完善和创新乡村治理机制，推动农村社区化管理；2014 年至 2017 年的中央一号文件连续强调积极探索不同情况下村民自治的有效形式，从乡村社会治理的角度来探索解决"三农"问题的新思路。

2018 年 6 月，中共中央、国务院印发《乡村振兴战略规划（2018—2022 年)》，提出构建乡村治理的新体系，治理方式也由此步入了德治、法治、自治等的多面融合阶段。

2021 年 7 月，中央网信办、农业农村部等 7 部门印发的《数字乡村建设指南 1.0》指出，"社会治安综合治理信息化"包括综合运用数据挖掘、人像比对、智能预警、地理信息系统等新一代信息技术建设综治信息化管理平台，面向治安综合治理重点人群和重点事件，开展打击、防范、教育、管理、建设、改造等工作；"法治乡村数字化"包括利用大数据、云计算等现代信息技术，构建"数字法治、智慧司法"工作体系，为农民群众提供精准化、精细化的公共法律服务，开展网络普法宣传教育。

2022 年 1 月，中央网信办、农业农村部等 10 部门印发《数字乡村发展行动计划（2022—2025 年)》，积极部署"数字治理能力提升行动"，明确向"推动社会综合治理精细化"努力，着力解决基层综合治理负担"重"的难题。长期以来，乡村自治、法治、德治等协同不足，村级组织运行无序，是阻碍基层治理能力提升的主要瓶颈。为此，《数字乡村发展行动计划（2022—2025 年)》推动逐步完善"互联网+网格治理"服务管理模式，打造基层治理"一张网"，积极增强自治、法治、德治等在乡村治理中的协同作用。

2023 年 1 月，《中共中央 国务院关于做好 2023 年全面推进乡村振兴重点工作的意见》在"提升乡村治理效能"方面，强调"完善网格化管理、精细化服务、信息化支撑的基层治理平台"。

案例 19

贵州省六盘水市"平安乡村"公共安全视频监控建设

1. 试点铺开，织密乡村"技防网"

近年来，为探索解决农村区域监控点位较少、覆盖不足、盲区较多等问题，贵州省六盘水市健全完善村级公共安全视频监控联网应用平台，实现"家家装监控、户户享平安、村村有平台"，以助力社会治理，改善农村人居环境。

为实现巩固拓展脱贫攻坚成果同乡村振兴工作的有效衔接，贵州省六盘水市与中国电信六盘水分公司签订协议，自 2020 年初开始试点推进"平安乡村"建设，其具体目标是在农村建成"平安乡村"村级智能监护平台。为此，当地组织村民依托中国电信家庭宽带安装摄像头，做到在村级区域中，监控覆盖村子进出口、村内各路口、村民家门口，并将监控接入村委会，以实现公共安全视频监控建设的联网应用。在村委会监控室，工作人员只用轻点鼠标，电脑屏幕上就会即时显示全村各主要地点的车辆通行、人员流动等情况，从而实现通过实时把控村内交通、卫生、治安等情况为百姓生产生活保驾护航；村民则可以通过手机 App 随时随地查看监控情况，还可以收到异常情况实时提醒，既能通过云端存储回看，也能运用双向语音对讲功能。

六盘水市首个村级监护平台示范点位于该市水城区南部路程远、管理难的新街乡二台村。根据业务需求，监护平台最终确定了以视频彩铃、云桌面、集团 V 号簿、专线等为一体的信息化解决方案，安装了该系统的村民又可将自家的监控系统分享到村级监控平台上。

对于这一措施，村民感受到了切切实实的安全和方便：再也不用担心下地干活时家里的牲口或其他东西被偷，通过手机 App 哪怕在地里干活时也可以清清楚楚看见路过家门口的任何人，并可以直接向其喊话。不仅如此，在外地工作的人也可以于千里之外通过监控平台随时查看屋内老人的动态，并和他们说说话，这样在外打拼的人也安心了许多。这个平台也是村干部的好帮手。例如，村干部可通过监控来查看村民家周边的卫生环境，发现需要打扫的，就可以及时对村民进行督促。又如，在做人口普查工作时，在要去位置比较偏远的村民家里之前，村干部可通过监护平台先了解人是否在家，这样大大提高了工作效率。实践证明，"平安乡村"公共安全视频监控联网应用平台建设已成为一项"利民惠民，深入民心"的工程，有效提升了村民的幸福感、获得感、安全感，提高了乡村治理的质量和效率。

接下来，六盘水市村级监护平台示范点又先后在盘州市双凤镇大海村、大山镇七指峰村等处进行（图5.4为盘州市双凤镇大海村"平安乡村"村级监控平台）。2021年清明节，双凤镇大海村村民肖某3岁侄女在村里走失，人们在寻找时第一时间就用上了"平安乡村"村级智能监护平台。通过查看村里各路口的视频监控，大家及时发现了孩子的踪影，并很快将其找回。在"政府主导、群众支持、运营商承建"的原则指导下，"平安乡村"公共安全视频监控建设的村镇覆盖率不断扩大。随着视频监控点位的不断扩大，通过"群众单点+平台集中"的方式，有效解决了基层治安防控问题，实现了群防群控，为筑牢乡村平安建设打下了坚实基础。

图5.4

经过一年的试点，2021年6月，六盘水市委政法委联合市电信、移动、联通、广电等部门，下发《六盘水市"平安乡村"公共安全视频监控及联网应用平台建设实施方案》，对"平安乡村"公共安全视频监控及联网应用平台建设进行具体指导，并不断扩大宣传面。截至2021年8月，全市已初步实现覆盖县乡村的三级监控平台网络，安装"平安乡村"公共安全视频监控摄像头的农户已有7万余家，集中监控平台已扩大到30余个乡镇、260余个村居，监控范围覆盖50余万人。

2. 融合共享，各域共同发展

在建设"平安乡村"公共安全视频监控联网应用平台的同时，六盘水市还全力推进"天网工程""雪亮工程""社会资源视频监控"等建设，从而形成了公共安全视频监控"四轮驱动"、共同发展的模式，有效提升了全市社会治理的现代化水平。经过全面建设，全市在"天网工程"方面共建成了5个二级监控平台、31个三级监控平台、17 306个在线监控点，有效覆盖了城市道路、公共广场、医院、学校、党政机关、车站码头等重点区域、部位；在"雪亮工程"方面，按照县域交界进出口必建、乡镇村居出入口必建、公路干道交叉路口必建、群众经常聚集区域必建、重点部位场所必建等"五个必建"要求，共完成安装86个乡镇1 060个村居视频监控11 520个，配套建成市县乡村四级综合治理平台；在"社会资源视频监控"方面，全市共安装8万余个视频监控，分布在市内医院、学校、金融、城管、商场、企业、工商个体等各行业领域。

总之，紧扣百姓"安全、看护"这两大核心需求，"平安乡村"公共安全视频监控联网应用平台建设实现了农村治安防控和群防群治工作的无缝覆盖，连通了平安乡村建设的最后"100米"，走出了一条六盘水市共建共治共享的基层治理之路。

资料来源：李静. 我市紧扣民生需求建设"平安乡村"［N］. 六盘水日报，2021-08-09 (1). 有删改。

案例分析

1. 迈向精细化的乡村社会综合治理实践

《2021全国县域农业农村信息化发展水平评价报告》显示：2020年，以县乡村三级综合治理中心为指挥平台、以综合治理信息化为支撑、以网格化管理为基础、以公共安全视频监控联网应用为重点的"群众性治安防控工程"——"雪亮工程"，在我国行政村的覆盖率已达到77.0%。

《中国数字乡村发展报告（2022年)》显示，我国乡村基层综合治理水平不断提高，具体表现在"互联网+基层社会治理"行动深入实施，各地积极推进基层社会治理数据资源建设和开放共享，实现了行政村（社区）和网格数据的综合采集和一次采集、多方利用，不断探索将网格中的"人网"与大数据编成的"云网"相结合，以数据驱动公共服务和社会治理水平不断提高，农民群众的安全感明显增强。统计显示，2021 年公共安全视频图像应用系统的行政村覆盖率已达到 80.4%，比上年提高了 3.4 个百分点，特别是在农村水域安装水位临界报警监控和全景监控等措施，在关爱农村留守儿童、防范溺水意外事故等方面成效明显；依托儿童福利管理信息系统摸清农村地区关爱服务对象底数，2021 年 7 月至 2022 年 6 月共采集了 75.5 万名留守儿童信息，农村地区儿童福利和未成年人保护工作的精准化程度得到进一步提升；依法打击农村地区电信网络诈骗和互联网金融诈骗等违法犯罪行为，深入推进各类专项行动，重点打击涉及村镇银行、"三农"信贷以及 P2P 网贷平台、非法网络支付等互联网金融犯罪，同时针对农村留守人员防范诈骗能力较差等问题强化预警劝阻工作，完善对受骗资金的紧急拦截手段，以最大限度避免农村群众财产遭受损失。

2. 乡村社会综合治理需求的变化

对参与管理的需求不断增强。村民希望他们的公共事务知情权、参与权、表达权、监督权等得到保障，希望通过网络问政、政务建议、志愿服务等方式主动参与公共事务管理。

对公共服务的需求不断增强。村民希望得到更加便捷、高效的政务服务，享有更优质的资源，对社会心理服务、志愿服务等的需求逐步增长。

对公平正义的需求不断增强。村民对依法行政、依法办事、公正司法的要求越来越高。

对安全环境的需求不断增强。近年来社会治安环境不断向好，但一些影响村民安全的问题仍然存在，村民渴望更加安全的生活环境。

对精神文化的需求不断增强。村民迫切希望移风易俗，改变旧俗陋习，追求时代新风尚，同时渴望享受丰富多样的精神文化生活，对精神生活的需求日渐强烈。

3. 提升乡村社会综合治理精细化水平的建议

转变治理理念。加强村干部队伍建设，培育村民治理主体意识，合理赋予村级组织权力。

健全治理体系。一是优化社会矛盾化解体系，二是深化社会治安防控体系，三是强化重点人群服务管理体系，四是完善公共安全防控体系。

融合治理方式。一是奉行法治，推动乡村社会形成良好的法治环境，即办事依法、遇事靠法；二是倡行德治，推动乡村德治的良性发展；三是推行自治，开展良性互动。

提升治理手段。一是提高智能化水平：提高乡村基层社会治理的科技运用实效。二是提高信息化水平：充分发挥大数据的作用，加强乡村社会治理领域的信息网络建设。三是提高专业化水平：在科学性、制度性和专业性等方面切实丰富乡村社会治理的服务内容、服务项目等。

夯实治理基础。一是健全网格化服务管理：通过网格化服务，实现小事逐个解决、大事整体处置，夯实管理基础。二是建好、用好综合治理中心和"雪亮工程"：充分运用信息化手段统筹推进平台建设，如市、区县、街道、社区四级综治中心和"雪亮工程"视频系统等平台建设，同时夯实信息平台基础，实现联勤、联调、联处。三是加强基础队伍建设：尽量配强配足社会管理、综合治理、社区事务、社区建设等一线工作人员，夯实人员基础。

五、农村智慧应急管理体系建设

我国是世界上自然灾害最为严重的国家之一，既有地震、洪水、干旱等异常自然现象，也有因人类活动而导致的水体污染、水土流失、酸雨等环境灾害。习近平总书记强调指出："统筹发展和安全，增强忧患意识，做到居安思危，是我们党治国理政的一个重大原则。"农村应急管理是国家治理体系和治理能力的重要组成部分，进一步加强农村应急管理工作，能够全力保障农业安全生产。

与城市相比，当前我国乡村治理面临的突出问题是应对突发事件的能力、水平和资源严重不足，乡村应急管理已经成为应急体系的一个薄弱环节。在应急管理体系和能力现代化建设过程中，乡村与城市一个都不能少。《"十四五"国家应急体系规划》指出，深入推进应急管理体系和能力现代化，坚决遏制重特大事故。科学技术日新月异，科学先进的应急管理体系已离不开数字技术。相比城市而言，数字技术在乡村应急管理中具有更大的应用潜力。如果能将专家、数据、信息等有机结合起来，建成智能化的应急体系，可大大减轻乡村在人力、技术、资金等方面的压力。

《数字乡村建设指南 1.0》指出，乡村智慧应急管理主要包括乡村自然灾害应急管理和乡村公共卫生安全防控等，通过物联网、云计算、大数据和人工智能等新一代信息技术，对突发事件的事前预防、事发应对、事中处置和善后恢复等进行管理和处置，可以实现有效预防灾情、迅速解决应急事件、高效利用应急资源，能够最大限度地保障乡村居民人身和财产安全。

2022 年 1 月，中央网信办、农业农村部等 10 部门印发的《数字乡村发展行动计划（2022—2025 年）》在"数字治理能力提升行动"部分提出"加强农村智慧应急管理体系建设"，主要包括依托天空地一体化监测体系，加强自然灾害综合监测预警，对乡村地质灾害、洪涝灾害、林牧区森林草原火灾等灾害及生产生活安全进行监测预警；依托应急资源管理平台，合理调度防灾救灾物资，做好乡村受灾人群的应急救援和保障服务；完善覆盖全面、实时监测、全局掌控的乡村数字化公共卫生安全防控体系，建立突发事件风险监测与预警信息共享平台，引导村民开展自我卫生管理和卫生安全防控；完善农村气象灾害智能预报系统，构建广覆盖、立体化的预警信息发布体系，建立精细到乡镇的气象预报和灾害性天气短时临近预警业务，推动预警信息到村到户到人；加快应急广播体系建设，推进基层应急广播主动发布终端覆盖，建立应急广播快速传达通道；等等。

2022 年 1 月，《中共中央 国务院关于做好 2022 年全面推进乡村振兴重点工作的意见》在"强化现代农业基础支撑"方面特别提出，要强化农业农村、水利、气象灾害监测预警体系建设，增强对极端天气的应对能力。2023 年 1 月，《中共中央 国务院关于做好 2023 年全面推进乡村振兴重点工作的意见》在"持续加强乡村基础设施建设"方面强调，"加强农村应急管理基础能力建设，深入开展乡村交通、消防、经营性自建房等重点领域风险隐患治理攻坚"。

案例 20

广西率先建成乡村雷电灾害防御新体系

我国幅员辽阔，对于地处亚热带季风气候区的省市来说，当地气象服务的痛点和难点就是如何实现雷电监测的"全天候""全覆盖"和雷电预警的精准化。广西地处中、南亚热带季风气候区，是我国雷暴日数最多的省份之一，具体表现为西南地区多、东北地区少，其中4月、9月的雷暴活动最为频繁，全区全年平均雷暴日数73天，而农村地区又是雷灾的重发区。据不完全统计，1998年至2022年，广西全区共发生雷击伤亡事故383起，其中90%以上发生在农村。为了最大限度地减轻雷电灾害给广大农民造成生命财产损失，解决雷电监测存在盲区、预警无法精细化、农民预警接收不及时等问题，广西率先建成覆盖全域、独具当地特色的乡村雷电灾害防御新体系，为当地群众的生命财产安全和农村经济的发展保驾护航。

1. 构建覆盖乡村全域的雷电监测天网

广西在全区广大农村建成"多种要素、多个站点、布局合理、覆盖全域"的乡村雷电综合监测网。该监测网由20个三维闪电定位仪、244个大气电场仪、63个雷电流监测仪组成，其对大气电场的监测已经覆盖了全部市、县城区和85%以上的乡镇，对雷电流的监测则覆盖了当地重要的雷击高发区，其雷电监测设施的规模、覆盖率和数据获取量均位居全国前列。对闪电定位、大气电场和雷电流开展的全天候监测有效填补了广西地面雷电观测的盲区和夜间雷电人工观测的空缺，从而使雷电探测效率更高、定位更准、雷电参数更翔实，2019年在广西扶贫点建设的全国第一个乡村雷电预警示范点也发挥了良好的示范带头作用。图5.5为广西建成的雷电监测"天眼"系统，用以提升雷电灾害防御水平。

图5.5

2. 研发精细化雷电监测预警产品

广西利用雷达、卫星、地面观测以及三维闪电定位系统和大气电场等多源资料，着力开发包括雷电警示服务产品在内的 6 类 21 项雷电基本业务服务产品，实现逐 6 分钟、1 公里网格的精细化雷电临近定点预警滚动预报。为解决以往雷电预警仅能以县域为单位制作、无法精细化到点的现实难题，当地还探索出了智慧雷电临近预报预警的技术方法，通过开启点对点、自动化、智能化雷电服务等模式，能够实现在雷电临近前 30 分钟至40 分钟启动雷电灾害叫应服务，提醒相应位置的村民提前做好防范雷电的各项准备工作。

3. 点对点服务，强化有效传播

为促进对雷电预警的有效传播，广西开发了智能雷电监测预警服务平台，这一平台无缝对接广西突发事件预警信息发布平台，实现了精细化雷电预警产品通过多渠道进行智能"点对点"推送。现有的推送方式包括覆盖所有行政村的气象大喇叭、上千块电子显示屏、"晓天气"App、乡村智慧气象 App、短信、微信等。当地气象局还通过手机短信向全区雷电监测覆盖的特定人群发布基于位置的雷电预警（包括 40 000 多名乡村中小学校安全责任人和27 000 多名乡村气象信息员），通过他们及时传递预警信息，有效提升了广西的乡村雷电灾害防御能力。

4. 开展各项活动，增强广大农民雷电防御意识

广西结合当地少数民族的特点，挖掘山歌、谚语、壮文等民族文化元素，创新开展具有民族特色的气象科普活动，开展"唱山歌、防天灾""气象山歌、唱响八桂""广西气象谚语谜语大家猜"等活动，依托媒体推广优秀乡村雷电防御山歌，面向学校培训"小小气象山歌手"。此外，当地还积极推广富含广西特色的防雷科普宣传，以提升农村地区的防灾减灾能力。

资料来源：全天候全覆盖精准雷电预警：广西率先建成乡村雷电灾害防御新体系［EB/OL］．［2022 - 10 - 11］．https://www.cma.gov.cn/zfxxgk/gknr/tfsjyd/tfsjydqk/202210/t20221011_5124875.html. 有删改。

案例分析

1. 农村应急管理体系建设现状

为保障农业生产活动的顺利展开，防范农村自然灾害，确保农民生命财产安全，广西壮族自治区气象局不断加强乡村防灾减灾救灾能力建设，率先建成了覆盖全域的乡村雷电电灾害防御新体系，助力广西乡村振兴事业。

目前，我国的农村应急管理体系建设处于起步阶段，应急预案体系已初步形成。基层对各行各业及相应可能突发的预期线索进行了摸排，并根据情况制定了应急预案措施，覆盖辖区内的各村（社区）。

应急管理体制机制逐步建立。各街道明确制定了突发公共事件、自然灾害、公共卫生事件和安全生产等事件的应急预案和应急指挥机构，各村（社区）明确了相应的应急管理办事机构；统一领导、综合协调、分类管理、分级负责、属地为主的应急管理体制基本建成；农村地区的气象、防汛、地质灾害、森林防火等灾害监测预警系统建设也得到了不断完善和加强。

应急预案体系初步形成，并基本完成了相关应急预案的编制工作。我国充分考虑到农村地区医疗、消防、通信等基础设施相对薄弱，人口居住较为分散，群众防灾意识和自救能力较差等实际情况，在大部分地区都制定了基本涵盖本区域内可能发生的突发事件的应急预案。

《中国数字乡村发展报告（2022 年）》显示，乡村智慧应急能力明显增强。例如，农业重大自然灾害和动植物疫病防控能力建设不断加强，监测预警水平持续提升；气象信息预警和农情信息调度系统在应对 2021 年秋冬种期间洪涝灾害、2022 年长江流域气象干旱之中发挥了重要作用；全国农作物重大病虫害数字化监测预警系统不断完善，已对接省级平台 22 个、物联网设备4 000 多台，为有效发现和防治小麦条锈病、稻飞虱、草地贪夜蛾等重大病虫害提供了有力支撑，国家动物疫病防治信息系统新增非洲猪瘟等重大疫病监测和报告功能；偏远地区水利设施通信应急能力不断提升，截至 2021 年底全国县级以上水利部门共配套各类卫星设备 3 018 台（套）、卫星电话 7 574 部、无人机 1 718 架，并通过自建通信网络弥补了公用通信网不能覆盖水利应用场景的短板；林草防火预警系统优化升级，陆续接入河北、内蒙古、黑龙江等重点地区的防火监控系统，森林草原火灾监测范围持续扩大，预警能力持续增强；老少边及欠发达地区的县级应急广播体系建设工程深入实施，对重大自然灾害突发事件的应急响应效率明显提升。评价显示，2021年全国应急广播主动发布终端行政村的覆盖率达到79.7%。

2. 农村应急管理面临的挑战

应急工作机制不健全。尽管各级政府已组建了应急管理部门，但由于有的乡镇、街道和村居社区细化具体工作职责落实不到位，在发生突发事件后容易出现指挥失灵、救灾现场忙乱等问题。

应急管理预案同质化严重，缺乏针对性和适用性，且平时缺少演练。一些基础性应急管理工作，如风险隐患排查、预案编制、应急演练、宣传教育等在基层落实不到位；各管理主体通常比较重视突发事件之后的处置和救治，而忽略突发事件之前的预测和防范。

应急技术能力薄弱。应急管理工作不同于一般的社区服务，具有较强的专业性。现阶段在我国多数农村社区，专职的应急管理人员数量极少。一些由村民自发形成的应急救援团队大多没有接受过应急管理方面的专业培训，难以在突发事件发生后第一时间组织有效的救援。与此同时，针对我国农村地区突发事件的应急保障资源储备也很不充分，资源保障和技术保障等资源都比较欠缺。

动员社会力量参与的广度、深度不够。现阶段尚未有效发挥蕴藏于基层的深厚群众力量，缺乏多元参与的有效路径来动员社会各方力量，基层民众和社会力量的参与程度不高，还未形成有效的基层应急管理模式。

3. 对策建议

建立完善的预警监测系统。这是有效预防和避免突发事件发生、发展的首要环节。为此，应及时向村民公布突发事件可能爆发或者即将爆发的信息，提醒村民做好预防措施；建立问题反馈机制，设立线上线下反馈渠道，通过意见箱、热线电话、乡村微信公众号等形式保证沟通顺畅，确保公共安全事件发生前后的问题得到及时反馈；对相关组织机构的能力要定期评估，以便及时发现应急管理中存在的问题并加以改进，从而进一步提高应急措施的可行性。

建立多方合作的应急联动机制。对此应充分发挥县和乡镇两级政府的应急管理职能以及村委会的重要作用，严格按照属地管理的原则，建立县乡村三级应急联动机制；大力发展农村非政府组织，有效补充基层政府应对突发事件处理时的不足；鼓励农村社区群众、社会组织多方参与，以降低政府的应急管理成本，提高应急管理效率。

通过信息化建设引领应急管理工作开展。以预防在先的理念，利用信息技术在农村社区建立全面覆盖的联防联控网络平台，提高农村网格化管理的智能性，对紧急情况做到早发现、早处理；通过设置社区网格范围、细分应急管理事务、打造专职应急管理网格员队伍等多种方式方法，实现应急管理中的网格化精准预警。

第六章　乡村网络文化振兴建设

2019 年 3 月，习近平总书记在参加十三届全国人大二次会议河南代表团审议时指出，乡村振兴是包括产业振兴、人才振兴、文化振兴、生态振兴、组织振兴的全面振兴。高质量建设乡村文化需要大力振兴乡村网络文化，数字乡村赋予了乡村文化强大的生命力和感召力，为乡村网络文化发展带来全新的体验；振兴乡村网络文化改善了广大农村的精神风貌，丰富了农民的精神文化生活，弥合了城乡的"数字鸿沟"。2019 年 5 月，中共中央办公厅、国务院办公厅印发的《数字乡村发展战略纲要》提出"繁荣发展乡村网络文化"。2022 年年初，中央网信办、农业农村部、商务部等 10 部门联合印发的《数字乡村发展行动计划（2022—2025 年)》提出，"筑牢乡村网络文化振兴阵地，推进乡村文化资源数字化"。该行动计划明确指出，推动乡村网络文化振兴，要营造清朗的网络空间，保护优秀的传统文化，加强文化的服务保障。这些切实有效、操作可行的具体举措，为我国乡村网络文化的发展指明了方向。

一、乡村网络文明建设

网络文明是新形势下社会文明的重要内容，加强网络文明建设是顺应信息时代发展潮流、提高社会文明程度的必然要求。近年来，我国大力推进网络基础设施建设，取得显著成效，互联网已经成为社会意识形态的主阵地、文化繁荣发展的新空间。据《中国互联网络发展状况统计报告》统计，截至 2021 年 6 月，我国农村网民占网民总量的 29.4%，人数规模达到 2.97 亿。随着智能手机的普及，社交媒体、短视频、直播等网络产物在乡村悄然盛行，网络在乡村生活中已经占据了重要一席。当然，网络空间纷繁芜杂，文明创建任重道远，因此提升村民网络文明素养，共筑健康、有序、安全、活力、无污染的"绿色"网络环境已成为乡村振兴的当务之急。

党的十八大以来,以习近平同志为核心的党中央高度重视网络文明建设。党的十九届五中全会在研究制定"国民经济和社会发展第十四个五年规划和二〇三五年远景目标"时,作出了"加强网络文明建设,发展积极健康的网络文化"的重要部署。2021 年,在首届中国网络文明大会召开之际,习近平总书记指出,要文明办网、文明用网、文明上网,共建网上美好精神家园,从而为加强我国网络文明建设指明了行动方向,提供了行动遵循。2021 年 9 月,中共中央办公厅、国务院办公厅印发的《关于加强网络文明建设的意见》明确指出,加强网络文明建设是加快建设网络强国、全面建设社会主义现代化国家的重要任务。同时,该意见对加强网络空间道德建设、加强网络空间行为规范、加强网络空间文明创建等进行了详细规定。

案例 21

通许县厉庄乡扎实推进网络文明建设

厉庄乡位于河南省开封市,地处通许县中部偏西南,东邻四所楼镇,南与邸阁乡接壤,乡辖 1 个社区、22 个行政村,截至 2018 年末,户籍人口为 43 932 人。厉庄乡扎实推进网络基础设施建设,已实现程控电话村村通、移动电话全境覆盖。2020 年以来,厉庄乡在政府和社会各界的共同努力下,通过在网络平台讲述"厉庄故事",将当地的火龙果、玫瑰花茶、牡丹籽等特色产品销售到了全国各地。线上销售和线下销售的共同发力,促进了乡村的产业发展,农民实现了增收致富,为乡村的高质量脱贫注入了强劲的内生动力。

厉庄乡在推进乡村产业振兴的同时,谋划新思路,寻找新方法,多措并举扎实推进乡风文明建设。例如,当地利用"村村通"广播、墙体宣传壁画等多种形式,宣传党的政策、法规和最新理论精神;常态化开展"最美庭院""星级文明户"等评选活动,通过树立道德模范,引导村民注重家教家风,崇德向善,弘扬社会正能量。为不断提升人居环境成效,培育乡风文明,厉庄乡还大力开展网络文明建设,以营造清朗健康的网络环境,提升村民的网络文明素养,积极营造善治厉庄新风尚。

线下组织开展网络文明宣传。为切实提升人民群众的网络安全意识和网络安全防范技能，厉庄乡从网络安全法规、保障信息安全、上网习惯、避免重要信息泄露等方面组织宣讲会，全面营造共筑网络安全防线的浓厚氛围。截至2022年4月，该乡先后开展网络安全宣讲活动2次，发放宣传资料800余份，受众达2000余人次。图6.1为当地工作人员在为厉庄乡群众发放网络安全宣讲资料。

图6.1

线上积极宣传文明上网。厉庄乡通过公众号、乡村两级微信等推送《网络文明倡议书》，线上网格员进行转载扩散；组织网络文明志愿者到群众中宣传网络文明倡议书，分发宣传资料，呼吁广大群众依法文明上网、用网，理性表达观点，构建线上线下网络文明"同心圆"，形成群防群治的良好社会氛围。

运用网络新媒体传播乡村文明建设正能量。厉庄乡坚守媒体应承担引导舆论的社会责任，弘扬真善美，积极传播乡村正能量。在中国网、河南日报客户端、潇湘晨报等网络媒体发布的《移风易俗落实处，文明新风进万家》《扎实推进文明创建工作》《"网格+"助力经济社会发展》等多篇新闻稿件，总结了厉庄乡在网络文明建设中取得的宝贵经验和行之有效的多种举措，从宣传报道的角度进一步弘扬了良好的家风乡风，促进了乡村文明新风尚的培育。

开展网络文明教育活动。厉庄乡开展"网络安全进校园"教育活动，采取播放视频案例、现场演示等形式，重点围绕"常见网络安全风险""增强网络安全意识"等领域进行教育，引导学生快速识别网络诈骗，提高安全防范意识；开展"护苗2022绿书签进校园"活动，号召学生们多读书、读好书，健康上网，不进游戏厅、网吧，并教育和引导学生们远离恐怖、暴力、色情、封建迷信等有害出版物及网络信息，争做新时代的好少年。

开展预防网络违法犯罪工作。结合"我为群众办实事"实践活动，厉庄乡多次召开专题会议，安排部署防范电信网络新型违法犯罪的宣传工作。利用"线上+线下"相结合的宣传模式开展"国家反诈中心"App推广安装活动。在线上，通过微信群、朋友圈等推送国家反诈中心App；在线下，围绕村委会、超市、集市、店铺等重点场所，以推广二维码、现身讲解等形式引导群众自发下载使用该反诈App。就这样，通过统筹兼顾线上、线下两个渠道，力争做到家喻户晓，人人皆知，让每一名群众都掌握反诈知识。下一阶段，厉庄乡将继续通过多形式、多层面开展反诈宣传的做法，进一步提高群众的反诈能力和防范意识，营造和谐向上的网络生态。

厉庄乡鼓励村民积极参与社会文明建设，为推动乡村和谐稳定、农村产业繁荣发展贡献了自己的力量。如今，厉庄乡实现了从乡村的环境美、外在美到百姓的生活美、内在美的转变，厉庄乡的乡村文明新风气释放了强大的社会正能量，走出了一条由乡风文明引领乡村振兴的乡村文明发展新道路。

资料来源：张婧. 通许厉庄乡扎实推进网络文明建设［EB/OL］.［2023-01-09］. http://henan. china. com. cn/news/2022-09/07/content_42099553. htm. 有删改。

案例分析

1. 网络发展有助于提升农村文明程度

互联网时代，越来越多的乡村群众通过网络销售农副产品、推广乡村旅游、展现农村新风貌并取得了良好的经济收益。为提升村民的网络文明素养，厉庄乡发挥线下优势，组织开展网络文明宣讲会；利用线上的便捷，积极宣传文明上网；为学生开展网络文明教育，为群众开展预防网络违法犯罪工作；等等。厉庄乡以多种灵活的教育方式，营造了清朗健康的网络环境，既提升了厉庄乡的社会文明程度，又进一步焕发了当地的生机与活力，取得了良好的社会效益。

伴随第一条 64K 的国际专线的接入，我国的互联网发展已经走过 30 多年的历程，截至 2022 年 12 月，我国网民规模达 10.67 亿人，互联网普及率达 75.6%。网络已成为社会文明发展、演变的新载体。

为确保互联网在法治的轨道上健康运行，国家相继出台了网络安全法、数据安全法、《网络信息内容生态治理规定》等法律法规，制定、颁布了《互联网用户公众账号信息服务管理规定》《互联网群组信息服务管理规定》《关于加强网络直播规范管理工作的指导意见》等网络治理规定，为形成良好的网络舆论生态打下了坚实的法律基础。

如今，网络文明已成为我国建设网络强国的重要领域，成为新形势下社会文明的重要内容，在全面提升农村文明程度方面发挥着积极作用。

网络成为乡村振兴的新引擎。网络电商盘活了乡村经济，实现了传统农业生产模式与现代信息技术的深度融合，推动了农村发展，实现了农民的增收。

推动乡村实现文化振兴。拥有受众基数大、传播速度快、交互性强等特点的网络，为乡村文化宣传提供了新业态、新渠道、新平台，为文化振兴注入了新的活力，既展示了乡风文明新风尚，弘扬了农村优秀传统文化，也助力了乡村的文旅融合。

大力营造良好的社会氛围。各类网络新媒体在充分发掘乡村优秀传统文化的深厚底蕴与内在价值的基础上，引导村民树立良好家风，如孝亲敬老、与人为善、诚实守信等，带动村民形成正确的价值观和荣辱观。积极健康的网络文化净化了网络生态，滋养了网络空间，既弥合了城乡间的信息鸿沟，又在物质和精神层面丰富了农村生活，满足了农民群众对美好生活的向往。

2. 乡村网络文明建设亟待完善

社会的高质量发展离不开完备的网络基础设施和网络文明建设。当前，在乡村网络文明建设发展过程中仍存在以下几方面问题。

一些政府职能部门对乡村网络文明建设还不够重视。个别乡镇在注重提高农村经济发展水平、追求基层组织建设和社会治理成效等的过程中，对开展网络文明建设的认知和理解存在一定偏差，重视程度不够。

部分村民的网络文明意识较弱。村民是网络文明建设的主体和最大受惠者，但有的村民为追求其自身的经济效益最大化，在网络文化创作、传播、交流中缺少必要的科学文化素质和网络媒介素养，甚至做出不文明的上网行为。

部分村民网络安全防范能力较弱。村民既是乡村网络文明建设的主要力量，又是网络文明建设的服务对象。但现实中，由于部分村民文化水平较低，加之未成年人和老年人的自我保护意识薄弱、辨别能力不强，容易遭网上不法分子蛊惑，上当受骗。

3. 系统推进乡村网络文明建设

乡村网络文明建设是集综合性、基础性于一体的系统工程。为扎实推进乡村网络文明建设工作见实见效，引导广大农村居民提升网络文明素养，突出以人民为中心的根本立场和价值导向，要综合施策，持续发力，引导村民正确、安全使用网络，做文明上网的好公民。为此，应重点做好以下几方面工作。

第一，加强乡村网络空间的思想引领。有关职能部门应坚持以社会主义核心价值观引领网络文明建设，大力弘扬中华优秀传统文化和社会主义先进文化，丰富优质网络文化产品供给，精心做好网上重大主题宣传，让正确的价值取向、道德观念、精神面貌成为网络传播的主旋律。乡村各级要将线上线下结合起来，以讲解、宣传等多种灵活教育方式走进百姓家中、走到田间地头，推进乡村网络空间生态治理，培育乡村网络空间文化，提高网络服务村民群众的能力。

第二，加快建设乡村网络综合治理体系。应将网络治理工作深入到乡村的各个领域，服务对象要覆盖全面；将网络环境安全化和网络知识信息化相结合，以正面宣传、评论引导、发现舆情风险点、违法不良信息举报等作为网络综合治理中的工作重点，加大整治力度。此外，在事项处理上要结合乡村工作实际，形成完善的处理运转流程，确保及时消除网络风险，做到不漏舆情事件，不出网络缺口，建设风清气正的乡村网络空间。

第三，推动网络素养教育进乡村。各地应通过专题宣讲网络安全常识、宣传网络安全法、推广国家反诈中心 App 等多种形式帮助村民加强个人信息保护，防范网络诈骗，增强村民的法律意识和自律意识，提高是非辨别能力；引导村民自觉做文明上网的践行者、宣传者、捍卫者，为共建清朗网络空间营造浓厚氛围。

二、规范互联网宗教信息服务

我国是一个多宗教的国家。近年来，迅猛发展的互联网和新媒体技术催生了以网站、应用程序、论坛、公众号、网络直播等为代表的多种形式的网络宗教传播渠道，它们以文字、图片、音频、视频等方式向社会传播宗教教义教规、宗教知识、宗教文化以及开展宗教活动等。据 2015 年 9 月的统计数据显示，目前五大宗教在我国境内大约有 4 000 个主流宣传网站，此外还有涉及宗教的论坛、手机 App、微信公众号等大量的互联网及新媒体应用形式，几乎囊括了互联网宗教信息发布服务、转载服务、传播平台服务等各类与互联网宗教信息相关的服务。

互联网不是宗教活动和宗教舆论的法外之地。2016 年 4 月，习近平总书记在全国宗教工作会议上指出，要高度重视互联网宗教问题，在互联网上大力宣传党的宗教理论和方针政策，传播正面声音。2017 年 9 月颁布新修订的《宗教事务条例》，通过增设条款的方式，将互联网宗教信息服务纳入管理范畴。2021 年 12 月，习近平总书记在全国宗教工作会议上再次强调，要加强对互联网宗教事务的管理。为深入贯彻落实《宗教事务条例》相关规定，确保我国网络安全和意识形态安全，保障公民宗教信仰自由，提升宗教事务治理体系和治理能力现代化水平，2021 年 12 月，国家宗教事务局、国家网信办等5 部门联合颁布《互联网宗教信息服务管理办法》（图 6.2），从而明确了从事互联网宗教信息服务所需要的准入条件、行为标准及互联网宗教信息的传播内容，系统规范了违规行为需要承担的责任，确立了政府监管体系，这对我国引导互联网宗教信息良性发展、打击非法宗教信息传播活动起到了积极作用。

案例 22

安徽果子园乡通过"五个加强"严格落实宗教工作三级网络两级责任制

近年来，安徽省为推动解决各地宗教领域突出问题，防范化解风险隐患，不断提升宗教工作法治化水平，严格推进《宗教事务条例》《安徽省宗教事务条例》《宗教团体管理办法》等的贯彻和落实。为此，六安市严格落实上级规定，结合宗教事务管理的相关规章制度进一步提出细化方案和举措，出台《加强和改进新形势下宗教工作的实施意见》，举办宗教工作培训班，实现重点人员全覆盖。该市金寨县严格落实省、市有关宗教事务的各项政策法规，规范行政执法行为，印发《金寨县民族宗教事务局行政执法公示办法》《金寨县民族宗教事务局重大行政法决定法制审核办法》《金寨县民族宗教事务局行政执法全过程记录办法》等相关规定。

果子园乡隶属安徽省六安市金寨县，地处大别山腹地，下辖 8 个行政村，截至 2019 年末，果子园乡户籍人口为 14 725 人。为全面落实各级党委、政府宗教工作责任制，果子园乡采取有力措施，推动省、市、县关于宗教工作重大决策部署落地生根。该乡通过"五个加强"严格落实宗教工作三级网络两级责任制（图 6-2），具体体现在以下几个方面。

图 6.2

第一，加强宗教工作制度建设。果子园乡建立健全宗教工作机制，进一步完善乡村两级宗教工作领导小组，规范机构职责和会议、信息、报告、督促检查、助理员等制度，形成乡村两级齐抓共管的合力。

第二，加强宗教工作网络建设。果子园乡充分认识到"基层宗教工作三级网络两级责任制度"在维护宗教领域和谐稳定中所具有的基础性、保障性、全局性作用，并为此建立健全镇、村宗教事务管理网络，制定下发《关于加强基层宗教工作 建立健全乡村三级宗教工作网络和乡村两级责任制的意见》，明确乡和村的宗教工作职责，形成上下联动、互相配合、协调有力的宗教工作管理机制。

第三，加强宗教政策法规宣传。为增强群众认同感，使民族宗教政策深入人心，果子园乡推动全乡民族宗教工作再上新台阶。例如，将宗教政策法规纳入党委中心组学习重要内容，加大对全乡党政领导干部和宗教工作人员、村宗教助理员等的培训力度，做到培训全覆盖，从而有效提升了全乡党政领导干部和宗教工作人员的能力、水平。此外，为了推动民族宗教政策法规宣传工作走深走实，使群众对党和国家的宗教政策法规有更深入的了解，果子园乡结合当地实际情况，集中开展宗教政策法规学习宣传活动，通过开设宣传专栏、悬挂宣传横幅、发放宣传读本等多种形式，营造广大农民群众学习民族宗教政策法规的浓厚氛围。

第四，加强日常检查督导力度。做到有决策就有落实，有布置就有督促检查。为此，果子园乡加大对各村庄落实市、县关于宗教工作的决策部署和新修订的《宗教事务条例》的落实检查力度，进一步规范宗教事务的事中、事后监管，督促各相关单位和人员守住初心担当使命，找到差距紧抓落实。

第五，加大宗教工作考核力度。果子园乡将学习贯彻《宗教事务条例》、建立健全乡村三级宗教工作网络和乡村两级宗教工作责任制以及深入开展"四进"（即国旗、宪法和法律法规、社会主义核心价值观、中华优秀传统文化进宗教活动场所）活动等纳入各村庄工作考核的重要内容。通过考核，进一步增强乡村各级在开展宗教工作中协调统筹、宣讲政策法规、化解矛盾纠纷、分析研判问题的能力，进一步压紧压实各村庄宗教工作主体责任，确保基层宗教工作有人管、管得住、能管好，从而维护了果子园乡民族团结、宗教和谐、社会稳定的良好局面。

资料来源：漆锋，匡琦. 果子园乡"五个加强"严格落实宗教工作三级网络两级责任制 [EB/OL]. [2023 - 04 - 28]. https://www.ahjinzhai.gov.cn/zwzx/xzdt/33842363.html. 有删改。

案例分析

1. 开放的网络扩大了宗教的传播影响力

科技的迅猛发展使宗教的传播具备了新的形式，有了新的渠道。对此，果子园乡大力推行"五个加强"，即通过采取"加强宗教工作制度建设""加强宗教工作网络建设""加强宗教政策法规宣传""加强日常检查督导力度""加强宗教工作考核力度"等五项措施，严格落实宗教工作三级网络两级责任制，维护了正常的宗教事务管理秩序，构建了积极健康的民族宗教关系。"五个加强"的落实进一步提高了果子园乡民族宗教工作的法治化水平，维护了民族团结、宗教和谐和社会稳定，为当地谱写乡村发展新篇章凝心聚力。

当前，通过宗教门户网站、宗教公众号等平台开展互联网宗教信息服务，既实现了宗教信息传播的多样化，也提高了宗教信息的传播效率。

畅通交互的网络让更多网民了解宗教。互联网给网民提供了一个交流的平台，通过网络媒介可以汇集、交换和传播宗教典籍资料，传经说法，发表意见、观点等。在这之中，传播者与受播者的地位平等，有时还会互换角色。

开放的网络让更多网民参与宗教活动。网络上的宗教内容对所有网民开放，人们不论是否信教，都可以浏览、查阅、下载资料，讨论、参与自己感兴趣的宗教。

便捷的网络使网民得以深入开展宗教活动。由于网络的门槛低且条件便利，网络资源丰富、容易获取，因而突破了时间和地域限制的网络宗教活动更容易实现。天南海北的网友通过网络能够参与共同的宗教活动，满足宗教生活及宗教情感的需要，同时行使宗教权利，履行宗教义务。

2. 正确看待当前网络宗教存在的突出问题

网络宗教的发展是一把双刃剑，虽然给群众的宗教生活带来了便捷，但与之相伴的诸多问题也日益凸显。

网络宗教突破了传统意义上的区域分布，加剧了现实宗教格局变化的复杂性。一些新兴宗教甚至邪教通过网络传教的形成开展活动，虚拟的网络宗教活动对现行宗教事务的属地管理和相关法规政策的执行也提出了挑战。

由于网络平台门槛较低，随着微博、微信、网络论坛等各种自媒体中宗教信息日渐增多，此类信息内容冗杂、难以对其开展网络监管等问题也日益突出。一些非专业人士发布的错误信息被广泛传播，使信教群众受到错误观念的影响。错误信息和有害言论不但伤害了信教群众的宗教情感，还歪曲了我国的宗教政策。

网络宗教活动中还存在非法宗教活动和宗教渗透现象，如有人打着宗教旗号行骗财之实，利用网络社交媒体非法传教并从中牟利，等等。这些都严重危害了社会稳定和国家安全。

3. 多措并举，切实加强互联网宗教信息服务管理

当前，面对互联网和宗教相结合而衍生出的新问题，要提高对互联网宗教信息服务的重视，加强对网络宗教事务的管理。以农村地区的互联网宗教信息服务管理为例，应注意做好以下几个方面。

第一，向广大村民普及与互联网宗教信息服务相关的政策和法规。应充分认识到互联网宗教工作的复杂性和长期性，在发挥政府宗教部门网站、新媒体等正面宣传主阵地作用的同时，须结合各乡村实际情况，通过宣传栏张贴海报、入户宣传等方式，对我国现有的宗教政策和国家网络传播信息相关法规进行宣传和解读，引导广大村民做懂法守法的好公民。

第二，鼓励和支持合法的互联网宗教信息服务。在宗教政策法规允许的范围内，应鼓励和支持符合教义教规的网络宗教活动。例如，引导宗教团体推送优秀的网络宗教文化产品，加强宗教学术研究的交流与沟通等。同时，应发挥社会人士参与网络宗教的积极性，并保证其在政治上与国家主流媒体保持一致，思想上合法合规，从而起到自觉净化网络宗教空间、积极传播正能量的作用。

第三，以数据分析为基础，依法管理互联网宗教服务。各级乡镇要及时向网信、公安等部门了解本地区互联网宗教信息服务情况，及时收集各种涉及宗教问题的网络数据，分析当地宗教领域可能出现的网络宗教舆情趋势，加强对与境外有通联嫌疑的各类网络账号（包括新媒体账号）的监测，对网络非法传教等行为要及时采取措施、及时干预，依规做好管理。

第四，加强监管，尽快消除网络宗教安全隐患。对当地历史遗留的非法宗教问题要多方关注，加强监控监测，村干部要做好走访转化工作；要发挥部门联动机制，防范打击邪教组织、非法宗教活动等利用互联网进行渗透的行为，从而确保乡村宗教领域和谐稳定，营造安全稳定的乡村氛围。

三、遏制不良网络信息在农村传播

时至今日，网络空间已成为亿万网民共同的精神家园，也是我国参与人数最多的舆论场、意识形态斗争的主战场。乌烟瘴气、生态恶化的网络空间不符合广大人民的利益，互联网不是法外之地，营造清朗网络空间、遏制不良网络信息在农村的传播是推动乡村网络文化振兴的基本要求。近年来，我

国加快培育积极向上的网络文化，对网络空间的内容生产、复制、发布和运营等不断加以规范、进行治理。

在习近平总书记关于网络强国建设的重要理论指导下，我国扎实推进网络文明建设。为确保互联网在法治轨道上的健康运行，国家相继出台了网络安全法、数据安全法、个人信息保护法等法律法规。

2020 年 2 月，国家互联网信息办公室、文旅部、国家广电总局等三部门颁布实施的《网络音视频信息服务管理规定》明确要求，对非真实音视频信息应进行标识，不得利用深度学习技术制作并传播虚假新闻信息，不得利用深度合成服务制作、复制、发布、传播法律禁止的信息。2020 年 3 月，国家互联网信息办公室颁布的《网络信息内容生态治理规定》指出，不得利用深度学习、虚拟现实等新技术新应用从事法律、行政法规禁止的活动。

2021 年 1 月实施的我国民法典明确规定，不论是否出于营利目的，均不得利用信息技术手段伪造他人肖像、声音等。2022 年 3 月实施的《互联网信息服务算法推荐管理规定》明确要求，不得生成合成虚假新闻信息。清朗网络空间是民心所向、大势所趋，也符合广大乡村百姓的切身利益。近年来，国家制定颁布了《互联网用户公众账号信息服务管理规定》《互联网群组信息服务管理规定》《关于加强网络直播规范管理工作的指导意见》等网络治理规定，为形成良好的乡村网络舆论生态打下了坚实的法律基础。

2019 年至 2022 年，国家网信办累计清理违法和不良信息 200 多亿条、账号近 14 亿个，促进了网络空间的行为文明，清朗了网络生态环境。

案例 23

河北省衡水市武邑县委网信办开展
"抵制网络谣言 共建网络文明"进乡村宣传活动

武邑县是河北省衡水市下辖县，位于河北省东南部，总面积 830.1 平方千米，共辖 6 镇、3 乡、1 区。近年来，武邑县大力开展网络基础设施建设，为营造清朗网络环境，抵制网络谣言，武邑县委网信办采取多项举措深入推进网络文明建设。图6.3为武邑县委网信办工作人员在向村民宣讲共建网络文明。

图6.3

第一，深入开展"一中心一站"工作培训。为进一步提升全县基层网信队伍业务水平，武邑县委网信办围绕网络宣传、网络志愿服务、农业电商发展趋势、舆情线索搜集等内容，为基层"一中心一站"工作人员全面讲解工作制度和职责，并对其开展全程培训。该县对网信队伍的要求包括以下几个方面。一要提高政治站位，积极主动作为。网信干部要在充分认识网信工作重要性的基础上，进一步统一思想、凝心聚力，按时间高质量完成网上宣传引导、网络评论等工作。二要强化网上宣传。网信干部要创新宣传方式，丰富宣传内容，大力弘扬社会主义核心价值观，营造风清气正的网络空间。三要强化担当意识，锐意进取开展工作。网信干部要有担当意识和锐意进取的精气神，压实各自工作责任，确保网信工作体系畅通，工作高效落实。

第二，扎实开展网络辟谣宣传工作。为提高广大居民的止谣防骗意识，建立文明和谐的网络文化，武邑县委网信办组织网络文明志愿者开展网络辟谣宣传活动，通过悬挂条幅、设置展架、发放宣传资料、面对面宣传讲解等方式进行宣传，并向过往群众发放抵制网络谣言宣传页，为群众现场讲解网络谣言真实案例、分析网络谣言的危害性，以及传授辨别网络谣言的方法、公布网络举报方式等，积极主动引导群众不信谣、不传谣、不造谣。在当地举办的网络辟谣宣传活动中，志愿者共发放300余份宣传资料，并接受了80余次咨询，从而增强了群众止谣防骗意识，构筑起防范诈骗的坚固城墙。

此外，为了引导企业、商铺自觉抵制网络谣言，提高员工的防诈反诈意识，武邑县委网信办志愿者还走进电商大厦、走进各商铺开展"网络举报辟谣，反电信诈骗"活动。志愿者为员工发放宣传页并张贴宣传海报，组织企业代表召开座谈会，通过讲解常见的犯罪案例、揭露新式诈骗手段等方式，使员工深入了解网络谣言的危害，并学会如何识别网络谣言。此举增强了企业、商铺员工抵制电信诈骗的免疫力，提高了大家的网络安全意识。

第三，切实保护老年人、未成年人等特殊群体的合法权益。为进一步扩大反诈宣传覆盖面，提高老年群体的防范意识和应对能力，武邑县委网信办深入农村开展打击整治养老诈骗宣传活动。网络文明志愿者在公开宣传宣讲的基础上，结合"保健品骗局""温情骗局""投资养老骗局"等典型案例，向老年人耐心讲解各种诈骗手段，以遏制涉及养老诈骗违法活动向农村的蔓延。为保护未成年人身心健康发展，营造安全、文明、健康、有序的校园网络环境，武邑县委网信办开展"预防未成年人网络沉迷"主题宣传活动。当地网信干部结合未成年人实际情况，就青少年网瘾的表现形式、现实危害及如何预防和摆脱网络沉迷等问题进行了详细讲解，积极引导未成年人合理使用网络，并培养其绿色上网、文明上网的好习惯。

第四，团结引领广大自媒体传播网络正能量。为此，武邑县委网信办专门组织召开自媒体网络文明座谈会。会议提出，自媒体人要始终牢固树立风险意识和底线思维，对标网信部门要求和道德法律红线，加强内容管理，维护信息发布秩序，当好信息"把关人"，自觉抵制色情赌博、网络诈骗、恶意营销等违法违规行为，坚决摒弃流量至上、畸形审美等不良倾向，切实提升网络舆情引导和应对水平。在该座谈会期间，参会人员共同学习了《共建网络文明倡议书》，同时参会自媒体代表积极响应会议要求，主动签署了《共建网络文明承诺书》。

下一步，武邑县委网信办将深入走进校园、走进农村、走进社区开展网络宣传工作，不断增强群众识谣辨谣能力，并号召群众对谣言线索进行主动举报，从而不断传播正能量，驱逐网络谣言和不良信息，引导社会共建网上美好精神家园，营造风清气正的网络环境。

资料来源：网信武邑：武邑县委网信办开展"抵制网络谣言 共建网络文明"进乡村宣传活动 [EB/OL]. [2022-07-06]. https://www.thepaper.cn/newsDetail_forward_18905981. 有删改。

案例分析

1. 开展网络文明建设有助于推动社会主义精神文明的建设

我国目前正处于信息化快速发展的历史进程中，为使乡村网络传播更加明朗，更加正能量，需要不断完善乡村网络内容，不断提高网络管理水平。武邑县委网信办通过采取"一中心一站"工作培训、开展网络辟谣宣传工作、切实保护特殊群体合法权益、团结引领广大自媒体传播弘扬正能量等多种有效途径，深入开展乡村网络文明建设，从而营造了清朗的网络环境，推动乡村网络传播工作朝着正确的方向发展。

党的十八大以来，我国媒体在网络传播中不断增强自身责任意识，传播正向资讯，引导大众舆论，既提升了人民群众的民族责任感和民族自信心，也积极引导人民群众树立正确的国家观、历史观、文化观，通过网络传播为实现中华民族伟大复兴中国梦发挥了重要作用。党的二十大报告指出，我国"网络生态持续向好"，并强调进一步"推动形成良好网络生态"。

遏制不良网络信息在农村传播，是营造清朗网络空间的现实需要。迅猛发展的互联网技术，改变了农村居民传统的生产、生活方式，网络已经成为农村居民获取知识、信息，进行思想情感交流的重要途径。遏制不良网络信息在农村传播，有助于净化乡村网络生态，为广大农村居民营造一个健康的网络环境。

遏制不良网络信息在农村传播，是营造积极向上网络文化的重要举措。网络信息传播要大力弘扬社会主义核心价值观，用科学理论、先进文化、主流价值占领乡村网络阵地，唱响主旋律、弘扬正能量，推动社会文明程度不断提高，满足农村居民对美好生活的期待和向往，让网络空间的美好直抵人心、触及灵魂。

遏制不良网络信息在农村传播，是互联网行业良性发展的有效保证。互联网行业是创建网络文明的实践者，也是网络文明的受益者。互联网行业要传播体现国家发展和社会进步的思想文化，弘扬优秀传统文化，提供优质的网络文化产品和服务；要坚持诚信守法经营，为遏制不良网络信息传播担负起应有的社会责任。

2. 不良网络信息阻碍网络文明的有序发展

网络生态的良性发展，关系到乡村百姓生活的品质与走向。网络在给我们带来便利的同时，也呈现出显而易见的危害，亟待梳理：一是各类低级趣味、"标题党"等不良信息充斥着网络空间，降低了村民使用互联网的满意度；二是各类谣言通过微信群组、"朋友圈"等在乡村传播，借助名目繁多的传销、"投资"等形式侵害了村民的切身权益；三是有的邪教信息借助互联网侵蚀着乡村百姓的精神空间，给人们造成了精神上的毒害、财产上的损失。总之，层出不穷的不良信息严重阻碍了乡村网络文明的健康发展。

3. 营造风清气正的网络空间，构建良好的网络环境

如今，互联网已经成为农村居民生产生活的新空间，为推进乡村振兴，需要不断深化对网络传播规律的认识，提升网络优质内容的供给，用网络讲好乡村振兴故事，展示乡村振兴新形象。为此，应重点做好以下几方面工作。

第一，增加优质内容供给。要充分发挥县级融媒体中心的功能，并将其与网络社区相结合，将媒体服务、政务服务整合起来，使农村居民共享网络传播的优质成果；要开展农村文化题材创作，深入挖掘乡村优秀传统文化中的思想观念、人文精神、道德规范，支持"三农"题材创作，持续推出反映农民新形象、展示农村新风貌的各种文艺作品；要加强乡村文化创造性转化和创新性发展，盘活乡村文化资源，鼓励依托当地乡村特色、风土人情、文化习惯等创作符合农村居民文化习惯的优质网络内容。

第二，加强监管网络视听节目。要严格落实信息内容安全管理责任制度，推进安全可控的技术保障和防范措施，切实维护互联网行业的健康有序发展；要加强网络巡查监督，严格评估具有舆论性或社会动员力的新技术新应用新功能（如直播信息服务）；应以显著方式标识基于深度学习、虚拟现实等技术制作、发布的非真实直播信息内容；坚决打击、严厉查处利用网络直播进行的违法犯罪活动，遏制通过网络传播封建迷信、攀比低俗的消极文化，全面清理低俗庸俗、封建迷信、打"擦边球"等违法和不良信息。

第三，积极开展网络普法教育。广大乡村干部要借助微信群组等网络手段宣传网络安全规范，提高农民的网络安全防范意识，保护好个人信息，减少各类网络诈骗案件的发生；教育引导农村居民依法用网、文明用网，加强对未成年人的用网监管，防止少年儿童沉迷网络。

第四，发挥农村居民主体作用。加强农民新媒体网络传播队伍建设，鼓励农村居民积极参与网络文化作品创作和供给；强化对农民的网络信息技能培训，提高农民利用网络获取、甄别和驾驭信息的能力；提升"三农"主播在思想道德、法律常识和主持能力等方面的专业素养，并借助微博、微信、短视频等传媒手段进行跨媒介、立体化传播，打造农村优质文化产品；帮助农民借助网络新媒体传播，主动参与乡村振兴实践。

四、历史文化名镇、名村数字化建设

党的二十大报告指出，加大文物和文化遗产保护力度，加强城乡建设中的历史文化保护传承。历史文化名镇、名村是传承中华优秀文化的载体，也是理解不同民族习俗文化的窗口以及不同文化相互交流的"物证"。分布在全国各地的历史文化名镇、名村，反映了我国不同地域历史文化村镇的传统风貌，不可再生，不可替代，要把对它们的保护放在首位。伴随科技的发展，数字技术的应用能够全面提升历史文化名镇、名村保护管理的信息化与智慧化水平，切实做到使其在保护中发展。全面、整体、系统地振兴乡村，要以数字化赋能历史文化名镇、名村，保护、传承乡土文化，让城市留住回忆，让人们记住乡愁。

2019年，农业农村部和中央网信办联合印发《数字农业农村发展规划(2019—2025年)》，对新时期推进数字农业农村建设作出了明确部署。2020年，中央网信办、农业农村部等7部委联合印发《关于开展国家数字乡村试点工作的通知》，要求充分调动广大农民和各方力量参与数字乡村建设。2021年9月，中共中央办公厅、国务院办公厅《关于在城乡建设中加强历史文化保护传承的意见》强调，对各类保护对象设立标志牌，开展数字化信息采集和测绘建档。2022年5月，中共中央办公厅、国务院办公厅印发《关于推进以县城为重要载体的城镇化建设的意见》，指出要"加强历史文化保护传承。传承延续历史文脉，厚植传统文化底蕴。保护历史文化名城名镇和历史文化街区"。

发展数字技术，破除文化、艺术与科技融合发展的壁垒，为历史文化名镇、名村的保存、监督、传播与修复提供了全新的理念和技术，更加科学的物理保护能够更加完整、真切地再现与永久保存村镇实体和环境、景观。

案例 24

中国传统村落数字博物馆之挂在瀑布上的古村落
——湖南张家界市永定区盘塘村

通常而言，现在所说的中国传统村落是指民国以前建造的村庄。其历经百年历史，具有独特的民俗民风，建筑环境、建筑风貌、村落选址等至今没有大的变动。传统村落中蕴藏着丰富的历史信息和文化景观，是中国农耕文明留下的宝贵遗产。

中国传统村落数字博物馆是一个集百科式、全景式传统村落展示于一体的数字化平台，通过这个平台向世界展示中国传统村落中的一栋栋古宅古建、一项项民俗技艺，将中华农耕文明传播到世界各地。2018 年 4 月，中国传统村落数字博物馆上线。截至 2022 年，该数字博物馆平台的内容不断丰富，覆盖了全国 31 个省（区、市），村落单馆数量已达 606 个。中国传统村落数字博物馆的每件展品都印刻着古人的智慧与创造，传承着人们对美的思考与感悟。

湖南张家界市永定区盘塘村（图 6.4），一个被称为挂在瀑布上的古村落，已成功入选中国传统村落数字博物馆。永定区地处湘西山地东北部，是湖南省张家界市府所在地。盘塘村位于永定区东南部，地处沅古坪镇腹地，村域面积 11.49 平方千米，村庄占地 1 025 亩，东邻王家坪镇，南接沅陵县，距离市区 56 公里，户籍人口 920 人，常住人口 682 人，主要民族有土家族、汉族、白族等。盘塘村民族风情浓郁，传统村落类型丰富，至今完整保留着传统的生产生活方式，传承了众多的非物质文化遗产，这里的原始风貌和民俗风情声名远播，于 2016 年 12 月被住建部列为第四批中国传统村落。

盘塘村村落格局是典型的"大分散、小集中"散点型。亲族四五户聚居，或在不同的高程上一户一点；村域内高低不平，居民房屋、古井、农田、道

图 6.4

路等分散在山坡、溪沟周边，错落有致，"坪中田，田上房"是全村格局的真实写照。吊脚楼是全村最主要的传统民居建筑形态。其延续了明清时期的建筑风格，共有六大处群落，分布在 13 个村民小组之中，现存 150 栋双手推车、一字长龙、跛子赶羊样式吊脚楼。这些吊脚楼或依山而建，或掩映在溪沟山坡之侧，夹间于稻田之中，翘角飞檐，古色古香，美不胜收；各楼之间均有小路相通，阁宇亭台，层次丰富。村民在缓坡地带选址建房，房前屋旁或有溪河或有池塘，梯田阡陌纵横，牛羊田间漫步，呈现出优美的山林田野风光，此情此景与历史古建交相辉映，体现了古村落宁静而美好的独特魅力。为了保护文物遗址，永定区住建局对盘塘村的古建筑开展了专项维修与保护。截至 2022 年 12 月，已完成房屋修葺及改造 32 栋，新建茶马古道约 1 300 米，此外还完成了 1 500 米的公路硬化，安装了 100 盏路灯。

盘塘村呈现出喀斯特峡谷地貌，南北狭长低洼，东西山脉高耸狭窄，四面环山，村域内有丰富的动植物资源，植被保护完好。张家界最大的飞潭瀑布位于该村西南四关桥组，远望飞流直下，白练当空。天门山国家森林公园位于村庄周边，山顶南北宽 1.93 公里，东西长 1.96 公里，面积 2.2 平方千米。公园里既有张家界城区海拔最高的山峰，发育齐全的岩溶地貌，还有资源丰富的原始次生林植物，更有存世罕见的高山珙桐群落。文化底蕴深厚的天门山流传着大量赞咏的诗词和众多神闻传说，被誉为"张家界之魂"。

盘塘村的民俗文化资源极其丰富，有大庸阳戏、薅草锣鼓歌、土地戏、低花灯等，给后人留下了大量物质和非物质文化遗产。全村有省级文物保护单位一处，此外还有多个古木、古庙遗址。大庸阳戏作为当地著名的非遗项目，历经200多年，语言通俗、生活气息浓郁，已形成其独特的艺术风格，成为行当齐全的地方剧种，在沅澧流域颇负盛名。此外，哭嫁、新屋上梁等也是当地极具特色的风俗。

虽然风雨更迭，时光变迁，盘塘村的建筑已经留下了历史的斑驳痕迹，但不能磨灭其曾经的光辉。风光与人文在盘塘村交织缠绵，汇聚出奇特的风韵乡愁。游客通过中国传统村落数字博物馆，足不出户就能轻松打卡中国传统村落，享受古道石巷，溪田错落，于静谧中细数岁月，于尘嚣中偏于一角，感受不一样的游览体验。

资料来源：中国传统村落数字博物馆 挂在瀑布上的古村落：盘塘村．[EB/OL]．[2022-12-09]．https://m.voc.com.cn/rmt/article/5365869.html.有删改。

案例分析

1. 推进数字化建设是保护历史文化名镇、名村的有效途径

中国传统村落数字博物馆作为历史的保存者和记录者，既承载着人类文明演进发展的故事，也成为现代人的灵魂栖息地。张家界市永定区盘塘村已入驻中国传统村落数字博物馆。人们通过浏览网上展馆，足不出户即可了解这个被称为"挂在瀑布上的古村落"的村落格局、地貌地形、民俗文化资源等，通过数字化的方式留住一份浓浓的乡愁。

通过数字化建设，可以更加有效、长久地保护、保留那些具有较高历史文化、建筑、艺术、民俗等研究价值的名镇、名村。充分、得当地运用数字技术，将使历史文化名镇、名村的保护与传承效果获得全方位提升。数字技术的保护手段更加合理、多元，能使环境得到更加安全、稳定的保护。此外，使用数字技术能够及时发现村落遇到的病害，精确发现建筑及其地基的变形等问题，因而对历史文化名镇、名村的物理保护也更加科学。

采用现代科学技术，包括使用空中与地面的数字化采集技术以及虚拟重建技术等，能够完整、全真地对历史文化名镇、名村本体以及环境与景观进行数字化采集、重建与呈现，并将其作为"数据"保存下来。其保存时间更

加恒久长远，保护工作更加精准高效，可为若干年后的重建、修葺等提供重要的数据支撑，从而最大限度地实现村镇的原真性、丰富性和多样性。

数字技术既是技术变革，也是文化革新。数字技术激活了名镇、名村传统文化的更多信息和数据，而信息和数据又构建了传统名镇、名村新的文明和历史。运用数字网络技术，能够实现历史文化名镇、名村的"实物世界"与"虚拟世界"之间的创新互动和完美结合。

2. 历史文化名镇、名村的数字化保护问题不容轻视

随着我国现代化、城市化进程的快速推进，乡村传统文化资源也曾一度陷入生存困境。

由于文物资源管理工作的不尽如人意，一些传统村落和乡村传统特色民居遭到不同程度的破坏；一些乡村原有的传统节日民俗活动慢慢走向衰落，失去了原有的文化功能，具有地域特色的非物质文化遗产也面临失传和被遗忘的尴尬局面；一些规模不大、地处山中或交通不便的乡村甚至面临存续的危机。

有的地方政府部门虽然正在加紧研究推进历史文化名镇、名村的数字化建设，但由于规章制度不健全，面临不知从何下手的窘境。当前，"数字化+历史文化名镇、名村+互联网"的研究刚刚起步，乡村文化资源的数字化改造和渗透还进展比较慢，数据化存储和优化管理的优势并没有得到充分显现。

3. 以多维途径推动历史文化名镇、名村的数字化建设

《数字乡村发展行动计划》指出，要"推进乡村文化资源数字化"，加强对农村文物资源数字化保护及名镇、名村历史文化的数字化展示，具体而言包括以下几个方面。

第一，应结合乡村文化特点，制定行之有效、独具特色的数字化实施方案来保护名镇、名村的历史文化资源，展示乡土文化的真实魅力。例如，通过对历史文化名镇、名村的建筑和道路系统等的空间数据进行采集、整理、分析，建立历史文化名镇、名村的数字化服务平台，构建数字模型；通过对历史文化名镇、名村中的建筑院落、民风民俗所传承的图像、文本等进行整理、归纳，形成多维数据信息，从中挖掘和整理名镇、名村的传统文化内核；利用数字技术构建历史文化名镇、名村的资源数据服务平台，增加人们了解历史文化名镇、名村的途径和渠道。

第二，加大对历史文化名镇、名村文化遗产的数字化转化开发力度，保护好、利用好古镇古街、祠堂民宅、廊桥亭台、古树名木等物质文化遗产。例如，建立历史文化名镇、名村数字化博物馆，通过获取数字化信息、建模多媒体虚拟场景、协调展示虚拟场景、开启网络和人机交互等技术手段，将历史文化名镇、名村实体展示馆、博物馆等移入互联网，以立体建物、动画模拟和音频讲述等展现形式，使人们通过电脑端和手机端即可同步观赏到名镇、名村的历史遗存和文化产品，身临其境感受其所蕴含的厚重历史，随心所欲地在互联网的名镇、名村世界中畅游，便捷获取各类相关信息。总体而言，数字化建设既是对保护和传承历史文化名镇、名村现有成果的展示，也是对保护成果的不间断研究与传播。

第三，保护好历史文化名镇、名村的非物质文化遗产，实现乡村文化遗产的创造性转化和创新性发展，延续乡村文化脉络，开发数字化创意产品。例如，可通过设计开发历史文化名镇、名村 App 产品，扩大村镇特色文化和民风民俗等的传播影响力；推进线上线下相结合，运用网络充分展示当地乡村文化资源，促进"互联网+文旅"产业发展，探索开发新产品、新业态，为发展乡村文化产业创造良好条件；通过微博、微信以及各类社交网站、短视频平台等介绍历史文化名镇、名村所在地的民风民俗，推广文化产品。这样，既有助于乡风文明建设，又能促进乡村产业的发展，从而实现村镇文化升级和经济增长的双重发展目标。

五、数字农家书屋建设

数字化时代的到来，给农家书屋带来了巨大变化。数字农家书屋是将农家书屋与大数据、5G 技术、虚拟现实技术等相结合，突破时空局限，将农家书屋提档升级，转变成能为村民提供多重服务、实现乡村文化资源数字化的重要平台。数字农家书屋建设为乡风文明建设增韵添香，为乡村文化振兴助力添彩。

数字农家书屋始于 2009 年清华同方知网集团针对农家书屋建设而启动的"三新农"知识库项目。随着网络信息技术的飞速发展，农家书屋数字化改革已成为国家文化惠民工程的首要任务。党的十八大以来，我国农家书屋数字化建设取得显著成效，截至 2021 年 5 月，全国共有 16.7 万家农家书屋开展了数字化建设，提供数字化阅读内容近百万种，广大乡村正在由"村村有书屋"发展为"人人有书屋"。

2019年，中央宣传部、中央文明办等10家单位联合印发《农家书屋深化改革创新 提升服务效能实施方案》，明确提出建设数字农家书屋要进一步提质增效。在中央政策的指引下，全国农家书屋进入了紧锣密鼓的数字转型阶段。截至2019年6月底，全国已建成包括互联网、卫星和移动阅读等在内的多种类型数字农家书屋12.5万个。

2022年8月，中央网信办、农业农村部等4家单位联合印发《数字乡村标准体系建设指南》，提出要规范数字农家书屋等文化服务平台的建设。总之，面向未来的数字农家书屋，正在发挥引领风尚、教育村民、服务农业等多重功能，在推动乡村振兴中发挥着重要的文化引领作用。同月，中共中央办公厅、国务院办公厅印发《"十四五"文化发展规划》，明确要求推进农家书屋数字化建设，建立智能化管理体系。

案例 25

"村村全覆盖，人人有书屋"——枝江数字农家书屋飞到"田间地头"

枝江市隶属宜昌市，地处湖北省南部，是位于长江中游北岸的一座港口城市，总面积1 310.4平方千米。2019年以来，枝江市发挥数据的基础资源和创新引擎作用，借助大数据、云计算、5G等技术，大力发展数字经济，加快推动数字产业化、产业数字化，大力推动"数字枝江"建设，在公共事业、文化教育等公共服务领域全面推广大数据应用。

为推进乡村阅读、丰富农民群众精神文化生活，枝江市坚持"我为群众办实事"，并把建设数字农家书屋作为重点工作，大力宣传、积极推广，规范书屋管理、提高书屋使用效率。目前全市198个村已实现数字农家书屋全覆盖，智能手机下载率达95%，村民在家门口就能享受到数字时代的免费阅读服务。图6.5为枝江数字农家书屋开展的"乡村讲堂"活动。

1. 积极推广，引领阅读新时尚

枝江市大力开展"数字农家书屋"的推广宣传活动，充分发挥"枝江发

图 6.5

布"、镇村微信群等新媒体平台宣传推广作用；在镇村主要街道、广场、村委会周边、宣传栏等人流量大的公共场所张贴数字农家书屋宣传画；利用医保缴费、村民代表大会等时机向前来缴费、参会、办事的村民宣传数字农家书屋，讲解数字农家书屋的优点；指导村民下载数字农家书屋 App，同时进行现场教学，完成数字农家书屋的注册并指导村民使用。

2. 规范管理，打通"最后一公里"

数字农家书屋是枝江市文化惠民工程的重要载体与抓手。为充分发挥数字农家书屋的功效，各书屋由专人管理，并由技术人员对书屋的管理人员进行专项培训。

为确保数字农家书屋运行顺畅，完善乡村公共文化服务需求反馈机制，书屋还组建了专业的技术答疑微信群，第一时间解决村民在使用中遇到的各种问题，及时收集、整理村民使用反馈；为提高书屋的实用性和针对性，当地还引导村民根据自身需求"点单"。总之，为让精神文明的"源头活水"从"云端"涌到"田间地头"，枝江市加大了对数字农家书屋的软硬件建设力度，通过技术指导、村民参与等方式，切实打通服务群众的"最后一公里"。

3. 提升效能，数字农家"活起来"

为让数字农家书屋"用起来""活起来"，枝江市将数字农家书屋打造成多功能的宣传教育阵地，积极探索"数字农家书屋+"运营管理新模式。例如，充分发挥数字农家书屋的线上功能，开展宣传乡村振兴政策、讲述扶贫故事、召开农业技术知识分享会等服务工作；通过开展全民阅读、在线红色阅读、好家风阅读、"红色故事汇"宣讲等活动，增强村民的政治自觉，激发村民同心同向、助力发展的磅礴力量；为丰富农村留守儿童业余生活，开展"我的书屋·我的梦"农村少年儿童阅读征文活动，让书屋成为提升精神文明的"加油站"。同时，当地还将书屋与普法宣传、心理咨询、志愿服务等工作相衔接，以提升数字农家书屋的使用效能。现在，完备的数字农家书屋已成为新时代农民的"新智库"、学党史悟思想的"新课堂"、乡村公共文化建设的"新引擎"。

4. 送"福"到家，"云端"书香添年味

新春佳节是农民工和学生集中返乡的重要时间点，各个数字农家书屋抓住这一时机，通过举办送春联到家、送"设备"到户、送"活动"到人等活动，让传统文化"活"起来、"动"起来。例如，当地村干部把握新年契机，一边走访一边推广"数字农家书屋"，并指导村民们参与书屋的线上"晒年味""猜灯谜"活动。大家传照片、晒年味，既晒出了美好生活，又提高了文化获得感和幸福感。据统计，2022 年春节期间，有 45 000 多人注册了数字农家书屋"书香荆楚" App，增幅达 300%；1 500 多人参加了"晒年味""猜灯谜"活动。就这样，村民们向全国的网民朋友们分享了自己家乡的喜庆与欢乐，也大大提高了枝江的知名度。

下一步，枝江市将借助数字农家书屋平台，进一步深入推进文化惠民活动，为打造"书香枝江"注入更加强劲的动力。

资料来源：覃江云. 村村全覆盖 人人有书屋：枝江数字农家书屋飞到"田间地头"[EB/OL]. [2022-05-01]. http://www.cn3x.com.cn/content/show? newsid=782890. 有删改。

案例分析

1. 数字农家书屋为乡村振兴增韵添香

数字农家书屋是乡村文化服务的前沿阵地，也是满足村民精神文明需求的重要载体。数字农家书屋建设是我国"十四五"文化建设的重要任务，数字化给农家书屋革新注入了新的发展活力。枝江地区大力推行数字农家书屋建设，让书屋走进平常百姓家。数字农家书屋作为公益性的文化服务设施，既满足了村民的文化需要，又成为文化传播和信息交流的实用平台。

相关数据显示，截至 2021 年我国农村地区的互联网普及率为 57.6%，农村居民图书阅读率为 50.0%。随着我国农村数字化基础设施的日益完善，农村数字化阅读条件也明显改善，具有信息全面、易于推广、优势明显等特点的数字农家书屋越来越受到广大村民的喜爱，农民数字化阅读需求持续上升。数字农家书屋拥有人工智能、大数据等现代化信息管理系统，能够实现对传统书籍报刊的数字化管理，充分发挥数字农家书屋的功能与价值。结合乡村发展特点，通过大数据采集，能够准确捕捉村民的学习诉求，实现精准配置与推送学习资源，使广大村民在数字农家书屋中学到新技术，掌握新本领，切实增强书屋对村民的吸引力与辐射力，为广大村民提供更具个性化的学习支持与资源保障。

兴建数字农家书屋开创了个性十足、复合多样的兴农启智模式。立体丰富的学习形式，系统精准的知识内容，全面整合、深度融合的乡村知识要素，能够让村民在更加广阔的时空环境中学习与成长。

通过提供多种形式的数字化阅读功能，数字农家书屋打破了纸质书籍报刊的单一信息传输形式，拓展了媒介信息的传播路径，呈现出更适于浏览、图文并茂的形式，从而激发了村民的阅读兴趣，丰富了村民的业余文化生活。此外，不断强化的乡村文化服务供给，不断打磨的定制化、特色化、个性化等内容生产和资源更新方式，也有力地推动了农家书屋数字化的高质量发展。

2. 数字农家书屋建设面临的现实困境

尽管取得了很大成绩，但当前我国数字农家书屋在建设转型过程中仍面临不少问题，具体表现在以下方面。

第一，服务效能较低。当前，有的乡村在配备数字资源时缺乏用户意识，所配置的资源内容晦涩难懂，书屋的使用率较低，没能发挥出理想的服务效能；有的书屋忽视产业、经济、文化等领域的差别，表现出单一的模式化样态，脱离了村民的实际需求；有的乡村配备的书屋管理员缺乏专业的图书管理知识和熟练的数字化平台管理能力，无法提供令村民满意的技术服务。

第二，技术管理能力较弱。由于书屋的数字管理手段不够健全，管理系统相对封闭，书屋之间的信息互通不畅，许多村民往往只能在本书屋的系统内查询数字资源；有的地区虽然开发了数字书屋信息管理平台，但由于资源内容更新缓慢，严重影响了读者的阅读体验。此外，来源单一、数量有限的资金也无法满足对数字书屋进行常年维护和管理的需要。

第三，村民参与度较低。《中国互联网络发展状况统计报告》显示，截至2021年12月，我国非网民规模为3.82亿，其中农村地区非网民占比54.9%。在我国农村地区，不会使用智能信息设备的大多是留守老人，60岁以上的乡村居民虽然对数字化阅读也有一定需要，但其整体参与度和利用率还是比较低的。

3. 探索多重路径推进数字农家书屋建设

全面推进数字农家书屋建设，能够有效推动数字化乡村的发展，赋能、提升乡村居民的数字素养和知识技术。为此应重点从以下方面着手，推进数字农家书屋建设。

第一，以健全的基础设施建设营造乡村数字环境。例如，根据乡村人口的数量、规模等实际情况配备相应数量的电子阅读器、投影设备等；在考虑乡村文化特征和农业特点的基础上，参考国家新闻出版署印发的出版物推荐目录，围绕村民的阅读习惯和浏览兴趣来配置电子资源；推进书屋特色内容建设，完善书屋功能，对此可增加浏览农业信息、在线学习培训、农村电子商务等项目，让"小书屋"发挥大作用。

第二，多举措提升数字农家书屋的普及率和使用率。例如，可充分发挥乡村广播站、文化站、宣传栏等媒介的宣传作用，提高村民对数字农家书屋的熟知度；通过组织培训讲座，帮助村民了解数字媒介，提高村民对数字资源的学习能力；发挥农村地区的人际传播效能，培养有口碑、见实效的数字阅读先行者，引发他人的学习和效仿。

第三，提升书屋数字化服务水平。例如，为数字农家书屋设立熟练掌握数字服务系统、胜任服务保障工作的专职管理员岗位，并制定优惠政策吸引专业管理人才，定期开展数字化服务培训，等等。又如，职能部门要充分运用各类线上资源，实现数字平台间的整合与融通，加强书屋之间的信息交互。为解决资金来源困难的问题，政府方面要广泛动员社会力量参与书屋建设，鼓励国内外各界采取多种形式、多种渠道进行捐助，打造"政府+企业+众筹"的资金筹措方式，从而使数字农家书屋既能为村民提供高效、便捷的数字化信息服务，又能形成长期可持续发展的向好态势。

第七章　智慧绿色乡村建设

当前，数字乡村已经成为全面推进乡村振兴的着力方向和建设数字中国的重要内容。乡村空间生态资源正处于转型升级阶段，乡村的价值化、产业化发展离不开数字化的"加持"，更需要智慧化、绿色化来引领。2022年的中央一号文件明确指出：推进农业农村绿色发展，大力推进数字乡村建设，推进智慧农业发展，以数字技术赋能乡村公共服务。2022年11月，中央网信办、农业农村部联合启动了《数字乡村建设指南2.0》的起草工作。在这之中，"聚焦智慧绿色乡村"，依靠低碳转型开启绿色发展，成为数字乡村建设的新局面。

加快建设智慧绿色乡村，要提升农村自然资源和生态环境监测水平，做好对自然资源的调查监测工作，统筹山水林田湖草沙冰系统治理数据。为此，应探索推进农村生态监测评价预警体系建设，对农村生态系统脆弱区和敏感区开展常态化、自动化监测，构建秸秆焚烧管控管理平台。同时，要加快推进林草生态网络感知系统的建设与应用，建设林草信息化示范区。此外，还要加强对农村人居环境的数字化治理，建立农村人居环境问题的在线受理机制，引导农村居民通过多种渠道参与人居环境网络监督，以及加强对农村地区饮用水重点监测，如提高对农村地区水环境、水生态的监测能力等。

一、加强对山水林田湖草沙冰系统治理数据的收集与分析

生态是人类的宝贵资源和财富。习近平总书记在党的十八届三中全会上提出"山水林田湖生命共同体"的理念。2020年8月，习近平总书记在主持召开中共中央政治局会议时指出，要统筹推进山水林田湖草沙综合治理、系统治理、源头治理。2021年，习近平总书记在西藏考察时将"冰"这一自然

要素纳入进来，强调"坚持山水林田湖草沙冰一体化保护和系统治理"，从而进一步拓展了生态保护理念的全面性和丰富性。

山水林田湖草沙冰这一生命共同体构成了相对全面的生态系统景观类型，各系统间通过复杂而紧密的能量流动与物质循环，相互依存、相互影响，共同维持乡村生态系统的正常运行。要科学考察这一生命共同体的健康状况、演化规律和驱动机制，离不开由5G、大数据、人工智能、卫星遥感等技术手段构建的全周期、全过程动态监测体系，以及由此而形成的多尺度、多过程、多要素的综合监测数据。"十三五"期间，我国建成了63个森林、草原、农田、荒漠、河流等各类生态质量监测站，有21个省（区、市）布设了共计79个生态质量地面监测点位，从而奠定了我国生态地面定位观测工作的坚实基础。通过加强对生态系统治理数据的收集与分析，可以及时发现问题并提出对策和解决方案。

案例 26

内蒙古自治区杭锦旗用大数据把沙漠"管"起来

荒漠化被称为"地球癌症"，我国是世界上遭受荒漠化、沙化危害最严重的国家之一，荒漠化土地约占国土面积的1/4，达261.16万平方千米；沙化土地约占国土面积近1/5，达172.12万平方千米。鄂尔多斯市隶属内蒙古自治区，是我国北部广袤大地上的一颗明珠。同时，这里北有库布齐沙漠，南有毛乌素沙地，沙化面积最高曾达当地总面积的90%之上。从20世纪50年代开始，鄂尔多斯市通过原始种植、规模化种植、科技化种植等方式，不断丰富治沙经验，不断发展治沙技术，有效的治理使得曾经一望无际的沙漠逐渐转变为一片片广袤的绿洲。

科技的发展推动了治沙技术的革新和治沙产业的发展。截至2017年9月，鄂尔多斯市已有80多家企业参与治沙造林及相关产业的开发。在此以亿利集团为例，这是一家位于鄂尔多斯市杭锦旗，主营生态修复与洁能环保产业的民营企业。多年来，亿利集团始终践行"绿水青山就是金山银山"的理念，在全球生态领域高度关注的防治荒漠化问题上进行不间断的探索与实践。例如，在库布齐沙漠，亿利集团运用复合生态太阳能的治沙新模式，即通过"治沙+种草+养殖+发电+扶贫"五位一体的方式开展沙漠治理，这就是库布其生态经济模式（以下简称"库布其模式"）。库布其模式绿化了沙漠，发展了沙漠种养殖业，还创造了源源不断的绿色能源。在这一模式下，光伏产业取得了投资效益，生态修复获得了良好效果，大大提升了沙漠治理修复的可持续性和可推广性。如今，库布齐沙漠的植被覆盖率已由 2002 年的 16.2%提升到 2021 年的 53%以上。

通过政府、企业和社会形成的有效合力，找到集民生发展、生态环境保护、经济发展于一体的平衡点，是库布齐模式的核心之处。现在，库布其模式及其经验已经走进了我国的南疆沙漠、青藏高原以及西部的各大沙区，也给世界上其他饱受沙尘肆虐的国家和地区带去了福音。作为世界上唯一得到整体治理的沙漠，库布齐沙漠生态治理区被联合国环境规划署确定为"全球沙漠生态经济示范区"。

内蒙古自治区深入贯彻落实国家大数据战略，积极构建沙漠大数据平台，促进大数据与产业发展深度融合，进一步夯实荒漠化治理的成果（图 7.1 为我国沙漠大数据平台实时监控下的多项生态数据）。在这之中，亿利集团借助互联网、物联网、人工智能等技术，打造沙漠生态大数据平台，探索用大数据把沙漠"管"起来，追踪跟进治沙造林进程，提升治沙效率。具体包括以下几个方面。

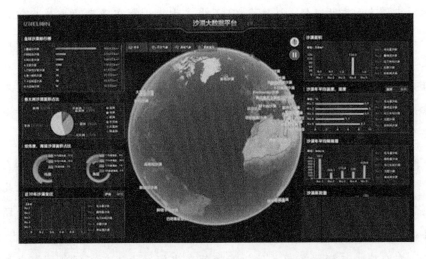

图 7.1

第一，实施监测数据，提供沙漠治理基础数据信息。亿利集团自 2015 年起陆续在库布其、乌兰布和、腾格里等五大沙区部署了 20 多个生态综合监测站点，实时采集空气温度、风力、风速、二氧化碳浓度、日照强度以及土壤温度和湿度等 30 多类生态因子指标。生态大数据平台对这些数据进行分析处理后构建生态模型，并匹配种质资源库、生物菌群库、专家库、技术库等其他相关数据，从而为沙漠治理提供数字化解决方案。

第二，构建生态大数据平台。为掌握全球沙漠生态的演变规律和趋势，亿利集团运用大数据平台，获取国内外高精度卫星遥感数据，收集欧洲中期天气预报中心和美国国家航空航天局等的数据资源，整合分析沙漠的面积、气象、水资源、土壤、植被等数据，从而了解全球沙漠生态环境变化，构建全球历史气象分布图、风场图和植被覆盖专题图。当前，亿利集团与乌兹别克斯坦、尼日利亚、沙特、阿联酋等国家的相关机构、企业保持着密切的业务沟通，既为"一带一路"沿线地区的生态建设进行数据积累，也为相关地区开展生态治理提供决策分析和理论指导。

第三，通过数据联动沙漠产业，带来可观效益。例如，库布其地区的 200 万千瓦光伏治沙项目，每年可以修复治理 10 万亩沙漠，能够向电网供应约 40 亿千瓦时的绿色电力，从而创造良好的生态效益。同时，针对光伏板组件能够挡风防风、改善植被生长环境的特点，亿利集团又开发出"板上发电、板下种植、板间养殖"的产业发展模式，从而既实现了新能源发电产业与沙漠生态治理、现代农牧业的有机结合，又帮助周边农牧民实现了脱贫致富，从而促进了当地农业经济的良性发展。

联合国环境规划署 2017 年发布的报告认定，亿利集团 30 年来治理绿化库布其地区的沙漠面积共计 6 000 多平方千米，创造生态财富 5 000 多亿元。在第三届联合国环境大会期间，亿利集团被授予"地球卫士终身成就奖"，以表彰其为全世界荒漠化治理所作出的示范和表率。根据国家林业和草原局的监测数据，2004 年以来，我国荒漠化和沙化土地面积连续三个监测期均保持"双减少"，为世界各国解决治理荒漠化和沙化土地问题提出了中国方案，贡献了中国智慧。

资料来源：李丹丹，刘一萱. 内蒙古自治区杭锦旗用大数据把沙漠"管"起来 [EB/OL]. [2023-05-31]. https://baijiahao.baidu.com/s? id=1701264323002932748. 有删改。

案例分析

1. 强化生态系统治理数据收集有助于提高生态环境保护的工作效能

运用科技手段解决生态问题是保护生态环境的必然选择。亿利集团因地制宜，运用科技手段防沙治沙，有效解决了荒漠化问题，从推进科技治沙市场化发展，兼顾生态效益、社会效益和经济效益的角度来看，这是一个值得推广的经验之举。

党的十八大以来，中央围绕山水林田湖草沙冰系统扎实推进生态治理，贯彻落实了 40 多项相关政策，极大改善了我国的生态状况，乡村的生态质量也因此得到根本改善，其间建成的系统治理监测数据对提升我国生态环境质量起到了支撑作用，具体体现在以下几个方面。

第一，为环境保护提供参考依据。环境监测数据是生态环境保护制定的基础条件，强化对山水林田湖草沙冰系统治理数据的收集与分析，既可以实现对同一地区不同时期的监测数据进行分析，了解环境污染的具体情况，还可以实现对同一时期不同地区的数据进行对比分析。也就是说，通过监测生态环境，能够为政府职能部门及企事业单位等提供精准且具有真实价值的数据，为生态环境保护决策提供参考。

第二，为环境治理带来有力保障。通过运用环境监测数据，能够精准获取污染数据，从而可使有关方面在深入分析和对比的基础上参照污染原因以及污染程度编制治理计划，为解决环境污染提出治理对策。同时，为了防止污染范围的扩大，还可以进一步加强生态环境监测执法职能，做到跟进监督，避免同一环境污染问题的反复发生。此外，运用环境监测数据还可以有效判断环境污染趋势，严格控制生态系统中发生污染的事态，提升生态环境的品质。

2. 我国生态系统治理数据收集与分析过程中面临的困境

近年来，我国在生态环境大数据建设和应用方面取得了诸多进展，但是在数据收集与分析中还存在一定的技术瓶颈。

生态环境监测标准更新不及时。我国现有的生态环境监测标准更新较慢，且现有标准缺少对地区差异性等问题的考虑，对经济发展水平也不够重视，特别是没有融入环境治理技术，导致数据监测效果不能令人满意，无法实现对生态环境的全面保护。

生态环境测评体系有待建立和优化。到2023年要完成的自然资源统一调查、评价、监测制度的建设，是对我国生态风险进行科学分析、识别和诊断的基础和前提，但目前仍存在生态状况不清、数据口径不一等问题，从而直接影响了我国生态系统的治理效果。

缺乏开放性监测市场。环境主管部门通常运用垂直化管理方法开展工作，但由于监管力度不佳且市场中缺少资质齐备的环境监测机构，很难保证监测数据的公正性与科学性，使环境监测事业发展受到干扰。

3. 通过对数据的收集与分析，构建完备的生态系统治理体系

统筹山水林田湖草沙冰系统治理是一项复杂的系统工程，必须充分发挥科技创新的驱动作用，不断强化生态环境治理、监测、修复等关键核心技术的自主研发能力，助力绘就山清水秀、林茂田丰、湖净草绿、沙稳冰洁的壮美生态画卷。为此，应重点做好以下几方面工作。

第一，各级政府要高度重视生态环境保护工作。对此，要深入学习习近平生态文明思想，把中央生态环境保护督察整改作为各级政府的重大政治责任、重大发展任务、重大民生工程摆在突出位置，坚决扛起推动山水林田湖草沙冰一体化治理的政治责任；要出台生态系统治理的有关政策举措，明确构建多维生态空间体系，为推动生态文明建设和环境保护提供"路线图、时间表"。

第二，各级政府要提升生态环境监测能力。通过在冰川、草地、江河湖泊、自然保护区等多区域设立气象监测站点，将山水林田湖草沙冰生态系统的气温、湿度、降水量、冻土等项目数据纳入监测范围；灵活开展环境质量监测工作模式，通过设置区域监测中心、辐射自动监测站、大气自动监测站、重点企业自动监管平台等收集治理数据，将土壤重点监管企业和重点排污单位的地下水和土壤监测点位纳入监管范围；重点开展国家级自然保护区等典型区域的环境质量监测，不断优化监测网点布局，使群众可以通过智能平台及时了解山水林田湖草沙冰生态系统的环境质量，从而形成全民齐抓共管的导向。

第三，大力推进生态空间数字化管控。要不断提升生态保护、修复和管理的信息化、数字化、智能化水平，科学高效地运用调查监测数据开展对山

水林田湖草沙冰生命共同体的承载力、适应性、脆弱性、敏感性评价以及生态系统健康状况等的评价,为制定生态修复保护方案提供科学的决策依据。

第四,构建生态监督监管网络体系。要坚持全域一体,持续打造市、县、乡、村一体的生态环境监管体系;建立多个环境监管单元,激活县、乡、村各级的环境监管活力,深挖基层监管能力,盘活末梢环境监管力,构建网格化环境监管新格局。

二、对农村生态系统脆弱区和敏感区开展常态化、自动化监测

习近平总书记在中央农村工作会议上指出:"举全党全社会之力推动乡村振兴,促进农业高质高效、乡村宜居宜业、农民富裕富足。"农村生态环境监测在农业高质高效发展进程中扮演着重要角色,要通过对农村环境实施连续、系统的监测,评估和预测农村生态环境的状况和变化趋势。2015年,中央全面深化改革领导小组审议通过的《生态环境监测网络建设方案》作为生态文明体制改革总体方案的配套改革举措,成为进一步完善我国生态环境监测网络的纲领性文件;"十三五"期间建成的生态环境监测网络,对快速改善我国环境质量起到了支撑作用。

当前,农村生态系统脆弱区和敏感区是我国生态问题比较突出的区域,开展常态化、自动化环境质量监测,通过准确、完整、全面的监测数据,能够科学反映农村区域环境质量的变化规律和发展趋势,为制定和优化农村环境保护工作计划提供科学依据。"十四五"期间,要建设高效感知的农村生态环境监测体系,加快实现生态环境监测现代化,为推进生态文明建设、实现乡村振兴提供有力技术支撑。

案例 27

蓝田县搭建"数字秦岭"智慧管控平台,全方位保护秦岭生态

蓝田县是西安市辖县,地处陕西秦岭北麓、关中平原东南部,下辖1个街道办事处、18个镇、519个行政村。在蓝田县域内的秦岭保护区域总面积达1 666.8平方千米,当地山雄水秀,川美岭阔,自然风景秀丽。由于秦

岭南北的温度、气候、地形等均呈现出显著的差异变化，因而秦岭-淮河一线成为我国地理上最重要的南北分界线，被尊为华夏文明的龙脉。近年来，蓝田县搭建"数字秦岭"智慧管控平台，构建起"空天地人"管控格局，以全方位保护秦岭生态，全力当好秦岭的生态卫士。图 7.2 为秦岭生态保护区夜景。

图 7.2

1. 科技赋能　实现秦岭生态保护常态化监管

蓝田县秦岭保护区总面积达 1 666.8 平方千米，约占蓝田县总面积的83.09%，涉及 17 个镇街 216 个行政村，具有面积广、占比大的特点。为此，启用"数字秦岭"智慧管控平台，是蓝田县以科技手段保护秦岭的重要举措。

目前，"数字秦岭"智慧管控平台投入使用了 1 个数字秦岭监控中心、6 个区域监控中心，搭载了数字化沙盘系统和可视化巡查设备，以高清的卫星遥感影像和数字高程模型为基础，启用 360 度鹰眼、85 个监控点位、109 个画面，全天候、不间断地监控森林情势和 11 个沿山峪口、峪道的实时状况，由此呈现了真实的秦岭地形地貌，从而实现了对秦岭地区生态环境保护的可量测、可查询、可分析。工作人员通过监测，能够发现保护区内出现的乱搭滥建、乱砍滥伐、乱采乱挖等问题并及时进行有效处置，从而实现对秦岭生态保护的常态化监管。

2. 实行三级保护分级管理，确保管护责任全覆盖

蓝田县建立人、技、物协同配合模式，开展"网格员+巡查车+无人机"的交叉式、互补式常态巡查，结合网格化管理构建起三级保护分级管理体制。

为确保管护责任全覆盖，蓝田县建立了 1 个保护总站、6 个区域站、17 个镇（街道）保护站和多个流动站，如果说保护总站是蓝田县秦岭保护工作的"中枢大脑"，那么区域站、镇（街道）站和流动站就是秦岭保护工作的"神经末梢"。区域站每天派出网格员进行巡查，当网格员发现区域内出现破坏秦岭生态环境的问题（如乱搭乱建、破坏植被、乱捕乱猎野生动物等）时，就会及时上报并进行处理。当保护总站的工作人员通过管控平台发现有疑似破坏秦岭生态环境的行为时，也会及时连线负责该网格区域的网格员前往现场进行排查。2022 年，蓝田县发现并经核实验证省市反馈关于秦岭保护区"五乱"及其他破坏生态环境问题 59 个，且已经全部整改到位。

当秦岭地区进入森林防火期时，工作人员除了日常巡查工作外，还会通过散发传单、张贴通告等方式走村访户，向周边村民开展森林防火、保护野生动植物等方面的宣传。随着保护家园的意识不断深入人心，秦岭的生态环境也变得越来越好，保护区经常会出现鹿、猫头鹰等野生动物的身影。

未来，蓝田县还将强化县、镇、村三级网格监管，继续壮大网格化管理工作队伍，推进"网中有格，人在格上，常态巡山，网格管山"的长效管控机制建设，不断加强对秦岭地区的自然保护，走出一条生态和社会协调发展、人与自然和谐共生之路。

资料来源：郭旭.蓝田县搭建"数字秦岭"智慧管控平台全方位保护秦岭生态［EB/OL］.［2023-01-13］. https://www.xiancn.com/content/2022-12/09/content_6663998.htm. 有删改。

案例分析

1. 开展常态化、自动化监测是保障生态环境的必然要求

近年来，蓝田县创新保护手段，依托生态大数据，充分发挥"数字秦岭"的积极作用，建立起"天地空人网"一体上下协同、各部门信息共享的"智

慧大脑"，在对秦岭地区开展生态环境立体监测、病虫害防治、生物多样性保护以及日常巡护管理等方面发挥了重要作用。

随着人们生活水平的提高以及农村城镇化进程的加快，为了保障农村生态环境的健康发展，解决突出的农村生态环境问题，对农村生态系统脆弱区域和敏感区域开展常态化、自动化监测十分必要，主要表现在以下几个方面。

第一，能够有效预警和预防环境风险的发生。通过常态化、自动化监测，能够掌握农村发展过程中脆弱、敏感区域生态环境质量的变化，及时发现潜在风险并采取有效措施，从而避免或减少环境质量的恶化。

第二，能够为开展生态环境保护提供数据支持。开展常态化、自动化监测能够进一步摸清农村脆弱、敏感区域的环境质量状况，并全面评估和监管农村生态环境质量，从而为环境规划提供科学依据，为修复农村生态环境提供数据支持。

第三，能够以实实在在的监测数据助力乡村振兴。开展常态化、自动化监测能够更好地推动脆弱、敏感区域的质量监测与农业面源污染防治、农村人居环境综合整治的有机结合，从而确保农产品产地环境质量达标达效。

2. 开展常态化、自动化监测面临的技术瓶颈

随着乡村振兴战略的实施，广大农村地区有了很大发展，生态环境面貌改善明显，但生态系统脆弱区域和敏感区域的环境监测工作仍有待加强。

生态环境监测精细化支撑不足。当前生态系统环境监测主要采取的还是手工监测形式，新一代感知技术和新一代信息技术还没有得到广泛应用，农村生态环境监测数据平台建设也有待完善。

生态质量监测存在短板。现有的环境监测标准已不太适应农村环境监测发展的现实需要，但统一完善的生态质量监测技术体系尚未形成，生态系统脆弱、敏感区域的监测指标、监测手段仍有待丰富。由于受技术制约，目前市场上还缺少能够满足农村环境监测需要的实用化、便携式环境监测设备。此外，对全国农村生态系统脆弱、敏感区域的生态质量监测能力仍显不足，各级生态环境监测（中心）站中能够独立开展生态质量监测工作的还比较少。

污染源监测体系有待完善。政府职能部门的基层执法监测能力有待加强，为此需要进一步推进环境监测监控一体化管理。同时，排污单位要加强对自身的监测监管，如有的企业企图通过影响监测数据质量而逃避刑事和行政处

罚，这是绝对不允许的。

3. 以信息化技术提升展常态化、自动化监测水平

在"秦岭经验"的基础上，各地应围绕"山水林田湖草沙冰生命共同体"理念，对农村生态系统脆弱区域和敏感区域开展常态化、自动化监测，构建具备多元融合、高效获取特点的现代生态环境感知监测网络。

第一，推动监测工作由规模化向高质量跨越。对农村生态系统脆弱、敏感区域，要建立融合高精度、全方位、短周期卫星遥感监测和多类型、多层次、多指标地面调查监测的生态质量监测网络，构建现代生态环境智慧监测网络；监测点位的布设可从均质化、规模化扩张向差异化、综合化布局转变，对于长期稳定达标或者数据稳定的可以适量减少监测点位。总之，要推动生态环境监测网络向精细化、多元化和智能化方向发展。

第二，探索生态环境监测多手段融合应用模式。推动实现多学科多技术融合、天空地一体化立体监测技术，以生态系统脆弱区域和敏感区域为重点，通过卫星遥感监测、走航雷达监测、地面监测等监测方式，采用垂直浓度观测、移动监测、传感器或单指标监测等方法，为生态系统脆弱、敏感区域的联防联控提供技术支撑。

第三，强化生态环境监测数据的智慧应用。对于农村生态系统脆弱区域和敏感区域，可以利用区块链、物联网等信息技术，建设环境质量预测预警、污染溯源追因、环境容量分析及综合应用等模型或系统，加强对脆弱、敏感区域内的生态环境质量、污染源等监测数据进行信息关联分析和综合研判，探索实现监测、评估、监督、预警等的一体推进。

第四，切实践行"监测为民、为民监测"的要求。对农村生态系统脆弱区域和敏感区域，要发挥新媒体的传播作用，开展多层次、多形式的宣传教育活动，提高农民群众参与生态环境保护的积极性；政府职能部门要搭建生态环境信息可视化展示窗口，发挥人工智能、虚拟现实、可视化等科技优势，丰富创新可视化的展示模式，让群众及时了解和掌握所关心的、与他们生活息息相关的监测信息。

三、构建秸秆焚烧管控管理平台

党的二十大报告指出，中国式现代化是人与自然和谐共生的现代化。因

此，必须牢固树立和践行绿水青山就是金山银山的理念，站在人与自然和谐共生的高度谋划发展。

秸秆焚烧是指作物秸秆被当作废弃物露天焚烧。我国秸秆资源丰富，约占世界秸秆总量的 20%~30%，秸秆焚烧在我国农村地区也十分常见，该处理方式因省时省力而深受农民的欢迎。但是，秸秆的露天焚烧属于低温焚烧、不完全燃烧，其烟气中含有大量一氧化碳、二氧化碳、氮氧化物等有害物质，从而造成空气污染，破坏生态环境，且在一定程度上增加了地区雾霾的浓度，因此成为大气污染治理中的难点问题。

为了保护生态环境，防止秸秆任意焚烧引发污染，保障人体健康，维护公共安全，早在 1999 年我国就发布了《秸秆禁烧和综合利用管理办法》，设立禁烧区，同时大力推广机械化秸秆还田、秸秆饲料开发、秸秆气化等多种形式的综合利用。接下来，相关职能部门又先后出台了《关于进一步加强秸秆焚烧工作的通知》《关于加强农作物秸秆综合利用和禁烧工作的通知》《关于推进农作物秸秆综合利用和禁烧工作的意见》《国务院办公厅关于加快推进农作物秸秆综合利用意见的通知》等一系列政策文件，提倡合理利用秸秆，禁止焚烧，以避免环境污染，改善空气质量。

如今，有关职能部门已利用卫星系统开展常态化秸秆焚烧监测工作，并对监测到的火点进行汇总、发布。各地环保部门对禁烧工作也非常重视，特别是进入收获时节后，会投入大量的人力物力来监控秸秆焚烧。

案例 28

确山县搭建数字智能化平台，助力秸秆禁烧管控

确山县位于河南省南部、淮河北岸，隶属驻马店市，以县城东南六里的确山为名；截至 2010 年，确山县下辖 10 个镇、2 个乡。为有效管控秸秆燃烧，确山县在传统禁烧管控措施的基础上大力开展数字化建设，创新秸秆禁烧新模式，积极搭建智能平台，通过强化宣传警示、抓好网格管理、运用科技监测等各种举措，全方位、无死角、多角度地加以严密防范，扎实推进秸秆禁烧工作。

1. 线上线下同步开展禁烧宣传，营造禁烧氛围

在线下，为筑牢禁烧思想阵地，确山县下辖的街道、村庄通过安装大喇叭，由专人进行管理维护、由专业播音人员进行信息播报的方式，将秸秆禁烧政策、秸秆综合利用措施、夏管知识、天气预报等重要信息，传播到确山县的大街小巷、田间地头。例如，盘龙街道出资 60 多万元，在全街道 600 多个小区（居民组），用 5G 音柱大喇叭全街道共有近 700 多个大喇叭进行宣传，取得了预期效果。又如，普会寺镇为了使宣传效果更加显著，在运用广播宣传基础上，结合乡村特点组建宣传车队，按照规划线路逐村逐组对全镇 10 个村庄开展立体式、全覆盖式宣传；组织村里的"两委"成员、网格员主动承担宣讲责任，发放、张贴宣传单，在村头巷尾拉起禁烧横幅，并入户讲解相关法律法规和政策。在线上，普会寺镇通过"智慧普会寺"平台推送《致全镇农民朋友的一封信》，引导群众自觉树立禁烧意识，争做秸秆禁烧的参与者、监督者。就这样，确山县线上线下齐抓共管，着力营造禁烧氛围。图 7.3 为当地通过数字智能化平台开展秸秆禁烧治理工作。

图 7.3

2. 加大布防力度，抓好网格管理

确山县各街道、乡村秉持"早安排、早部署"的理念，严格落实网格化管理工作，切实做到"早动员、早部署、早行动、早落实"，确保禁烧区"不

燃一把火、不冒一处烟"。例如，盘龙街道针对沟边、塘边、河边、村界、乡界等秸秆禁烧管控的薄弱区，将智能化管理与人防工作相结合，通过安装智能烟雾报警器并将其与秸秆禁烧管控网格员手机相连接的方式进行实时监控；组建网格员秸秆禁烧群，实现秸秆禁烧烟雾报警微信群直报，方便提前预警、研判、上报。普会寺镇在严格落实网格化管理工作的基础上，围绕乡村特点迅速成立秸秆禁烧巡查队，实行责任组包村、村干部包组、组干部包户的包组联户责任制，将秸秆禁烧任务逐级、逐层分解，责任细化量化，具体落实到人。

3. "科技"力量赋能，提升监管能力

确山县加强科技应用，借助数字化手段进行禁烧巡查，提高禁烧工作的及时性和精准度，织密防火禁烧的"安全网"。为确保巡查工作无死角、全覆盖，盘龙街道采用农业社区视频监控热成像探头全覆盖的方式，利用数字智能手段对秸秆禁烧进行全程监管：当地在 5 个涉农社区的主要道路和田间地头实现了生态监管全覆盖，安装视频监控热成像探头 43 个，信息可同步对接至街道数字化管控平台，从而实现了对门店、企业、合作社与社区的一体化管控。普会寺镇则依托"蓝天卫士""数字乡村"等监管平台，利用"随手拍"小程序鼓励村民参与上传线索，运用高清智能球形摄像机 360 度立体化收集线索，配合"雪亮工程"高清摄像头进行 24 小时网上巡查监控；成立"蓝天卫士"小组，轮流盯守，全面监控，对重点区域实行重点管理，确保及时发现、及时控制、及时处置，补齐人工巡查短板。

资料来源：确山县人民政府. 确山县搭建数字智能化平台 助力秸秆禁烧管控［EB/OL］.［2022－06－27］. https://www.zhumadian.gov.cn/html/site _ gov/articles/202205/156730.html. 有删改。

案例分析

1. 建立秸秆焚烧管控管理平台是数字乡村建设的有益探索

为防止大气污染，打赢蓝天保卫战，确山县通过强化宣传警示、抓好网格管理、运用科技监测等多种举措，创新秸秆禁烧新模式，特别是通过搭建禁烧自动预警平台，大大提高了秸秆禁烧治理工作的信息化水平。此举有利于更好地开展秸秆禁烧工作，助力全县秸秆禁烧业务的全面展开，并提高了社会治理的整体水平。

现在，全国各地已大力开展建设秸秆焚烧管控管理平台，利用密布广大农村地区的物联网摄像头和强大的 AI 技术，通过实时进行智能烟火识别、精准定位等及时预警，对农作物种植区域进行全天候监控，从而减少秸秆焚烧的现象发生。

这种运用数字化技术解决空气污染问题，是一项有益的尝试和探索，主要体现在以下几个方面。

第一，相关政府职能部门可对秸秆焚烧实现高效监管。相关部门通过建立秸秆焚烧管控管理平台并经由互联网将视频输入对应的网络视频监控平台，可以实现对乡镇秸秆焚烧情况的 24 小时全天候监控。例如，对于可疑情况，通过监控平台可以精确到事发地点，同时对焚烧情况进行抓拍，从而保留证据材料并作为执法依据。

第二，可降低政府职能部门的运营成本，提高运营效率。通过秸秆焚烧管控管理平台，政府职能部门可以实时获知秸秆焚烧情况，从而实现数据采集的连续性、真实性、可存储性。该平台设置的故障实时监测、精确定位和报警提醒功能为快速恢复系统运行提供了可靠的技术保障。这一设置大大减少了设备维护人员，也大幅降低了系统运营的维护费用。

第三，可优化政府职能部门的管理流程，提高执行力。通过实时监督、高效监管和强力宣传，提高了农民禁烧的自觉性。智能化管理系统的应用，实现了政府职能部门从粗放式管理到精细化管理的升级。在精细化监管的过程中，既提高了相关部门在解决秸秆禁烧问题上的工作效率，也节省了大量的人力物力。

第四，可提升相关政府职能部门的管理能力。采用传统管理方式时，相关政府职能部门对处罚秸秆焚烧问题缺少详细的执法记录和分析过程，没有足够的数据作为支撑，得出的结论也比较片面，不容易发现真正的问题。智能化管理系统采用的则是图形化人机界面展示，通过对一些关键性数据进行数据挖掘，从中找出规律，从而使政府执法工作有法可依，执行结果有迹可循。

2. 相关政府职能部门在秸秆禁烧及综合利用上面临的困境

现实中，相关政府职能部门在秸秆禁烧及综合利用上存在以下几方面问题。

第一，乡村秸秆焚烧问题点多面广，相关部门监管人员匮乏，监管力度不够。我国是一个农业大国，耕地面积121亿公顷，居世界第三位，占世界总耕地面积的8.0%左右，特别是农田分布广泛，面对季节性的秸秆焚烧问题，存在监管人员相对严重匮乏、耗时耗力的困扰。

第二，监管手段单一，监管信息不及时，效率较低。如今，我国利用卫星实时监测各地火点情况，很多地方政府也通过安装摄像头等方式进行监管。但是，只有当火点达到一定程度、延展到一定范围后，摄像头端才能发现情况，而当执法人员到达现场时，火势往往已经蔓延开来，因此单一的视频监控并不能及时制止秸秆焚烧情况的发生。

第三，宣传力度不够，乡村百姓对秸秆焚烧的危害了解不足。近年来，由于大量农村青壮年进入城市务工，老人、妇女成为农业生产的主力军，客观上造成了秸秆清理运输等方面的困难，而秸秆还田的成本又明显偏高，尤其是一些高纬度地区受环境因素影响，还田的秸秆腐烂、发酵慢，不仅达不到预想中的效果，而且会给春季耕种带来一定的不利影响。因此，现实中乡村百姓既对秸秆焚烧的危害性了解不够，且其出于个人利益考虑也缺乏禁烧的主动性。

第四，秸秆利用率较低，综合利用难以推广。由于当前秸秆的利用价值低，作业费用高，因此现有对秸秆实施的肥料化、能源发电、用作工业原料等综合利用措施很难完全推广开来。

3. 科技助力赋能秸秆禁烧新模式

为有效防治大气污染，改善生态环境质量，应积极构建秸秆焚烧管控管理平台，用科技手段辅助秸秆禁烧巡查工作，从而实现秸秆禁烧巡查全覆盖，无死角，具体包括以下几个方面。

第一，利用应用广泛、效果良好的现代化监测、监控技术，在各县市所有乡村的农业用地区域及秸秆可能覆盖的区域安装监测设备，对周围的环境情况进行监测，并通过架设高空网络球机等方式对农田等区域进行视频监测，以达到宽领域、大范围的监控覆盖目的。

第二，利用先进的大数据和云平台技术，对实时传输的视频摄像进行全面监控，并通过专业的空气质量模型，将采集到的数据按照空气质量变化的规律和趋势进行科学预测，从而对是否为火情进行及时、准确研判，并防止监测失误、遗漏等问题的发生。

第三，在构建秸秆焚烧管控管理平台基础上，科学、合理地安排不同区域的农田及秸秆可能覆盖点的执法人员数量，确保问题发生时执法人员能在第一时间赶赴现场进行处置，达到及时发现、及时制止的目的。

四、建设林草信息化示范区

我国的林草工作积极践行习近平生态文明思想和新发展理念，按照"十四五"国家信息化规划要求，大力发展林草信息化。随着云计算、物联网、人工智能、大数据、移动互联等新一代信息技术在感知系统建设中的应用，引领林草信息化建设更好跟上时代、走在前列，强化对行业信息化建设的协调指导，以遴选"林草信息化示范区"为抓手，示范推广林草部门信息化建设的先进经验，对构建新时代生态文明体系、推动现代林草业建设、促进林草业创新发展引起到积极的作用。

我国高度重视林草信息化建设，不断推进以数字经济赋能林草高质量发展。党的十八大以来，"信息化水平大幅提升"已经成为国家战略重要目标。近年来，国务院先后出台《"十四五"国家信息化规划》《"十四五"推进国家政务信息化规划》《国务院关于加强数字政府建设的指导意见》《全国一体化政务大数据体系建设指南》等文件，对信息化建设进行了全面安排和部署。同时，聚焦加快建成林草"大平台、大系统、大数据"和构建林草网信工作"大安全、大运维"格局，颁布了《国家林业和草原局关于进一步加强网络安全和信息化工作的意见》《"十四五"林业草原保护发展规划纲要》等政策。2022年8月，国家林业和草原局出台《全国林草信息化示范区创建方案》，决定开展全国林草信息化示范区创建工作，加快推进林草网络安全和信息化工程，提升我国林草治理体系和治理能力的现代化水平。

案例 29

长沙县开启绿色发展新征程，建设现代林业示范区

长沙县隶属湖南省长沙市，位于湖南省东部偏北，全县总面积 1 756 平方

千米，下辖 20 个乡镇。2020 年度长沙县生态系统生产总值（GEP）为 1 643.67 亿元，位居全省第一。近年来，长沙县林业产业蓬勃发展，拥有 5 个省级以上自然保护地，森林覆盖率高达 49.83%，森林蓄积量达 477.03 万立方米。图 7.4 为长沙县路口镇大山冲森林公园景象。

图 7.4

长沙县在开启绿色发展新征程、建设现代林业示范区中的有益经验主要包括以下几点。

1. 注重顶层设计，高位推动体系建设

为理顺当前机制体制，重新构建起统筹全域的大林业体系，长沙县推进机制改革，加强制度创新。2022 年 4 月，长沙县成立林业事务中心，结合当地的自然资源禀赋，因地制宜、因林施策，努力实现生态受保护、林业增效益的良好局面。

长沙县坚持生态优先、绿色发展，以林长制为总抓手，全面统筹推进林业发展与保护。当地严格落实党政领导负责制，实行"双林长"制，划分了 18 个县级责任区域，设立县、镇、村三级林长共 722 人。县委、县政府主要负责人担任县级林长，配备监管员 118 名、执法人员 123 名、护林员 136 名，实现了县林长制网格化管理"一张图"。

长沙县林业事务中心在改革中定方向，以实现林业治理体系和治理能力现代化为工作目标，以林长制、林权制为工作抓手，全力推进基础设施、基本产业、基层队伍建设，以服务生态环境、服务民本民生、服务经济发展、服务改革创新为工作要求，通过坚持两手抓、两手硬，不断强基础、优服务，打造绿色发展新样板。

2. 不断创新工作举措，压实压牢主体责任

2022 年以来，长沙县不断创新制度，推进《长沙县全面推行林长制实施方案》及林长会议制度、巡林制度、林长令等 11 项制度的落实，并进一步细化工作规范、标准；严格执行《长沙县县级林长巡林制度》，针对重点工作，及时解决问题，推进工作协调统一。

依托林长制，全县形成了部门协同、齐抓共管的工作格局。当地发挥纪监委专项督查作用，严查工作责任不实、走过场等问题；发挥检察机关监督职能，建立"林长+检察长"工作机制，确保林长制工作取得实效。此外，全县还深入开展各级林长巡林调研活动，解决了影响、制约森林资源发展的 40 多项问题。就这样，全县各相关部门通过履职尽责汇聚了强大的工作合力。

大力推进智慧林业信息化建设，全时空监管县辖林草资源，兼容省级平台，构建完备的智慧指挥系统，全面掌握网格内重点林业工作动态和"一长三员"（即林长、监管员、执法人员、护林员）的履职情况。同时，依托"智慧林业"平台，加强巡林工作规范化建设，通过配备手持终端设备实现"发现、交办、处理问题"的一键解决。

以"林长制"促进"林长治"。当地不仅在领导机制上做到令行禁止，而且在推进落实上做到步调一致。全县坚持上下一盘棋，坚持"八要"落实到位，即确保底数要清晰、台账要齐全、网格要制图、制度要上墙、装备要统一、线路要明确、考核要到位、宣传要跟进。目前，全县各镇街均已设置林长办，严格落实"八要"，林长制工作已升级为全县"大合唱"。

3. 聚焦突出问题，精准提升森林质量

森林生物病虫害防治是一场持久战。例如，防治松材线虫病工作需要占用大量人力物力。为此，长沙县从发现第一例松材线虫病起就不断探索实践，加大防控力度，创新松材线虫病绩效承包方式，健全多部门检疫执法联动机制，并与科研院所合作探索新型防控模式、试验新型药剂等，全面抓实防治工作，从而使当地的松材线虫病防治工作在全省乃至全国保持领先地位。

此外，针对林木种类单一、材级较低的问题，长沙县坚持因地制宜、分类施策，着力优化林分的树种、树层、树龄结构和空间配置布局，形成"功能强、效益高"的森林生态系统，全面推动森林质量精准提升。近期，当地计划完成的是提高森林质量、全面改造当前重要生态区域内针叶纯林、疏残林等目标；远期目标则是注重乡土珍贵树种、彩叶阔叶树种等林分的自然演替，从而构建起满足人民对优质森林生态产品需要的森林生态系统。

当前，长沙县正在深入推进生态绿化一体化示范区和中央国土绿化试点项目建设，丰富林木品种，构筑生态廊道和生态屏障，在提升森林品质的同时进一步增加生态系统生产经济附加值。截至目前，当地已完成人工造林2 000亩、封山育林10 000亩、森林抚育7 000亩的任务目标。此外，长沙县聚焦森林资源保护发展，为实现全面提升林业治理体系和治理能力现代化水平的目标，率先在全省成立镇街专职消防队，当地的森林防灭火工作已连续7年无人员伤亡、无财产损失，为经济社会发展提供了强有力的生态支撑。

鉴于当地在林业治理体系和治理能力方面的突出贡献，长沙县荣获2021年度长沙市林长办林长制考核优秀单位。

资料来源：李生辉，张任，王浩. 长沙县开启绿色发展新征程 建设现代林业示范区［EB/OL］.［2022-07-29］. https://i.ifeng.com/c/8I1DmlNBwd5. 有删改。

案例分析

1. 以林草信息化示范区建设赋能林草治理现代化

实现生态文明的建设和发展，就是要将青山绿水逐步转化为金山银山，增强人民群众的幸福感和获得感。长沙县以全面推行林长制为抓手，提升林业治理体系和治理能力现代化水平，为人民群众提供了更多的绿化福利，也为当地的社会发展提供了强有力的生态支撑。

推进林草信息化示范区建设是实现林草治理现代化的有益尝试，这具体表现在以下几个方面。

第一，推进林草信息化示范区建设在构建生态文明体系中发挥了引领作用。林草事业作为生态文明建设的重要组成部分，在生态修复与保护、绿色产业脱贫增收、维护和发展生物多样性等方面发挥着重要力能，在保护农田、水域、城镇等生态系统中具有不可替代的特殊作用。信息技术革命带来了林草业新的发展契机，对实现林草事业高质量发展、提高国家对林草业的监管水平具有重要意义。加快推进林草信息化示范区建设，在建立林草业信息化长效机制，实现高效、顺畅的信息采集、管理、利用和服务等过程中发挥了示范引领作用。

第二，推进林草信息化示范区建设是推动现代林草业建设的重要举措。推动信息化建设对优化林草业资源配置、提高经营管理水平、推进林草业科技进步等都有着积极作用。在推进林草信息化示范区建设的过程中，应积极借助信息技术手段探索林草业资源管理现代化，尝试扩展林草业信息服务，建立发达的林草业产业体系，等等。这样，通过建立起现代科学的林业管理体系，可加强对各项林草业重点工程的监管，形成运转协调、公正透明、廉洁高效的行政管理体制。

第三，推进林草信息化示范区建设是林草业创新发展的关键抓手。对此，应充分利用云计算、物联网、大数据、区块链等关键技术建设林草信息化示范区，为探索林草资源的监督管理和生态系统保护修复、建设全面精准安全高效的智慧服务提供较为完善的建设经验，这对提升林草资源的监测网络化、智能化、精细化水平，实现提升林草行业的现代化具有深远意义。

2. 现存问题制约着我国林草信息化示范区建设

当前，尽管我国林草信息化建设已取得了长足进步，但现有问题仍在一定程度上制约了林草信息化示范区的发展，主要表现在以下几个方面。

第一，基层设施建设相对薄弱。当前，我国乡镇林业工作站、国有林场等基层林业单位的硬件设施尚不够完善，存在缺少机房和基础硬件、设备更新滞后等问题；部分自然保护区、森林公园、国有林场等单位还没有接入林草业内网；红外监测、资源数据采集等设备不足，无法满足林草业管理、生态监测等工作的需求。

第二，数据采集相对落后。现有基础地理数据、林草大数据等尚不能满足林草业各项业务的需求。例如，在公共基础数据领域，地形图、遥感影像等数据存在共享难、使用难等问题；林业基础数据还没有形成全国"一张图"，无法进行综合分析应用；由于林草大数据之间的融合性不够、可比性较差，因此不利于林草业大数据的建设和应用。

第三，多领域信息化建设水平有待提升。一方面，生物多样性保护、林木种苗管理等信息化建设和以森林、草原等为对象的生态综合监测网络的体系构建尚不够完善，此外各省（区、市）数字林草业的应用系统建设相对独立、缺少互联互通；另一方面，林草业工作涉及大量的涉密空间信息，信息安全问题不容乐观，加之各基层林草业部门数据容灾能力较弱，无法提供全面的数据安全保障；等等。

3. 扎实开展林草信息化示范区建设

为推进林草信息化建设，提升林草业管理水平，应多措并举开展林草信息化示范区建设，实现我国林草事业的高质量发展，对此应重点做好以下几方面工作。

第一，夯实林草信息化建设的顶层设计。为此，应坚持"山水林田湖草沙冰"的一体化保护和系统治理，提升信息化管理服务水平；全面推行林长制，管好用好乡村生态护林员队伍；加大示范区建设的科技支持、资金支持，为推进林草治理体系和治理能力现代化、推动林草事业高质量发展打牢基础。

第二，发挥感知系统在林草信息化示范区建设中的重要作用。为此，应推动数字信息技术在感知系统建设中的使用，积极培育新技术、新业态，引领林草信息化建设跟上时代发展；健全配套网络安全、数据、应用系统等管理办法，以遴选林草信息化示范区为抓手，示范推广各地林草信息化建设的先进经验，并持续推进全国林草信息化技术培训、成果推广和合作交流；等等。

第三，充分发挥感知系统主体平台的作用。为此，应不断提升林草业信息平台的权威性和影响力，严格落实政府网站、微信公众号等的信息发布责任制度，发挥好林草业信息化媒体的桥梁纽带作用，加强信息宣传；按照国家林草业信息发展规划的部署，以林草生态网络感知系统、政府网站等为主要平台，不断提升林草网信平台的生态状况感知、数据空间治理、业务协同应用和安全运维保障等能力建设，打造共建共享共用信息化创新成果的新模式。

第四，推动林草"互联网+"政务服务体系建设和安全保障能力建设。为此，应推进地区"林草生态大数据库"建设，建立数据互相支撑、协调的联动机制，以有效应对各类突发事件，增强林草数据的容灾备灾能力。

五、建立农村人居环境问题在线受理机制

"十四五"时期是全面推进乡村振兴、建设数字中国的发力期。改善农村人居环境，建设美丽宜居乡村，是人民群众追求美好生活的迫切需要，是实施乡村振兴战略的一项重要任务。党的十八大以来，国家有关部门陆续发布了《数字乡村发展战略纲要》《数字农业农村发展规划（2019—2025 年）》《数字乡村建设指南 1.0》等多项政策文件，推动数字乡村建设迈向新台阶。《数字乡村发展行动计划（2022—2025 年）》提出了"十四五"时期的数字乡村发展目标、重点任务和保障措施，对数字乡村工作进行了全面部署，其中的"智慧绿色乡村打造行动"部分明确指出：提升农村人居环境治理水平，要以数字化技术为导向、信息化平台为承载，助推乡村建设发展。

2018 年，中共中央办公厅、国务院办公厅颁发了《农村人居环境整治三年行动方案》。自该方案实施以来，各地把改善农村人居环境作为社会主义新农村建设的重要内容，彻底扭转了农村脏乱差的环境局面。截至 2020 年，全国农村卫生厕所普及率已超过 68%，生活污水治理率达到 25.5%，生活垃圾收运处理行政村比例超过 90%，农村面貌焕然一新。

加强农村人居环境治理，形成全社会共同关心、共同参与的良好氛围，为广大农民群众营造干净整洁有序的生产生活环境，是顺应乡村全面振兴的形势需要，能够进一步增强广大农民群众的获得感、幸福感。

案例 30

商丘市打造农村人居环境整治"移动互联版"解决方案

商丘是河南省的地级市之一，位于河南省东部，是我国重要的物资集散中心和东西部地区的衔接处，市辖 10 704 平方千米。2021 年以来，河南省商丘市把"互联网+"技术创新应用于农村人居环境整治工作，运用信息化手段全程监管农村人居环境整治各项工作，走在了全省乃至全国的前列。商丘市探索解决农村人居环境整治方案的做法，与《数字农业农村发展规划（2019—2025 年）》提出的"要建立农村人居环境智能监测体系，引导农民积

极参与网络监督，共同维护绿色生活环境"的规划要求高度契合，目标同向。

1. "随手拍"，揪出问题一盯到底，实现人居环境整治全流程监管

商丘市农业农村局作为全市农村人居环境整治工作的部门，建立了周暗访、月通报、季观察、年考评的工作机制。由于其下辖 10 个县（市、区）、4 000 多个行政村、1 万多个自然村，农村人居环境整治工作量大、覆盖面广，仅靠传统工作方法推进效率低，很难形成人人参与的工作氛围，监管力度也大打折扣。为推进人居环境整治实现长效管理，做到实时数据分析和动态管理，商丘市决定运用"互联网+"技术来提高工作效率和百姓参与度，并为此聘请专业的物联网科技公司开发了手机端的"随手拍"功能，只需两步就能解决人居环境整治问题：第一步，市农业农村局要求全体员工并鼓励广大群众对发现的涉及提升村容村貌、治理垃圾污水、农村改厕等问题，使用手机随时进行定位、拍照、录像并生成清单，再上传到监管平台形成电子档案和电子地图；第二步，县级单位在收到问题清单后要查看问题类别及照片，利用手机端定位到问题所在点位并进行整改，再将整改结果用手机拍照上传后，由市农村人居环境整治办公室进行监督检查。图 7.5 为当地通过群众"随手拍"揪出问题、一盯到底的场景之一。

图 7.5

有了"随手拍",可以动态监管乡村环境治理中问题,通过发现、反馈、处理问题,市农业农村局得以在第一时间掌握乡镇、村垃圾、污水等问题的解决情况。在开展"随手拍"活动的半年多时间里,商丘全市共收到拍摄问题2 248个,其中2 241个已经整改完成。

2. "全市一张图",实现人居环境整治进展动态掌握,整治效果大幅提升

农业农村数字化的高级目标是一图观"三农"、一网管全程、一库汇所有。为此,商丘市初步构建了乡村振兴大数据平台,实现了以数字技术高效监管农村人居环境整治的目标,具体包括以下几个方面。

第一,构建"一村一档"和智慧地图的数据库。该数据库涵盖全市县(市、区)、镇、村的农业、畜牧等的各类数据和全部信息,全市4 415个行政村实现了"一村一档"。其中,各村档案包括基础档案、改厕进展、垃圾治理、主导产业等,此外采用地理信息系统(GIS)地图,实现了信息的全域覆盖和对信息的全面掌握。

第二,"商丘乡村振兴大数据平台"运行顺畅。通过手机登录"商丘乡村振兴大数据平台"App主页后,可发现有五个模块构成了商丘农村人居环境智慧监管的核心。其中,"智慧地图"模块涵盖了商丘市所有的县、市、区、镇、村的人居环境整治工作信息;"一村一档"模块储存了所有行政村的改厕、垃圾治理、主导产业等信息;"随手拍"模块按照环境治理的问题类别生成清单,并上传到监管平台形成村庄电子档案和电子地图;"垃圾清运"模块通过实时采集全市垃圾清运处理数据,将对垃圾的清运监管工作细化到了各个村庄;"新闻发布"模块则负责转载、发布国家、省、市相关的政策及各县(市、区)整治工作的先进经验。这样,只要打开手机,商丘市级管理部门就能实时了解到全市农村人居环境监管的全部信息,并可通过线上线下联动、暗访排查、专项督查等方式,科学、规范地推进农村人居环境整治工作。

3. 保洁清污手机抢单,农民既是参与者、受益者,也是监督员

商丘市利用手机定位功能和GIS地图技术,建立了全市改厕电子档案及电子地图,记录了户档基础信息,从而可以精准查询到每户的改造情况及群众对改造工程的满意程度。截至2022年,全市已录入改厕电子档案30多万户,乡镇改厕服务站已通过网上实现对农户抽污、维修等服务申请的受理。

此外,商丘市还通过开通垃圾清运公司端和垃圾清运司机端并结合车辆

定位 GPS 轨迹信息，使用联网定位实时采集全市垃圾清运处理的数据。当地预先设定每个村的预警天数，对于没能及时清运的地区，运用数据对清运公司的工作进行评价。不仅如此，通过信息化技术的应用，当地对垃圾处理也实现了跟踪管理，全市垃圾的处理量、处理去向、处理方式等都能细化到车，从而为后续的垃圾分类和资源化利用打下了基础。

如今，商丘市已经深刻体会到创新应用"互联网+"所带来的便捷和实效。商丘市的"一张网"下沉到县市区一级后，有效巩固了农村人居环境整治的成果，并顺利启动了长效管理模式。为实现市级层面的全程动态监管，商丘市不但明确将"一张网"深入县市区一级，还通过"一村一档""一户一码"等功能，使所有村民都成为农村人居环境整治工作的参与者和监督员，从而对推进农业农村数字化治理进行了有益探索。

资料来源：网信商丘. 商丘市打造农村人居环境整治移动互联版解决方案［EB/OL］.［2022-03-11］. https://www. thepaper. cn/newsDetail_forward_6361890. 有删改。

案例分析

1. 建立在线受理机制，从根本上改善农村人居环境

农村人居环境整治工作是乡村振兴的首场硬仗。对此，必须遵循乡村建设的规律和特点，加强规划和引导，因地制宜，注重建管并重，持续健康地向前推进。当前，各地在坚持高位推动和重点突破的同时，已分别就农村厕所革命、垃圾污水处理和村容村貌提升等任务出台了有针对性的解决措施。例如，河南省商丘市把"互联网+"技术创新应用于农村人居环境整治工作，以"全市一张图""一村一档""一户一厕一码"等为标志形成"一张网"，通过信息化手段全程监管农村人居环境整治各项工作，从而形成了"商丘经验"，值得向全国推广。

建立在线受理机制，对改善农村人居环境具有以下几方面积极意义。

第一，有助于提升农村人居环境监测系统化水平。适应信息化发展需要，创新农村人居环境治理思路和机制，通过推进农村人居环境监测数字化建设，发挥信息化平台覆盖全面、监控实时、智慧预测等优势，能够提升农村人居环境的整体效能。

第二，有助于提升农村人居环境服务水准。为满足广大农民群众的切身利益需求，加强数字化建设，推进农村人居环境问题在线受理、实时督办与效果点评等各项工作，能够提高政府部门的服务时效性，对百姓关心的问题在基层即进行有效化解。

第三，有助于农民多渠道参与人居环境的共建治理。农民是保护农村人居环境的主体，他们的积极参与能够让乡村变得更加美好。为此，应创新农民参与农村人居环境新路径，引导农民通过信息网络了解国家大政方针，参与解决乡村大事小情，在线反映合理诉求，从而形成共建、共管、共享的新格局，不断改善农村人居环境。

2. 我国农村地域广阔，人居环境整治工作的推进水平参差不齐

我国农村地域广阔，受基础条件所限，人居环境整治工作的推进水平参差不齐，环境监管领域仍存在一定问题，与乡村振兴、实现农村现代化还有一定差距：农村人居环境问题点多、涉及面广，表面上形势整体较为清晰，但对具体问题点上情况的把握还不够精准，特别是缺乏完备的人居环境动态监测机制与信息化手段，加之长期定位观测数据积累不足，难以提早预判、提前排除隐患，因而出现人居环境问题时往往不能够及时发现和解决。

农村人居环境治理事关广大农民群众福祉，深刻体现了党和国家为民办实事的坚定决心。但在各地推动政策落地落实的具体工作中，还存在标准执行不一、管理程序不清、服务水平不齐等情况，导致一些地方的群众没能充分享受到政策红利，从而影响了农民生活品质的实质改善。例如，有的地方的农民群众因在人居环境治理中的合法权益得不到有效保障，其参与积极性不高，主体作用发挥不充分，从而影响了农村人居环境的治理效果。

3. 发挥数字化应用导向，推进农村人居环境治理提档升级

农村人居环境治理的受益主体是广大农民。因此，在推进美丽宜居乡村治理过程中应特别注重发挥数字化应用导向，提高广大农民的获得感和参与度，具体包括以下几方面。

第一，加快推进数字化治理平台建设。应推动建立信息化管理平台，以县域为单元对农村环境污染重点地域、水域中的环保监管技术模式、运行使用、治理进展、权益主体等基础信息进行数字化管理；推进农村人居环境、生态环境保护监测体系全覆盖与大数据联网，完善数字化监测体系，做到精

准数据监测、规范分析、全面评估，并结合人居环境问题的源头预防、过程控制、末端治理等策略，为污染溯源、风险预警、惩治违法等行动提供数据支撑；通过互联网、移动终端 App、二维码等信息化手段，加强用户端和管理端信息的互联互通，改善环境监督管理的服务质量。

第二，完善数字化治理监管机制。为改善农村人居环境，应注重线上线下协调并重，明确农村人居环境数字化治理的监管内容，压实对农村人居环境的监测评估、投诉受理、监管监督等任务的实施主体责任；健全信息化监管平台运营机制，完善技术支撑服务与保障，构建政府引导、农户参与的农村人居环境数字化监管体系，培育实用型信息技术人员，提供农村人居环境监管便民服务，开通农村人居环境治理"网络监督申诉"端口，畅通移动终端 App、小程序等问题线索反映渠道，建立问题受理与限期反馈在线机制，提高问题解决效率；将数字化监管与服务实施效果纳入农村人居环境治理考核指标体系，督促有关政府部门运用数字化手段提升农村人居环境治理水平。

第三，赋能在线受理机制以数字化宣教功能。为此，应注重运用信息化平台打造线上交流界面，加大对生态环境保护、村容村貌改善、卫生健康知识和生活污水垃圾治理普及等的宣传力度，通过互联网、移动终端 App 等将政策宣讲传递到千家万户；利用数字化技术激发农民参与农村人居环境共治的内生动力，如利用网络平台推举农村人居环境治理的先进人物、宣传先进事迹、推广典型做法等；探索推进乡村治理数字化积分制，量化考核村庄环境卫生；帮助广大农民群众树立责任意识，提高其村庄环境保护意识与参与保护家园环境的积极性，使之自觉履行当家作主的权利、义务。

六、加强农村地区饮用水重点监测

农村饮用水安全是数字乡村的重点工程，是乡村振兴战略的主要保障。农村饮用水安全作为一项保民生、得民心、稳增长的惠民工程，是巩固拓展脱贫攻坚成果同乡村振兴有效衔接的重要考核指标之一。"十三五"期间，我国开展饮用水及农村环境质量监测，对农村"万人千吨"饮用水水源地开展水质监测，县级以上集中式地表水饮用水水源地监测率达到 97.8%，自动监测率达到 20.0%；29 个省（自治区、直辖市）自主开展了农村"万人千吨"饮用水水源地水质监测，并对 417 个必测和选测村庄开展了环境空气、地表水、饮用水源和土壤等质量状况监测，重点开展 6 666 公顷及以上农田灌区和日处理 20 吨及以上农村生活污水处理设施的出水水质监测。

为贯彻落实乡村振兴战略，提升农村饮水保障水平，2019—2020 年，中央财政通过水利发展资金累计安排 39.61 亿元，用以支持各地统筹开展农村饮水安全工程的维修、养护。2021 年，水利部联合发改委、财政部等 9 部委联合出台《关于做好农村供水保障工作的指导意见》，明确了农村供水保障工作的指导思想、发展目标、重点任务等。2022 年，水利部印发《全国"十四五"农村供水保障规划》，强调一是供水要有保障，到 2025 年全国农村自来水普及率达到 88%，到 2035 年基本实现农村供水现代化；二是水质要过关，农村集中供水工程净化消毒设施设备应配尽配，健全完善水质检测制度，进一步提升农村供水标准和质量。

根据国家卫生健康委的要求，2021 年全国城乡饮用水水质监测继续覆盖至全国所有省份的全部县区城区和 100% 的乡镇，并对农村饮水安全工程每年开展两次水质监测。与此同时，全国各地在推动农村饮水工程中坚持保供与保质并重，水质监测取得了良好的效果。

案例 31

攸县加强农村安全饮水水质监测，确保农村居民饮水安全

攸县隶属株洲市，位于湖南省东部罗霄山脉中段武功山西南端，因攸水流贯全境而得名，截至 2021 年，下辖 13 个乡级建制镇，4 个街道。攸县有大小河流 102 条，水利工程总蓄引提水量 6.45 亿立方米。针对当地水质污染易发问题，攸县多措并举，全面加强农村安全饮水水质监测，确保农村居民饮水安全。图 7.6 为当地对水质进行日常检测，对管网开展巡查。

1. 水质安全进家庭

以当地的联星街道大屋村为例，这里家家户户都安装了自来水，水源是本地山上的山泉水，水流来自 20 公里外的银坑山，通过自来水管道接进家家户户。大自然馈赠的山泉水冬暖夏凉，其水质也通过了有关部门的检测。

图 7.6

2. 多种检测保障饮水安全

2022 年 9 月间，持续的晴热高温天气致使攸县河湖水位低、水量少，产生水质污染的风险陡增。以石羊塘镇为例，镇上的金雄创自来水有限公司是当地唯一的"万人千吨"农村供水保障工程——管网 40 多公里，供水覆盖石羊塘镇 2 300 多户共 6 900 多人。旱情期间，公司检测人员认真负责，坚持对出厂水和水源水的水质进行采样，现场检测 pH 值、溶解氧、消毒剂制表等项目，确保及时发现水质异常情况，同时水厂每天都会对进出水质进行日常检测和抽样检测，采取多重措施保障水质安全。公司还加强对管网的巡查和维修，以确保旱情期间有效保障当地群众的用水安全。

截至 2022 年 9 月，攸县共建有农村集中式供水工程 58 处，供水总规模为每天 8 万立方米；采取水厂自检、县级日常检测、市级抽检等三级水质检测制度，科学制定供水应急预案，全面确保广大农村群众喝上安全水、放心水。

3. 加强水质检测，开发瓶装水产品

攸县黄丰桥镇泉塘村拥有大量原生态森林资源，且水资源丰富，水质清澈甘甜，有开发瓶装水的潜质。株洲市疾控中心是该村乡村振兴的后盾单位，拥有水质检测检验资质。2021 年，株洲市疾控中心派遣专业技术人员深入泉塘村采集水样，多次开展水质检测检验，从技术上支持泉塘村瓶装水产业的发展。为使该村水资源产品具有市场竞争力，株洲市疾控中心积极发挥自身技术优势，其驻村工作队根据水质检测结果，联合厂家开发瓶装水产业，以使更多的居民喝上放心水。

资料来源：罗武吉，李青．攸县：加强旱期农村安全饮水水质监测 确保村民用水安全 [EB/OL]．[2023－02－13]．https://hn.rednet.cn/content/2022/09/15/11828524.html．有删改。

案例分析

1. 对农村地区饮用水开展重点监测具有积极意义

水资源是维持生命存活的重要基础条件。农村地区饮用水安全事关广大农民群众最直接、最现实的利益，开展水质检测工作则是保障农村生活饮用水质量以及用水安全的有效途径。攸县把县域内农村供水工程的水质安全作为保障农村饮水的一项重点工作，采取严把指标、精准分析、因水施策等各项措施，确保农村百姓喝到安全水、放心水。

饮用水安全是筑牢民生底线的重要环节。评价饮用水安全的重要指标是饮用水的水质，水质监测则是掌握饮用水安全状况的重要手段。为确保农村饮水安全，就要加强对饮用水水质的重点监测，此举一是能够为农村饮用水安全提供必要的水质资料，指导农民安全用水；二是能够为突发性饮水事故提供应急监测和跟踪监测；三是能够为新建的供水项目提供科学的水源水质资料，确保饮用水水质安全。可见，加强对农村地区饮用水的重点监测，为提升乡村群众的生活品质提供了基础保障。

2. 影响我国农村饮用水安全问题依然存在

近年来，我国农村饮用水水质保障工作取得了显著成绩，但从水质监测情况来看，影响农村饮用水安全的问题依然存在，主要表现在以下几个方面。

第一，有关部门思想认识上存在重建设、轻监测的误区。长期以来，社会各界主要关心的是农村饮用水的用水量问题，为保障群众有水喝，各级政府也投入了大量资金来解决农村饮水问题。供水项目完工后，在水质达标的前提下，还需要定期对水质开展监测工作，但相关部门对饮用水的水质检测工作却不够重视。

第二，农村饮用水水质监测技术力量薄弱。由于农村地区范围广，水源地分布散、规模小，饮用水水质水量不稳定，导致监测难度大。加之各市县行政主管部门的监测体系不够健全，农村小规模集中供水工程缺少必要的设备和检测人员，分散式供水水质监测缺少定期监测的配套制度，现有的饮用水监测力量尚不能满足农村水质监测的需求。

第三，农村饮水安全管理机构缺失，管理水平较低。当前我国农村供水设施的建设标准总体还比较低，多数供水设施的设计不够规范，工艺简陋，缺少净水和消毒设施，大多数供水设施的升级、改造和提升工作尚不能及时开展；供水设施管理上存在点多、面广、量大等问题，且缺少后期的运行和维护管养。此外，对水厂的管理由于牵涉部门较多且相互间职责不清，水厂运行中缺少有效监管，导致饮用水合格率不高。

3. 全面开展农村饮用水重点监测，助力乡村振兴

全面开展农村饮用水重点监测是助力乡村振兴的重要举措。为此，要切实做好农村饮用水水质监测，动态掌握生活饮用水水质卫生状况和变化趋势，保证农民群众的身体健康和生命安全，用实际行动助力乡村振兴阔步前行。有鉴于此，特提出以下几点相关建议。

第一，加大水源保护工作力度，确保饮用水源水质安全。为此，应依法划定饮用水水源地保护区，制定农村饮用水水源环境保护规划并开展周边环境状况调查评估；水源地附近要坚持污染防治与生态保护建设并重，从源头确保饮水安全；加大对饮用水水源保护工作的考核和监管力度，特别是要对农村饮水取水安全标准、水源保护情况、工程运行管理情况等开展动态监测。

第二，切实做好农村饮水工程设施的提质增效工作。为此，要打破区域限制，充分发挥城乡供水的辐射作用，通过升级、改造、联网和城乡一体化建设农村饮水安全工程等举措，对既具有良好的山泉水源、浅层地下水源，又是农村居住分散的地方，在保证饮水环境和水质达标的前提下，可建造分散式供水设施，从根本上解决农村水厂小而散、饮水品质不高等问题。同时，应加大对农村自来水厂的监管力度，杜绝不合格的饮用水流入百姓家中。

第三，建立和完善农村饮水安全监测体系。为此，政府相关职能部门要尽快完善农村饮用水安全的监测体系，以规模较大的集中供水站为依托，建设区域农村饮水安全工程水质检测中心，增强农村供水水质自检和行业监管

能力；有条件的地区，可统筹考虑城乡供水水质检测工作，可结合疾控体系建设进一步提高基层卫生机构的饮用水监测能力和卫生监督力量；为提升监测准确性，应进一步完善基础数据库；从饮水安全监测网建设、水利综合信息数据库建设、农村产业用水工程项目数据采集建库、饮水安全网格化巡查监控等多方面入手，强化监管；推广饮水水源工程示范试点，做到实时监测，实现水厂、水库、水渠、水闸、人饮工程等相关专题数据在移动端、电脑端等的展示和应用。

第四，全面推进水质监测信息公开和公众参与。推进饮用水卫生监测数据信息公开的目的，是以公开促进监督，使百姓了解饮用水的安全达标水准。为此，政府要明确农村饮用水重点监测的工作方向，加大对农村饮用水安全重要性的宣传力度，调动和鼓励农民积极参与饮用水监测的建设与管理工作。

第八章　乡村公共服务效能建设

一、乡村"互联网+教育"建设

乡村教育是我国教育的重要阵地，推动乡村教育发展是实现乡村振兴的基础工程，提升乡村教育质量是实施科教兴国战略、实现教育现代化的重要任务，是我国基础教育发展的关键。数字技术的发展将互联网科技与教育领域相结合，新的教育形式"互联网+"也由此进入到乡村发展中，其便捷、实用、开放、跨越时空的优势赋予了教育全新的形态，实现了教育的公平，促进了教育资源均衡发展，满足了学生更多的需求，对乡村教育产生了颠覆性影响。

国家大力发展乡村基础教育信息化建设，有条不紊地推进各项举措落地。2006 年 5 月，中共中央办公厅、国务院办公厅颁行《2006—2020 年国家信息化发展战略》，明确指出要提升基础教育、高等教育和职业教育信息化水平。2012 年 6 月，教育部颁布《国家教育事业发展第十二个五年规划》，提出要加快实施教育信息化战略，不断提高各级各类学校信息化、现代化水平。2018 年 4 月，《教育部关于印发〈教育信息化 2.0 行动计划〉的通知》，明确了乡村"互联网+"的新方向，即以远程教育形式为主，全面提升教育信息化发展水平。2020 年 3 月，《教育部关于加强三个课堂应用的指导意见》发布，该意见针对农村薄弱学校和教学点缺少师资等问题，为保证国家规定课程的教学质量，以专题课堂、名师课堂和名校网络课堂等形式，采用网上专门开课或同步上课的方式，充分依托互联网，按照教学进度推送教育教育资源，以促进教育公平和均衡发展。2021 年 11 月，国务院印发《"十四五"推进农业农村现代化规划》，指出要加快数字乡村建设，加强乡村信息基础设施建设，提高农村教育质量，加快发展面向乡村的网络教育，等等。这些政策为广大农村地区振兴乡村教育提供了强大的动力引擎。

案例 32

"互联网+教育"让云南楚雄城乡教育走向"零距离"

楚雄市位于云贵高原中部，隶属云南省楚雄彝族自治州，面积 4 433 平方千米，市辖 12 镇 3 乡，是国家新型城镇化综合试点地区，同时是"全国教育信息化教研共同体协同提升项目"试点县。为加快推进地区教育现代化，根据《教育信息化十年发展规划（2011—2020 年）》《中小学教师信息技术应用能力标准（试行)》《楚雄州教育信息化建设实施意见》等国家和地方相关规定，楚雄市结合当地发展实际，开展数字乡村建设，在乡村大力普及与推广"互联网+教育"。

1. 各界助力互联网与教育教学深度融合

为给广大师生营造优质、便捷的教学环境，以中国初级卫生保健基金会为代表的多家单位为楚雄市中小学捐赠了 3D 打印机、平板电脑等教育信息化设备和教学资源。相关企业积极配合楚雄市推进的"国际互联网+教育专网"千兆到校、百兆到班工程，如 2019 年起中国移动向当地捐建学前教育专网、捐赠教学资源以及整套 DICT［指大数据时代数据技术（DT data technology）与信息技术（IT information technology）、通信技术（CT communication technology）的深度融合］信息化设备。截至 2021 年 9 月，楚雄市已经实现 144 所学校 1 271 个班网络全覆盖，为开展"互联网+教育"提供了强有力的网络保障。

2. 实现优质资源共享

楚雄市依托各类公共教育资源服务平台，采用城市学校与农村学校一对一结对帮扶的方式，以"专递课堂""名师课堂""名校网络课堂"等形式，积极探索促进信息技术与教育教学的融合应用，探索信息化背景下育人方式和教研模式，推动城区优质教育资源向乡村学校的覆盖，促进城乡教育"零距离"的实现。

楚雄市针对全市8个山区乡镇大力开展"双师"课堂。以该市北浦中学和鹿城中学为例，通过一名北浦中学主讲老师加一名鹿城中学辅讲老师的教学形式，在这两个学校之间开展跨区域协同集体备课、集体教研。图8.1为楚雄市"优秀教育工作者"李建国老师在北浦中学9年级2班的教室里带领同学们复习《直角三角形中的边角关系》。与此同时，鹿城中学的学生也通过网络视频实现了同步学习，辅讲老师也在现场针对学生的知识疑惑点进行答疑。

图 8.1

在"双师课堂"无法覆盖到的学校，北浦中学还通过网络直播课等形式，让市域内更多学生都能享受到优质的教育资源。例如，每年四五月份，北浦中学都会安排名师给全域内的毕业学生讲授专题复习课，每晚安排一科，每科保证在4课时以上。据统计，最多有3 000余人同时在线学习，人数超过了全市九年级在校人数的60%，教师的授课得到了学生和家长的一致好评。

3. 加强网络硬件设施建设

楚雄市还投入资金2 084万元，为学校配备更新LED多媒体教学一体机、"1+N"视频互动教学课堂、教师备课电脑、学生计算机教室等信息化设备，同时建成了一批包括沉浸式虚拟现实（VR）实验室、智慧"1+N"互动教室等在内的信息化硬件项目，为师生营造良好的教育教学环境。学生在VR实验室里，通过定位器和控制手柄就可以置身逼真的虚拟实验场景中，平日里书本上难以理解的图示模型，通过 VR 沉浸式学习则很容易理解并掌握。这些举措令师生们深刻感受到"互联网+教育"带来的教学创新。

4. 提升教师队伍建设

截至 2022 年 8 月，楚雄市共有 165 名州骨干教师，2 名云岭名师，18 名省级骨干、学术带头人，并有 36 人获得州级名校长、名班主任、名教师等称号，还组建了首批中小学名校长工作室。针对农村教师教学能力不够强、专业发展水平不够高等问题，楚雄市加大教师培训力度。截至 2022 年 8 月，共有 521 名学校管理干部、教师参加了州级以上组织的教育教学培训，有效提升了师资队伍的教学能力。

接下来，楚雄市将进一步构建网络学习教育体系。在推进教育教学资源共建共享的同时立足现有优质教育资源基础，发挥名师名课示范效应，探索网络环境下教研活动的新形态，既做到将优质教育资源引进来、本土化，还要满足学生对个性化发展和高质量教育的需求，同时不断加大乡村数字校园的建设力度，全面缩小城乡信息技术差距，以优质学校为主体，通过网络学校、网络课程等形式，全面推动楚雄市城乡教育的均衡发展。

资料来源：孙琴霞 . 探索"互联网+教育"，楚雄市推动优质教育资源向乡村学校覆盖［EB/OL］.［2022-12-03］. https://new.qq.com/rain/a/20211208A03BYD00. 有删改。

案例分析

1. 提升乡村教育质量，夯实乡村振兴基础

教育是国之大计、党之大计。把教育摆在优先发展的战略地位，是促进教育公平、改善民生的需要。从楚雄市开展数字乡村建设、推广"互联网+教育"取得良好的教学效果来看，在"互联网+教育"的背景下实施乡村振兴战略，提高了乡村教育水平，实现了乡村教育的现代化。

党的十八大以来，党和国家高度重视教育，始终坚持把教育放在社会主义现代化建设优先发展的战略地位，优先规划、优先投入、优先配置资源，教育成为全社会最关心最支持的事业。党和国家不断扩大教育投入，连续 10 年，国家财政性教育经费支出占国内生产总值（GDP）的比例都保持在 4% 以上，教育已成为财政一般公共预算中的第一大支出。

与此同时，教师规模不断扩大。截至 2022 年 9 月，10 年来，每年约有 5 万名高校毕业生到乡村中小学任教。迄今为止，"特岗计划"已累计招聘 103 万名教师，覆盖中西部地区 22 个省份、1 000 多个县、3 万多所乡村学校，有力地支撑了中西部农村地区教育。

教育信息化是信息化的基础和先导，是中国教育现代化发展的战略选择。尤其是近年来，我国大力提高学校信息化配置水平。2021 年，全国义务教育学校互联网接入率接近 100%，义务教育学校多媒体教室比例超过 70%，比 10 年前提高了 30 个百分点以上；全国小学、初中每百名学生拥有数字终端数分别为 14.9 台、21.0 台，比 10 年前分别增加了 8.4 台和 10.6 台。

近年来，乡村"互联网+教育"模式之所以得到了全社会的广泛认可，主要有以下几方面原因。

第一，改革了传统教育形式。乡村"互联网+教育"将教育信息化用技术赋能课堂内外，突破时空限制，高效益地向乡村学校传输教育资源，大幅改善了乡村教育的面貌，推动了乡村教育的发展，打造起乡村教育新模式。

第二，丰富了学生的课程体系。为适应社会发展的需要，学校通过互联网向学生输送优质的兴趣课程，丰富了学生的知识体系，激发了学习兴趣，创新了人才的培养模式，为学校开展个性化、智能化的教学探索提供了更多可能性。

第三，有效提升了教师的信息素养。乡村推进"互联网+教育"，转变了教师的传统教学思维，本地教师通过观摩、学习线上教学过程和教学方法等，获得了更多的学习机会，有效提升了自身的教育理念、信息素养、教学方法和课堂教学能力。

2. "互联网+"背景下乡村教学面临的现实问题

第一，乡村经济状况带来的限制。"互联网+"教育模式的重点之一是课堂教学与课后自主学习相结合。然而，在教学设备落后的乡村，存在电脑、投影仪等多媒体设备分配不均衡、更新不及时等问题。一部分家庭因为不具备网络及环境条件，学生尽管在学校学过多媒体课程，却在回到家中后无法进行必要的复习、预习。

第二，学生获取的网络知识内容良莠不齐。网络上各种错综复杂的内容，对于尚未形成稳定人生观的学生来讲，可能会对其造成一定的身心影响。

第三，教师应用信息化的能力有限。对于大多数乡村教师来说，网络信息化是一个崭新事物，仅有部分老师能够进行比较熟练的操作，其他大部分还处于摸索阶段。

3. 聚焦发展乡村"互联网+教育"，多措并举提升乡村教学质量

乡村"互联网+教育"的落脚点是提升乡村教育水平。要真正实现信息技术与教育教学的深度融合、创新发展，就要在教育和技术方面双管齐下，推动教育适应时代发展需求和技术发展的特性，发挥"互联网+教育"的最大优势，具体包括以下几个方面。

第一，加强乡村信息基础设施建设。对此，应积极推进数字乡村建设工程，加快农村光纤宽带、移动互联网数字电视网和下一代互联网发展，支持农村及偏远地区信息通信基础设施建设。

第二，完善国家数字教育资源公共服务体系，面向乡村学生输送优质教育资源。为此，应通过智慧校园、在线互动课堂等，改变教师教学方式，实现学校教育信息化、优质资源共享化、教育管理手段智能化。

第三，提升师生信息素养，提高乡村教师教育教学质量。对此，应推进县域内校长教师交流轮岗，支持建设城乡学校共同体；根据学科特点营造信息化教学环境，将课堂置于信息化环境中，发挥新型教学优势；支持网络协作教研，用信息化手段改变教研模式。

第四，面向乡村重点群体开发涉农教学资源，提升乡村劳动者的就业创业能力。对此，应开发适应"三农"特点的信息终端技术产品，以服务现代农业为目标，开展新型职业农民培训；开发与乡村振兴战略相关的特色课程及教学资源，完善面向农业农村的综合信息服务体系。

二、推进乡村"互联网+医疗健康"建设

乡村振兴，人口是关键，健康是保障。党的二十大报告指出，推进健康中国建设，要把保障人民健康放在优先发展的战略位置，完善人民健康促进政策。为此，要坚持以人民健康为中心，建设中国特色优质高效的医疗卫生服务体系，不断增强人民群众的获得感、幸福感、安全感。

为提高百姓健康水平，缓解乡村看病难就医难问题，国家提倡以数字技术的发展为基础，将信息技术与传统医疗健康服务深度融合，创新乡村医疗

健康服务模式。2015 年 7 月，国务院印发《关于积极推进"互联网+"行动的指导意见》，推广在线医疗卫生新模式，提倡利用移动互联网提供在线医疗卫生服务，引导医疗机构面向中小城市和农村地区开展基层检查、上级诊断等远程医疗服务。2016 年 10 月，中共中央、国务院发布《"健康中国 2030"规划纲要》，强调推动健康科技创新，建设健康信息化服务体系。2018 年 4 月，国务院办公厅印发《关于促进"互联网+医疗健康"发展的意见》，就促进互联网与医疗健康深度融合发展作出部署。由此可见，国家已确定发展"互联网+医疗健康"服务模式，着力从健全"互联网+医疗健康"服务体系、完善"互联网+医疗健康"支撑体系、加强行业监管和安全保障等方面推动"互联网+医疗健康"领域的发展，并特别强调农村地区要积极发展"互联网+医疗健康"，要引入优质医疗资源，以提高医疗健康服务的可及性。

案例 33

借助"互联网+"，广东阳山优化农村医疗服务

1. 手机问诊：远程会诊，网上转诊

阳山县隶属广东省清远市中部，地处粤桂湘三省区交界，该县群山环抱，是一个脱贫摘帽但还存在因病返贫风险的地区。当地部分村镇医疗条件较为落后，群众需要长途跋涉出外就医。随着"互联网+"技术的普及应用，当地百姓用上了人工智能医疗设备，足不出户就能看上省城名医。通过网络医院，医疗专家可远程指导这里的村医开展治疗、检查工作；当地村医通过操作智能设备，令看病诊治工作更加精准；建成的网络平台帮助基层医生提高诊疗技术，并优化了医疗服务。

2020 年 1 月，阳山县七拱镇隔坑村一位 80 多岁的朱群娣老人，早晨起床后一直头晕，还差一点晕倒，于是她儿子赶紧找来村医黄素英。黄村医先给老人量血压，再用手机上的"智慧医生"问诊，并在诊断为高血压后立即连线了广东省第二人民医院的专家。经过专家指导，黄村医给老人对症下药。一年多来，朱群娣老人按时服药，血压控制得很稳定，身体状况一直不错。

2. 全覆盖：网络医院接入村卫生站

早在 2014 年，广东省第二人民医院（以下简称"省二医"）就建成了网

络医院，通过远程会诊、网上转诊等形式，将省级三甲医院的优质医疗服务下沉到了基层。2015年，阳山县请来省二医专家对口帮扶县医院。为了解决阳山县医疗资源相对匮乏、从医专业人员较少的问题，省二医决定把网络医院的触角延伸到村卫生站，于是帮助卫生站配备了电脑、连上了网络、安装了系统，并专门对村里的医护人员进行了培训，帮助村里实现了"互联网+"医疗。阳山县人民医院搭建了一个网络医院平台作为中转站，一头连接乡镇卫生院、村卫生站网络医院端口，另一头则直接连到省二医各临床专科医生的办公桌端口。近些年来，广东省还深入开展健康扶贫"AI医生进乡村"工程，目前已经建成"省-县-镇-村"四级远程医学的网络医院体系。

2020年夏，阳山县58岁的村民邓伯因突发胸口疼，被紧急送往黎埠镇大塘村卫生站。村医王玉莲手脚麻利地为邓伯接上远程心电设备，并打开网络医院平台，请县医院和省二医的专家会诊，最终确诊为急性心肌梗死。在两级专家的指导下，王玉莲给邓伯紧急服用了阿司匹林等药物。会诊后的一个小时之内，邓伯就通过"绿色通道"转诊到了县人民医院。毫不夸张地说，网络医院救了邓伯的命。

现在，网络医院在阳山县各镇各村运行顺畅，普及率也越来越高。例如，大崀镇一村民多年慢性胃炎反复发作，长时间没有好转。卫生站开通网络医院后，村医黄洪基连线省二医中医科专家为其对症开药方，该村民坚持服药后，药到病除。现在，越来越多的村民愿意来网络医院就诊看病。

3. 智能化："互联网+"医疗跃上指尖

2019年9月，广东省卫健委统一部署，给全省2 277个贫困村的每名乡村医生配备了一套人工智能设备包，里面心电监护仪、血糖仪等一应俱全。与之前配发的设备的区别在于，这套设备全都连接互联网，病人佩戴后，检测到的数据、拍到的影像资料能够实时上传到县医院和省二医。同时，省里还给每位乡村医生配发了一款已经安装了网络医院远程系统的智能手机，可以让人工智能实时帮助诊断。由省二医孵化、已经开放给公众免费使用的手机应用程序"叮呗医生"也已被引入阳山县，成为村医手机里随时可以问诊的智能助手。"叮呗医生"存储着村民的就诊档案，现在打开手机蓝牙，在村民家里就能做检查，不到一分钟就有专家跟村医连线，不仅能指导怎么处理，而且能安排病人转诊，村民再也不用跑几十公里去外地医院做检查了。图8.2

展现了"互联网+"让当地医疗扶贫从桌面转战指尖的生动场景。

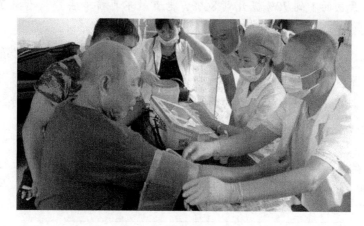

图 8.2

4. 带队伍："云课堂"助力基层医生成长

随着公共交通、网络技术的运行通畅，镇上卫生院也变得更加忙碌起来。实践证明，远程医学平台不仅能帮助偏远地区的困难群众，而且能提升基层卫生院的医疗水平。

地处山区的黎埠镇，常有骑摩托车的村民摔倒受伤。以往，镇上卫生院的骨科只能对此进行简单处理。随着阳山县远程医学中心黎埠镇卫生院分中心的上线运行，该卫生院骨科医生袁小明通过每周一次的病例讨论、随时开展的网络会诊、不间断的远程学习，收获很大。经过线上线下学习，袁医生不但能进行关节脱位、关节外手术，还能开展外伤合并骨折、皮瓣移植等手术，手术技能有了很大提高。随着远程诊疗的普及，黎埠镇卫生院的医疗水平得到大幅提高，医疗服务能力也取得了明显提升。为满足患者的需要，该卫生院还盖起了门诊楼、中医馆等，接诊能力也有了明显提高。

对于镇卫生院一时解决不了的问题，通过接通远程平台，也能让基层诊疗的预案处理、手术选择更加科学，分级转诊也更加顺畅。例如，当地一名60多岁的大爷做家务时不慎摔倒，被送往黎埠镇卫生院拍片后显示胸椎多发性骨折，经过省二医、县人民医院专家的远程会诊，当地卫生院第一时间妥善处理好病人，并经"绿色通道"将其快捷送至县医院，免除了病人的后顾之忧。

近年来，阳山县医院已开展了约80项新业务、新技术，填补了技术空白，部分技术项目甚至达到省级前沿水平。经过几年帮扶，阳山县域内的住院率已从最初的不到70%提升到86%，老百姓不再挤着去广州看病了，连外出务工人员生病后都选择回乡治疗。

现在，更多的基层医生决定回乡扎根，越来越多的村民也选择在家门口看病。未来5年，阳山县计划进一步增加对镇卫生院和村级医疗设施、人员的投入，与省里的帮扶团队大力协同，同步推进线上和线下的诊疗工作，用家门口的优质医疗资源为村民带来更多的健康福利。

资料来源：贺林平，姜晓丹. 借助"互联网+"，广东阳山优化农村医疗服务［EB/OL］.［2022-03-25］. http://www.xinhuanet.com/webSkipping.htm. 有删改。

案例分析

1. 建设健康乡村，助力乡村振兴

党的十八大以来，健康中国建设驶入了快车道，乡村卫生服务能力稳步提升。完备的乡村医疗卫生体系是全面推进健康中国建设的迫切要求，也是全面推进乡村振兴的应有之义。阳山县借助"互联网+"，构建了适应乡村特点的远程医疗服务体系，让广大农民群众能够就近获得公平可及、系统连续的医疗卫生服务，从而带动了乡村高质量发展。

2022年《中西部地区乡村卫生健康服务质量提升重点分析报告》显示，我国人口老龄化形势日趋严峻。国家卫健委公布的数据表明，2021年我国65岁以上人口占比已经达到14.2%。为保障人民健康，均衡布局优质医疗资源，近年来，各地大力推动县域医共体建设，扩大乡村卫生人才队伍，不断提升乡村卫生部门的能力和水平。同时，为提高乡村医疗机构的医疗服务能力和水平，进一步发挥其保障居民健康的能力，对于医疗资源配置不足的基层、偏远地区，国家鼓励其依托信息化技术，大力发展远程医疗服务，助力乡村振兴。

2. 推进乡村"互联网+医疗健康"任重道远

当前，我国乡村在推行"互联网+医疗健康"发展过程中遇到不少挑战，主要包括以下几点。

第一，由于资金短缺、人才匮乏，互联网医疗在农村地区的影响力还比较小，基层医疗机构就医服务水平还不高。

第二，互联网医疗平台业务结构尚不完善，还未实现"一站式服务"，如大部分互联网医疗平台提供的服务主要围绕线上预约、信息共享、经验交流等医疗服务展开，还没有充分发挥医疗平台的作用；各医疗机构使用的信息系统不同，标准化水平不高，相互之间难以实现连接和信息共享。

第三，互联网诊疗的准入门槛、从业规范、监督管理等相关标准不够健全，处方药处方未经审核销售、处方用药不规范不适宜等行为明显，从而直接影响了居民接受、使用互联网诊疗的范围和程度。

3. 多举措大力度推进乡村"互联网+医疗健康"顺畅发展

为大幅提升乡村医疗健康水平，需要多管齐下，齐头并进，具体应做好以下几个方面。

第一，夯实"互联网+医疗健康"支撑体系。为此，应运用大数据、云计算、5G等先进技术全面打造医疗数字化乡村，推进全民健康信息国家平台建设，统筹推进省市县乡全民健康信息平台建设。

第二，提升远程医疗网络，实现区域内医疗信息共享。对此，应整合县域内公立医疗和乡镇卫生院医疗资源，组建医疗集团，形成县乡一体、以乡带村、分工协作、高效运转的医疗卫生服务新体系；建设覆盖乡村医疗卫生机构的信息网络、网络门诊系统分级诊疗及双向转诊系统等信息平台，实现区域内医疗信息的互联互通。

第三，推动优质医疗资源"上下联动"。为此，应重点建设信息管理中心、远程影像诊断、远程心电诊断、远程病理诊断和远程会诊等业务中心，建设分级诊疗云平台，实现乡镇医院检查、县级医院诊断、疑难病例由市级医院诊断等服务，并探索高效服务新模式，实现市、县、乡三地医生"屏对屏"实时沟通和会诊。

第四，下沉基层慢病用药范围。依托"互联网+"，通过专线将县级医院系统的信息延伸到卫生院，在乡镇卫生院原有用药目录与采购流程不变情况下为患者提供个性化的合理用药指导，使群众在乡镇也可同享县级医院的诊疗和药品服务。

总之，依托乡村"互联网+医疗健康"的顺畅发展，既能实现医疗联合体内部的资源均衡配置，也能将优质医疗资源精准辐射到资源相对短缺、服务基础薄弱的广大农村地区，使高质量的基本医疗卫生服务惠及更多的乡村百姓。

三、农村社保与就业服务信息化

社会保障是保障和改善民生、维护社会公平、增进人民福祉的基本制度保障，是治国安邦的大问题。农村社保与就业服务信息化是推进基本公共服务均等化的基础工程，是服务乡村联系百姓的桥梁纽带，是民生事业的重要体现。近年来，中央不断推动完善社会保障体系建设，持续推进乡村就业社保服务"小平台"建设，延伸服务深度、提高服务层次，着力解决基层群众就业社保"大问题"。

党的十八大以来，我国社会保障体系建设进入了快车道。2018 年 9 月，中共中央、国务院下发《乡村振兴战略规划（2018—2022 年)》，指出"按照兜底线、织密网、建机制的要求，全面建成覆盖全民、城乡统筹、权责清晰、保障适度、可持续的多层次社会保障体系"。截至 2022 年 4 月，全国基本养老失业保险人数为 10.3 亿人，失业保险人数为 2.3 亿人，工伤保险人数为 2.8 亿人，形成了具有鲜明中国特色、世界上规模最大、功能完备的社会保障体系。与此同时，我国也高度重视农村劳动力的就业问题，农村劳动力就业质量不断提高。截至 2021 年末，我国农民工总量为 29 251 万人，比上年增加 691 万人，增长 2.4%。

为满足时代发展的需求，聚焦完善农村社保与就业服务，2022 年，中央网信办等 10 部门印发《数字乡村发展行动计划》，强调稳步推进乡村基层社保公共服务平台建设，建立健全全国统一的农民工综合信息系统，加强乡村公共就业服务信息化建设，为农村居民提供及时、有效、便捷的就业信息服务，切实帮助有需求的乡村百姓解决就业和社会保障问题，不断推动全社会的发展，满足人们对美好生活的向往。

案例 34

广西白色抓好村级惠民"小平台"，发挥人社服务"大作用"

百色市位于广西壮族自治区西部，总面积 3.62 万平方千米，全市下辖

12 个县（区），人口 378 万人，有壮族、汉族、瑶族等 7 个民族，其中少数民族占其总人口的 87%。百色市是集革命老区、少数民族地区、贫困地区、水库移民区于一体的特殊区域。

近年来，百色市人社部门以人民为中心，把满足人民群众日益增长的公共服务需求作为保障民生的头等大事，坚持两手同时抓，一手抓完善村级就业社保平台建设，一手抓基层服务延伸工作，围绕平台建设"五个化"，持续提升人社服务"五个度"，充分发挥了基层公共服务平台的功能作用。图 8.3 为百色市推广村级社保平台建设中的有利举措（部分）。

图 8.3

1. 围绕平台建设标准化，延伸人社服务"广度"

2020 年 6 月，百色市完成了 1 798 个行政村和 30 个 800 人以上易地搬迁安置点的村级平台建设提升工作，达到了有人员、有场地、有设备、有流程、有网络、有经费的"六有"标准，实现了从市级到村级的四级服务体系全覆盖。由此，村民在村级平台就可以享受到职业培训信息查询和报名不出村、求职登记不出村、获取用工信息不出村等就业公共服务，以及参保登记不出村、领取待遇不出村、权益查询不出村、社保卡服务不出村等社保服务，这一村级平台给当地百姓带来了生活上的极大便利。

2. 围绕平台管理规范化，拓展人社服务"深度"

2021 年底，百色市出台了《乡村振兴村级就业社保服务平台能力提升三年行动方案（2021—2023 年)》。该方案以群众需求为导向，部署了提升就业服务质量、延伸社会保险经办服务、业务系统线路升级改造等主要任务；完善了各项工作制度，明确了重点工作、提升内容、考核标准等任务清单；规范了平台管理，精准开展就业社保服务；拓展了服务功能，不断提高村级服务平台经办能力，致力于打造适应乡村振兴建设发展需要的村级就业社保服务平台。

3. 围绕业务办理高效化，加大人社服务"力度"

百色市深入推进从自治区到乡村的"数字人社"信息网络互联互通工作。从 2021 年起，当地在加大服务平台信息化建设力度的同时，又开办了服务平台业务新模式。例如，在全市 1 798 个行政村配备了连通广西数字人社经办管理信息系统的"广西人社村级服务平台自助终端"。参保群众在这一平台上能够自主办理参保信息查询、待遇查询、资格认证等业务，既方便又快捷。这一终端高效整合了 20 项常用的社保就业服务，既简化了基层的业务经办流程，又进一步提升了人社信息化便民服务的水平。

4. 围绕工作队伍专业化，提升人社服务"温度"

百色市加强人员队伍建设，实现人员配备"全覆盖"，每个村级平台均配备 1 名以上村级协管员，全市共配备了 1 829 名村级协管员。为了提升基层平台工作人员的综合素质和业务能力，县级人社部门每年定期开展村级协管员业务系统培训。为了进一步稳固民生福祉，充分发挥村级协管员贴近群众的优势，百色市实施全民参保计划，推广普及养老保险，截至 2022 年 3 月已有293.16 万人入库参加基本养老保险，参保率达 95.42%。此外，百色市依托村级平台掌握劳动力就业动态，开展精准就业帮扶。2022 年 1—3 月，全市已外出务工农村劳动力 100.47 万人，已外出务工脱贫劳动力 44.75 万人，易地搬迁安置点实现 1 户至少 1 人就业的脱贫户达 41 154 户。

5. 围绕通信维护常态化，提升人社服务"速度"

自 2021 年 11 月起，百色市启动村级就业社保服务平台线路升级改造工程，落实自治区专项补助资金 180 万元，解决了村级平台存在的网络故障频发、网络慢等问题。2022 年 2 月，百色市与各运营商签订村级就业社保网络升级改造项目合作协议，行政村网络带宽扩容至 100 兆。为确保平台正常运转，运营商按照协议要求为村级平台提供日常通信传输、故障维护等相关服务，以更好地服务乡村百姓。

资料来源：程芃芃. 抓好村级惠民"小平台"发挥人社服务"大作用" [EB/OL]. [2022 - 05 - 13]. https://view.inews.qq.com/k/20201113A099BT00? web_channel = wap &openApp=false. 有删改。

案例分析

1. 信息赋能，农村社保与就业服务取得新突破

乡村振兴离不开信息化建设，为此要充分发挥信息技术对乡村振兴发展的驱动、引领作用，不断推动农业农村现代化发展。百色市以信息化赋能社保与就业服务，打造符合新时代农村建设发展需要的就业社保服务平台，以信息技术推动人社服务的业务转型和流程优化，从而实现了为农村社保和就业服务最后一公里提速助力的目的。

推进农村社保与就业服务信息化对乡村治理现代化具有积极意义，主要体现在以下几个方面。

第一，有助于提升社保部门工作效率。将信息化技术融入农村社保与就业服务工作中，提高了数据的更新速度，帮助社保部门准确掌握农村劳动力现状及社会保障情况；工作人员可以在短时间内掌握数据的深层次信息规律，为政府科学决策提供必要的信息支撑。

第二，有助于增强社保部门服务乡村的能力。对农村社保与就业情况的信息化建设实现了由人工服务向自动服务的转变，以及由同一时间服务一人向同时服务多人的转变。这样既丰富了工作人员的服务类型，又提高了服务质量和效率，并在节约时间的基础上提升了个人的工作能力，真正做到了服务人民群众、实现民生保障的政府职能。

2. 农村社保与就业服务信息化建设有待完善

当前，各地乡村社保与就业服务部门通过探索与实践，正逐步开展信息化建设工作。但现阶段的发展情况仍有待进一步完善，主要表现在以下几个方面。

第一，信息平台建设与政策出台尚不能做到同步推进。虽然各社保与就

业服务部门正在逐步完善相应的信息化建设方面的基础设施，但还不能做到与发展日新月异的信息技术同步推进。有的地方出现了落后于现有技术水平的盲目建设，有的地方则缺少主动执行力，这在一定程度上阻碍了相关政策的执行。

第二，在资源共享等方面的建设力度有待进一步加大。当前，有的乡村社保与就业服务信息化平台只依据基础的指标进行建设，欠缺检索与编辑、地方特色等功能，也欠缺特殊项目的进展（如群众意见反馈）等功能。加之有的地方因经费有限，硬件设备得不到进一步完善，软件的升级更新也遇到一定困难。

此外，由于信息化人才稀缺，承担乡村社保与就业服务信息化平台业务的工作人员能力相对较弱，难以承担起信息化建设的重任，致使平台的服务质量得不到保障，直接影响到相关政策的有效落实。

3. 多措并举完善农村社保与就业服务信息化

针对现存问题，应利用网络信息多元化功能，坚持规范打造，不断完善农村社保与就业服务体系，具体包括以下几方面工作。

第一，依托社保与就业服务平台摸清农村劳动力资源情况，建立贫困劳动力数据库，动态掌握乡村百姓的就业需求。例如，线上通过创建微信公众号、开发"公共就业服务系统"等，拓展就业服务；线下开展信息登记，将就业服务延伸到群众身边，从而以"线上+线下"的优质服务，实现对农村劳动力的精准就业帮扶。

第二，完善现有制度，搭建信息化平台。政府职能部门应对现有农村社保与就业服务信息化制度（特别是数据的管理和使用）进行优化和完善，保证参保人员的信息真实有效。相关部门在进行管理信息时，应规范数据查阅权限、数据共享权限等；要搭建统一、规范的服务信息化平台，并根据技术创新对其进行不断优化；通过研发电子政务、网上办事等平台功能，为乡村群众提供特色服务。

第三，明确信息化建设标准，规范建设行为。农村社保与就业服务部门要明确信息建设标准，确保工作人员在数据整理、信息录入、信息传输等过程中，以统一的标准开展工作，为数据共享做好准备；在建设平台时，职能部门要为一线建设人员提供建设标准，使平台在处理数据时做到及时有效、细致精准、安全保密，让群众放心。

第四，加强人才队伍建设，提高人才专业性。政府职能部门要做好服务信息平台人员的分配和管理工作，完善相关培训、考核机制，并出台激励政策，引导技术人员不断提升专业能力；培养信息化建设所需的高素质专业技术人员队伍，为平台建设与运营提供人才保障。

四、面向农村特殊人群的信息服务

乡村治理是国家治理的基石，公共服务是经济社会稳定之本，乡村治理与公共服务的水平直接关系到乡村振兴战略的实施和农村农民的生产生活。随着信息技术的广泛应用，我国着力发挥信息化在推进乡村治理体系和治理能力现代化中的基础支撑作用，为提升社会治理效率、降低社会交易成本、合理配置社会资源、实现乡村振兴提供了有力支撑。

党的十八大以来，我国在民生服务方式更加用心用力，并通过数字便民实现普惠共享。截至 2022 年 5 月，我国累计支持全国 13 万个行政村光纤网络建设和 6 万个农村 4G 基站建设，目前行政村通宽带比例已提升至 100%，贫困地区通信难问题得到历史性解决。

2019 年 5 月，中共中央办公厅、国务院办公厅印发《数字乡村发展战略纲要》，强调加快完善农村信息服务体系。2022 年 5 月，民政部、中央政法委等 9 部门印发《关于深入推进智慧社区建设的意见》，指出要充分运用现代信息技术，不断提升城乡社区治理服务智慧化、智能化水平，并对消除"数字鸿沟"、保障特殊群体权益等提出了对策、要求。

2022 年 5 月，在世界电信和信息社会日大会上，中国信息通信研究院发起成立了我国首个数字适老化及信息无障碍联盟，聚焦老年人、残障人士等特殊群体，推进数字适老化及信息无障碍建设，重点消除他们在信息消费资费、终端设备、服务与应用等方面的障碍。目前，已有 800 多个政府单位完成了信息无障碍服务平台建设，超过 3 万个网站实现了无障碍功能，市场上的主流国产手机也都已具备无障碍模式或者极简模式。

案例 35

江南木溪口"户户通"为特殊群体架起"信息桥"

位于湖南省益阳市安化江南镇，有一个名叫木溪口村的老村落，距离县城 28 公里，全村面积 15.3 平方千米，四面密林环抱，山林面积达 15 282 亩，属于典型的山区地貌，村辖丛竹、木溪、建安、里坪 4 个老村，原有贫困户 113 户 405 人，贫困发生率达 18%，是当地出名的贫困村，2018 年摘帽脱贫。

脱贫摘帽不是终点，而是新生活的起点。为实现脱贫攻坚与乡村振兴的有效衔接，2021 年，湖南广播影视集团向木溪口村派出了乡村振兴驻村帮扶工作队，工作队成员都是年富力强的专业人员。工作队驻村后，立即开始摸底调研，他们从制约乡村发展因素着手编制了《2021—2022 乡村振兴工作初步规划》，结合村情民情，利用广电帮扶优势，在发展农村产业的同时推进精准帮扶。

村民陶雨霞是村里的养鸡户，其经营一直比较困难，只能算是勉强维持。在驻村工作队的帮助下，她开始尝试通过视频直播售卖家里的农产品，第一次直播就卖了红薯片、红薯粉、花生等农产品将近 100 斤，这大大增加了她做网上销售的信心。从 2021 年 6 月起，陶雨霞扩大了黑土鸡的养殖规模，她通过电商平台和直播平台，把黑土鸡销售到了全省各地。到 2022 年 1 月，她光是卖黑土鸡就进账了约 27 万元，带领全家走上了致富的道路。现在，木溪口村着重打造黑土鸡生态养殖品牌，当地养殖的黑土鸡供不应求，成了安化最火的"土鸡名片"。

驻村工作队很关注特殊群体，想方设法给他们以更多的关爱和帮助。在当地，每户易致贫家庭都配有一名工作队队员、一名村干部和一个后盾单位，针对每户家庭的实际困难，采取专项精准帮扶措施。为解决特殊群体看电视难的问题，驻村工作队联合湖南广播影视集团覆盖传输中心党支部，发挥专业优势，以实际行动践行初心使命，为 28 户脱贫群众和残疾家庭免费安装了直播卫星接收器。木溪口村村民陈燕容已瘫痪在床 9 年，3 个女儿都已经出嫁，丈夫在周边务工，平时就她一个人在家。在驻村工作队的帮扶下，她家里也装上了有线电视，现在天天都有电视信号，她的生活也丰富多了。图 8.4 为湖南广播影视集团专业技术人员为当地群众安装卫星接收器。

村民陶志备家里穷，他又喜欢打牌，对家里照顾少，老婆一气之下同他离婚走了，留下他和女儿一起生活。2021 年 5 月，村里准备修建文化广场，想征收他家的木房，他不同意。驻村工作队队长李振和村干部多次从村里的整体规划角度出发做他的工作，他最终同意搬迁，也认识到要靠自己的双手

图 8.4

勤劳致富。依靠村里搭帮和驻村工作队的帮扶，他新盖了一栋三层的楼房，计划楼上开农家乐，做民俗客栈，楼下开一个做土菜的餐厅，空闲时间经营小卖部、搞搞养殖，从此好好经营自己的小日子。

此外，驻村工作队还积极发展乡村教育事业，并多次组织爱心志愿者参与公益助学活动，资助家庭困难的学生。2021 年，木溪口村有 8 名学生考取了大学本科，爱心志愿者当即同家庭经济条件困难的学生达成了结对帮扶意向。受资助的同学们都表示今后要努力学习，成为有用之才，学成之后回报家乡、回报社会。

与此同时，驻村工作队还不断推动村里文化的发展，如联合湖南科技大学志愿支教服务队、芒果 V 基金等共同打造木溪口村芒果儿童合唱团。合唱团成员都是当地的中小学生，孩子们通过参与这项文化活动而变得更加快乐和自信。此外，村里的芒果儿童之家、艺术工作室等，也成为发展当地乡村文化的重要平台。

湖南广播影视集团工作队驻村以来，村容村貌发生了很大的改变。全村基础设施建设更加完善，建成了一座集综合广场、供销社、便民服务大厅等功能于一体的现代化群众性文化广场，这座广场已成为播撒乡风文明种子的重要窗口，并带动了当地集体经济、合作经济的快速发展。此外，村里还修建了美丽的屋场，兴建了遍布各主干线和路口的亮化工程，解决了群众饮水难问题，建设了通畅的村级公路，铺设了覆盖全村的通信光纤网络，进行了电网改造，农业和文旅产业也得到空前发展。这些举措大幅提高了村民们的幸福感、获得感、满足感。如今，木溪口村贫困发生率仅有 0.18%，脱贫攻坚成果同乡村振兴衔接得到有效巩固，该村已经由欠发达村庄变成了乡村振兴网红村。

资料来源：李振. 乡村振兴看安化：江南木溪口"户户通"为特殊群体架起"信息桥"[EB/OL].〔2022-06-17〕. https://www. 163. com/dy/article/HA3F98LH0514EV7Q. html. 有删改。

案例分析

1. 完善面向农村特殊人群的信息服务具有重要的现实意义

当前，社会正在推进数字化发展转型。为此，更要完善面向农村特殊人群的信息服务，助力老年人、残疾人等重点群体共享便利数字生活，从而继续提升数字惠民水平，做到在共享发展成果的路上"一个都不能少"。湖南广播影视集团工作队进驻江南镇木溪口村的案例，充分体现了其在数字惠民之中的作为：发挥企业行业优势，开展信息化建设，大力帮扶农村特殊人群，让乡村百姓拥有更多获得感和幸福感。

完善面向农村特殊人群的信息服务对乡村振兴具有的重要现实意义，主要体现在以下几个方面。

第一，这是健全社会服务体系，推动乡村信息化建设的需要。面向农村特殊人群的信息服务，有效解决了有限的公共资源在各村庄之间分配严重不均的现实问题，从而实现了农村特殊人群享受信息服务时的均等化、福利最大化。

第二，有助于提高政府职能部门的工作效率。通过网络平台实现资源共享，有助于整合多个职能部门和社会组织的信息资源，从而帮助政府各职能部门间实现信息资源共享，提高帮扶弱势群体时的工作效率。

第三，有助于政府职能部门开展针对性帮扶举措。对于社会特殊群体的帮扶，可分为补偿性帮扶和发展性帮扶两类。补偿性帮扶是指保障困难群众的基本生活需求，属于输血式帮扶。针对特殊群体，在开展补偿性帮扶的基础上，还要增加发展性帮扶，即通过教育培训和职业技能引导，帮助残障人士、低保人员等掌握一技之长，使其通过学习提升，找到适合自己的谋生手段。此举旨在促进特殊群体自立自强，增加和提升其社会参与的机会和能力。

第四，有利于社会捐赠渠道的进一步畅通。实践证明，完备的信息可以充分调动社会公众的慈善意愿，促使更多社会力量加入帮扶困难群众的队伍中来。

2. 信息时代发展给农村特殊人群及其配套服务带来挑战

信息技术的飞速发展给人们的生活带来了诸多便利。但是，一些农村特殊人群尚无法从容适应快速迭代的数字生活，主要表现为以下几点。

第一，农村特殊人群融入数字生活的步伐分层明显，数字素养差距较大。有的乡村孤寡老年人、残障人士不具备利用智能设备线上工作、学习、生活的数字技能，因而他们难以享受到公共信息服务，更别说参与乡村治理了；有的则要么沉溺网络，要么受网络谣言的困扰，甚至遭遇网络诈骗。

第二，一些地方的政府职能部门面向农村特殊人群的信息服务不够完善，机构设置不完备，工作经费紧张，人员配备少（一人身兼数职的情况大有其在）。相关部门对信息的掌握如果不及时，会影响其对农村特殊人群管理和服务的效率。

3. 面向农村特殊人群提供既有速度又有温度的信息服务

乡村治理和公共服务归根结底要落在群众身上。以农村特殊人群为例，要以他们在运用数字技术方面遇到的困难和基本需求为着眼点，综合运用线上线下等多种渠道，构建惠民体系，提升乡村治理能力和公共服务效能，真正做到既有速度，又有温度。为此，应重点做好以下几方面工作。

第一，线上线下服务相结合，保留必要的线下办事服务渠道。在推动乡村治理和公共服务数字化时，不能脱离实际，盲目推进，要避免造成新的"数字鸿沟"。为此，各地要充分考虑农村特殊人群的生活需求，保留基本公共服务，扩大乡村基层便民服务中心、服务站点部署范围，提供传统的线下办理渠道和协商议事渠道，并在条件允许的情况下为村民提供上门办理、委托代办等现场服务。同时，应支持社会组织、社会工作者、志愿者等为农村特殊人群提供专业化、特色化、个性化服务。

第二，营造信息无障碍环境，加快适老化、无障碍化改造升级。为此，应充分考虑农村特殊人群的基本需求和使用习惯，提供适老化和无障碍服务，并引导面向老年人、残疾人等群体的各类应用开展适老化、无障碍化改造升级。同时，应深入挖掘老年客户的差异化需求，加大服务创新力度，引入大屏、手势、语音等智能化操作方式，破除农村特殊人群获取和使用信息化服务的障碍，让老年群体敢"触网"、善用网。此外，应继续面向农村脱贫户实施精准降费，拓展农村网络应用的新业态新模式，助力乡村振兴。

第三，聚焦农村特殊人群信息服务保障。当前，我国农村地区老龄化、空心化情况较为严重。这种情况下，数字乡村建设要确保农村特殊人群不掉队，加快推广应用全国社会救助信息系统，对农村留守老人加强信息管理，发展"互联网+助残"，推动将残障人士基本公共服务项目纳入农村政务服务"一网通办"平台，让农村特殊人群共享数字红利。

第四，强化数字技能教育培训服务。农村特殊人群的数字素养与技能的高低，关系到其在"触网"后对数字资源的持续使用意愿和能力。对此，要通过政府主导、社会力量参与等多种方式提升农村特殊人群的数字技能，提高其对数字化的使用能力，并不断推动数字服务和培训向农村的更广大地区延伸。

五、农村普惠金融服务

当前，发展普惠金融已经成为国家战略。普惠金融是为低收入人群和弱势群体提供与其他金融消费者均等化的金融服务，从而全面提升上述人群的金融服务可得性。农村农业经营者大都属于低收入人群和相对弱势的金融消费者群体，他们往往没有太多的金融资产，也没有成熟的行业从业经验，有的甚至刚刚处于事业的起步和探索阶段。尽管如此，但他们代表着农村经济的发展方向。随着数字化和金融科技的快速发展，推动农村普惠金融服务深入发展，使之更好服务中小微企业，已成为实现乡村振兴和共同富裕目标的重要基石。

中央始终高度重视农村普惠金融的发展。党的十八届三中全会提出"发展普惠金融"的重要任务。2015 年，国务院印发《推进普惠金融发展规划（2016—2020 年）》，正式将发展普惠金融确立为国家战略，要求各地、各级认真贯彻落实国家关于普惠金融发展的决策部署，坚持普惠金融工作的政治性、人民性，持续提升普惠金融服务，使广大人民群众得以公平分享金融改革发展的成果。

2020年的中央一号文件提出稳妥扩大农村普惠金融改革试点，加快构建线上线下相结合的普惠金融服务体系，推出更多可持续的普惠金融产品。2021年的中央一号文件进一步明确提出"发展农村数字普惠金融"，要求为推进乡村振兴、打通普惠金融服务"最后一公里"进行积极、有益的探索。2022年2月，中央全面深化改革委员会第二十四次会议审议通过《推进普惠金融高质量发展的实施意见》，指出"要加快补齐新型农业经营主体等金融服务短板，有序推进数字普惠金融发展"，强调以数字技术赋能农村普惠金融，让金融产品和服务更好地走进农村、服务农民，推动广大农民群众共享发展成果。

2023年2月，《农业农村部关于落实党中央 国务院2023年全面推进乡村振兴重点工作部署的实施意见》出台，明确要求支持农村数字普惠金融发展。随着数字经济的蓬勃发展，农村普惠金融正面临从量到质的转变。

案例36

山东金融机构打造惠农互联网服务平台，助力乡村建设

山东省是我国的农业大省，也是推进乡村振兴的主战场。近年来，中国农业银行山东省分行（以下简称"农行山东分行"）严格落实上级指示要求，深耕农村金融市场，创新产品和服务，着力打造集融资、网络支付结算和电商金融于一体的"惠农e通"互联网金融服务平台。基于该平台，农行山东分行全力打造"惠农e贷""惠农e付""惠农e商"三大模块，帮助村民创业，扩大农民创业规模。此举提升了企业智能化管理水平，创新了农村支付方式，提高了金融服务脱贫攻坚和乡村振兴的能力。

1. "惠农e贷"为乡村百姓创业带来便利

"惠农e贷"融资服务，是在深入挖掘农村客户征信、生产经营、电商交易以及金融资产等数据的基础上推出的。在振兴乡村的发展过程中，农户、

农业合作社、种养殖大户经常遇到贷款手续繁杂、贷款时间长等问题。例如，荣成市上庄镇村民周鹏承包了 20 亩地种植西洋参，因为市场扩大、销量增加，他想扩大种植规模，但由于资金有限，这个想法一直难以实现。当周鹏了解到了农行山东分行的"惠农 e 贷"后，他凭借农户和农行个人贷款客户的双重身份，通过手机注册，点击应用"惠农 e 贷"，贷款问题就此解决——办理当天，不需要抵押、担保的 10 万元贷款就到了账。拿到贷款后，周鹏立即新租了地，又买了种子、化肥和农具，实现了他梦寐以求的扩大生产计划。截至 2018 年 2 月，农行山东省分行推出的"惠农 e 贷"余额达到 5.5 亿元，服务农户 1.2 万家。图 8.5 展示了"惠农 e 贷"融资服务下的当地农村产业发展新气象。

图 8.5

2. "惠农 e 商"为农户的商贸往来带来了便捷

村民周洪泉经营着一家批发米、面、油、日用百货等多种产品的商贸公司，承担着向下游 2 000 余家零售商户配送货物的巨大压力。以前，零售商户都是线下订货，该公司需要花费大量时间盘点库存，还要逐一整理纸质单据，工作量大，容易出错；由于商品交易量大且放置的货品比较分散，公司的库存管理相对混乱；零售商户使用线上线下多种支付手段，也给公司的会计核算增加了难度。随着公司业务规模扩大，这些问题更加突出，导致公司的管理成本攀升，严重影响了企业经营和发展壮大。周洪泉的公司在使用了农行推行的"惠农 e 商"服务平台后，其工作人员每天只需要在手机上登录平台，根据下游商户订单安排发货，系统便会自动进行线上收款，从而免去了人工对账环节，大幅降低了企业管理成本，从源头上解决了企业的管理难题。截至 2018 年 2 月，农行山东省分行上线的"惠农 e 商"服务点已达 3.7 万个，商户 19 万户，存量、增量均居全国农行系统首位。

3. "惠农 e 付"为"支付难"提供了多种解决办法

农行山东省分行推广的"惠农 e 付"支付结算服务，在依托"金穗惠农通"工程基础上打造了集各种支付场景、支付渠道和支付方式于一体的"综合收银台"，有效延伸了普惠金融的服务半径。村民马爱于 2018 年创办了集种植、餐饮、销售于一体的家庭农场。在实际运营中，马爱遇到了农场收付款烦琐、记账不明等问题。了解到这一情况后，农行工作人员结合现有金融产品为其办理了农行聚合码，开启了该农场的支付新模式。农行聚合码既解决了资金收取问题，又节省了时间，为老百姓提供了实实在在的便利，加之该项服务不收手续费，受到了广大农户的欢迎。目前，越来越多的家庭农场在农行办理了聚合码，越来越多的人真切感受到农行线上产品提供的便捷。截至 2018 年 2 月，农行已推出覆盖手机、电脑、终端等线上线下多种渠道的近 20 种支付方式，提升了线上线下一体化服务能力，有效解决了"三农"生产经营和生活服务场景中的支付难题，高效助力了乡村发展。

近年来，农行山东省分行把优惠的政策、优势的资源投入贫困地区，积极推动发展普惠金融，推动脱贫攻坚与乡村振兴有效衔接。从 2016 年到 2021 年，该行累计投放 150 亿元精准扶贫贷款，带动贫困人口 21.5 万人次，在贫困地区推广安装乡村金融服务设备，在脱贫任务比较重的 20 个县（市、区）建立了 5 670 多个惠农通服务点，安装了 6 550 多台智能机具，形成了独具特色的村级金融服务新生态，并大力推广线上服务渠道。目前，掌银、网银、微信银行等互联网金融服务产品已经覆盖山东全省。

下一步，农行山东省分行将进一步加大对"强农富农惠农"重点领域的金融支持力度，强化服务"三农"能力建设，全力将自身打造成为金融服务乡村振兴的主力银行。

资料来源：朱沙，沙见龙．山东金融机构打造惠农互联网服务平台 助力乡村建设［EB/OL］．［2022-10-20］．https://finance.jrj.com.cn/2018/03/20210924269019.shtml．有删改。

案例分析

1. 深化农村普惠金融服务，促进国民经济发展

农业山东分行打造的惠农互联网服务平台，通过科技优势，提供理财、贷款、便捷支付等专属服务产品，以简约风格和通俗表达搭建了丰富多元的涉农数字化场景，为乡村客户提供数字金融服务，为乡村振兴助力加油。

在党中央、国务院的正确领导下，我国农村普惠金融发展取得了显著成效。截至2021年，全国乡镇银行业金融机构覆盖率约为98.2%，以银行卡助农取款服务为主体的基础支付服务村级行政区覆盖率达99.6%。

农村普惠金融服务为乡村低收入人群和弱势群体提供了机会均等化的金融服务，在提高国民经济整体水平、维护社会公平与正义、保持社会稳定发展等之中发挥了积极作用，具体表现在以下几个方面。

第一，助力乡村振兴。农村普惠金融借助互联网、大数据等数字技术，突破了传统金融服务领域的空间限制，满足了乡镇小微企业和个人分散化、小额等资金需求，为农村居民提供了更多信贷便利；金融机构结合农村居民的实际特点，为其设计适合的风险产品，从而既降低了农村居民的融资成本，又提高了农民创新创业的积极性。

第二，助推农村产业发展。深度发展的农村普惠金融服务，发挥了数字经济的长尾效应，推动了农业产业链各个环节的增值。农村普惠金融服务通过开发线上惠农金融产品，采取线上与线下相结合的方式办理贷款，为农村产业的融合发展提供了方便快捷的基础金融服务；创新的"金融+龙头企业+农民专业合作社""金融+交易市场+家庭农场"等融资模式，为农业了提供足额、便捷、便宜的融资服务，并结合电子商务平台的信息优势提高了农产品的标准化水平，拓展了农产品的销售市场。

第三，促进农民消费升级。数字普惠金融服务在广大农村地区的应用，促进了线下商务线上化的发展，从而释放了农村地区的消费需求。此类服务

借助线上渠道为农民提供延期支付、小额贷款等服务，增加了农村地区对家用电器、家具、汽车等耐用消费品的消费；其所提供的数字保险、财富管理等金融服务，增加了农村居民的家庭收入，帮助农村居民提高了消费水平。

第五，改善农村公共服务水平。数字普惠金融作为农村地区的基础性公共服务，为农村居民提供了包括支付、信贷、保险、理财等在内全面的金融服务。金融机构运用互联网平台，通过众筹、股权融资等模式推进农村公共服务更加普惠，从而提高了金融业的服务水平和保障水准，不断打造优质公共服务，使农民享受到了越来越多、越便利的服务。

2. 深化农村普惠金融发展面临的新困境

如前所述，实施普惠金融可以促进农村经济发展，提高农民的收入水平和生活质量。当然，随着数字经济的迅猛发展，我国农村地区的普惠金融也面临新的发展困境，具体如下。

第一，由于当前农村地区的金融服务、电子商务、信用体系建设等不够完善，加上大多数农民的互联网参与度较低，数字金融素养不高，导致金融机构很难对农民或农村中小微企业进行适当的信用和风险评估，因而很难为其提供相匹配的金融服务；在有的金融产品风险定价环节，甚至缺少针对贫困农户和初创农村经济组织的无抵质押风控评估系统。

第二，由于当前大部分面向农村的数字普惠金融产品是脱胎于城市的，真正符合"三农"需求的金融产品仍很稀缺。我国农村金融市场长期缺少适合农民的信贷产品，也缺少针对农村经济组织的创新型信贷产品，因而农村居民的金融可得性情况还不甚理想。

总之，与城市相比，农村居民的个人信用信息体系不完善，金融需求呈现碎片化、小额化、周期长等特点，金融机构也缺少线上和线下全渠道触达农户的精准化金融服务模式，等等。这些都对基于数字技术的普惠金融监管提出了更高要求。

3. 多管齐下助推乡村普惠金融服务发展

当前，数字经济发展正处于上升期，为进一步发挥乡村普惠金融服务对农业发展的促进作用，需要多措并举，多管齐下，助推乡村普惠金融服务不断向深入发展。为此，应着重做好以下几方面工作。

第一，推进农村普惠金融服务基础设施建设。其中，应着力提升偏远农村地区的网络覆盖率，提高农村家庭的通网率和网络使用率。

第二，向广大农民普及金融常识。特别要关注个人征信、金融工具、金融法规等领域，通过开展电商培训、数字金融培训等，提高农民运用网络平台获取金融服务的能力。

第三，金融机构要紧密结合农村需求，提供适当的普惠金融产品和服务。对此，金融机构应在整合农村居民相关数据信息的基础上，全面、准确分析农民的真实金融需求，并在此基础上为其提供创业担保贷款、农业保险基金等专属金融产品，从而实现金融机构"能贷""会贷"，为农民创业提供稳定的资金流。金融机构还应结合新型农业经营主体和农户的需求特点，创新专属金融产品，增加首贷、信用贷等；创新地方特色农产品保险，扩大农业保险覆盖面。同时，金融机构应通过为农民提供线上小额消费贷款、电商贷款等项目，激发农民消费潜能，畅通物流渠道，扩大农产品销售半径。此外，对农村养老服务、医疗卫生等公共服务项目也要不断提高金融支持水平。

第四，推动农村普惠金融服务向脱贫地区倾斜。为此要加大对脱贫地区、脱贫人群的支持力度，打造线上线下有机融合的服务模式；对于易返贫群体，应量身定制与其风险承受意愿和能力相适应的金融产品。

第五，完善农村社会信用体系。应充分发挥征信系统在农村普惠金融服务中的作用，扩大农村征信系统的覆盖范围，进一步发展农村社会信用体系和全国城乡个人与企业征信体系，改善社会信用环境，为农民提供更好的信用支撑。

第九章　网络帮扶建设

　　"十四五"时期是全面推进乡村振兴、建设数字中国的发力期，开启了全面建设社会主义现代化国家、向第二个百年奋斗目标进军的新征程。《数字乡村发展行动计划（2022—2025年）》部署的"网络帮扶拓展深化行动"，为脱贫地区巩固拓展脱贫攻坚成果提供了数字支撑，为脱贫地区全面推进乡村振兴开辟了新路径，为脱贫地区促进共同富裕打下了坚实基础。

　　党的十八大以来，网络帮扶作用明显。2016年，中央网信办、国家发改委等部门联合印发《网络扶贫行动计划》，强调指出要充分发挥互联网在助推脱贫攻坚中的重要作用。为实现乡村振兴，《数字乡村发展行动计划（2022—2025年）》专门提出，要将巩固拓展脱贫攻坚成果、做好网络帮扶与数字乡村建设有效衔接；鼓励中央单位在定点帮扶工作中推动数字乡村项目建设，加强基础设施建设、创新运营模式和覆盖利益联结；依托"万企兴万村"行动，为民营企业以市场化的方式参与数字乡村建设探索可持续发展路径。同时，要加大公益项目网络筹资力度，倡导开发更多公益项目，为脱贫地区和脱贫人口拓宽帮扶渠道。

一、鼓励中央单位在定点帮扶工作中推动数字乡村项目建设

　　数字乡村建设是落实乡村振兴战略、推动农业农村现代化的有力抓手。2022年的《政府工作报告》提出发展智慧城市、数字乡村，2022年的中央一号文件明确指出，要大力推进数字乡村建设。进入新时代，数字中国建设取得了突出成就，数字技术助推了农业的高质量发展。推动数字乡村建设，促进农业全面升级、农村全面进步、农民全面发展，对实现我国农业农村现代化有着关键作用。

中央网信办、农业农村部、国家发展改革委等部门联合印发的《2022 年数字乡村发展工作要点》明确提出：到 2022 年底，数字乡村建设取得新的更大进展；乡村数字基础设施建设持续推进，5G 网络实现重点乡镇和部分重点行政村覆盖，农村地区互联网普及率超过 60%。农业农村部信息中心发布的《全国县域数字农业农村发展水平评价报告》显示，经综合测算，2020 年全国县域数字农业农村发展总体水平达到 37.9%，比 2019 年提高了 1.9 个百分点。

乡村数字经济的快速发展，稳步提升了农业生产信息化水平，不断完善了乡村数字化治理体系，持续深化了信息惠民服务，大幅提升了广大农民的数字素养与技能。在政策、技术的支持下，一批有实力的中央单位已经投入数字乡村建设，积极履行社会责任，在助力乡村振兴战略上充分发挥其自身所具有的数字化技能优势，推动农业实现现代化。

案例 37

中国移动定点帮扶工作连续三年位居央企前三

2022 年上半年，中央农村工作领导小组通报了 2021 年度中央单位定点帮扶工作成效考核评价情况，中国移动通信集团有限公司（以下简称"中国移动"）连续 4 年获得最高等次评价，连续 3 年位居央企排名前三。

中国移动坚持以习近平新时代中国特色社会主义思想为指导，牢记"央企姓党"的政治属性，坚决落实国家乡村振兴战略部署和"四个不摘"（即摘帽不摘责任、摘帽不摘政策、摘帽不摘帮扶、摘帽不摘监管）工作要求，结合企业自身优势，充分发挥移动网络在建设网络强国、数字中国、智慧社会中的基础性作用，全面升级打造"网络+"乡村振兴模式。其制定并实施的"数智乡村振兴计划"获得了社会的广泛认可，其企业先进事迹入选"国际最佳减贫案例"，企业内部的多个集体和个人也曾荣获省部级以上脱贫攻坚先进集体和个人的荣誉。图 9.1 展示了中国移动通过移动网络建设助力山区县的高质量发展。

1. 升级"网络+"乡村振兴新模式，推进"数智乡村振兴计划"

2021 年是巩固拓展脱贫攻坚成果与乡村振兴有效衔接之年。在从脱贫攻

图 9.1

坚到乡村振兴的转型中，中国移动积极转变观念，调整工作思路，将数字乡村作为工作方向，依托"1+3+X"体系框架，建构"网络+"乡村振兴新模式，即以提升乡村信息基础设施服务能力为主线，强化组织、人才和资金保障工作，将网络信息服务全面全方位融入"三农"、服务"三农"，勇于承担数字乡村建设职责。具体来说，一方面，接续做好人才、资金、消费、产业、民生等领域的帮扶工作，助力巩固拓展脱贫成果；另一方面，围绕乡村新基建、产业、教育、医疗、金融等领域创新实践，为乡村发展提供优质高效的信息服务，全面助力推动乡村振兴。

2. 接续做好七项帮扶举措，助力巩固拓展脱贫成果

中国移动严格落实"四个不摘"政策要求，健全长效帮扶机制，深化大帮扶体系，汇聚全集团帮扶合力，巩固拓展"两不愁三保障"（两不愁指的是不愁吃、不愁穿，三保障指的是义务教育有保障、基本医疗有保障、住房安全有保障）成果。2021 年，中国移动共承担各级政府安排的 1 462 个县、乡、村帮扶任务，在岗全职帮扶干部 2 300 余人，全年捐赠帮扶资金 3.2 亿元，培训乡村基层干部群众 4.8 万人次；打造"全链条"消费帮扶体系，全年消费帮扶金额超过 3.1 亿元；全集团 891 个党支部与对口帮扶地区 568 个脱贫村结对共建，党员干部捐款捐物 310 万元，面向 8 000 余个基层支部开展"送党课进基层"行动，为 700 多个基层党组织提供 5G 多媒体党建综合解决方案服

务；等等。

3. 实施七大数智化工程，助力乡村全面振兴

第一，实施乡村数智化新基建工程。为推动乡村新型信息基础设施建设，中国移动不断完善信息服务和终端供给，持续提升乡村网络质量。2021 年，中国移动为全国脱贫地区网络信息服务投入专项帮扶资金 211 亿元，实现 4G 网络覆盖全国 99% 的行政村，基本实现全国乡镇连续覆盖和部分发达农村良好覆盖 5G 网络，帮扶资费惠及脱贫客户 1 684 万户，为乡村数智化发展打牢网络基础。

第二，实施乡村产业数智化工程。为推进新一代信息技术与农业生产的深度融合，2021 年，中国移动在全国打造了 115 个智慧农业 5G 示范项目，进一步优化了农业科技信息服务。

第三，实施乡村治理数智化工程。为构建乡村数字治理体系，中国移动于 2021 年起推行的惠及 1 亿农民的"平安乡村"项目，目前已覆盖超过 14 万个行政村，深化了民生保障和信息惠民服务，大力提升了基层党建信息化水平，有效推进了乡村治理能力现代化建设。

第四，实施乡村教育数智化工程。为助力乡村人才振兴，推动优质教育资源与乡村学校、家庭远程对接，2021 年，中国移动通过"全球通蓝色梦想公益计划"向国内 11 个省份所在的 16 所农村学校捐赠价值 3 000 万元的信息化物资，惠及约 18 万名学生；累计建设的 8 000 间"同步课堂"为 137 万个乡村家庭提供了远程家庭教育服务，护苗宽带进入了 220 万户乡村家庭。这一系列帮扶措施，提升了乡村学校的管理信息化水平和乡村家庭的互联网教育水平。

第五，实施乡村医疗数智化工程。为大力开展远程医疗平台及其应用建设，中国移动推动乡村医疗服务数字化转型，推进优质医疗资源下沉到偏远农村地区，并已助力 817 家乡村医疗机构接入国家远程医疗平台，从而大幅缩短了城乡差距，提升了乡村医疗服务水平。

第六，实施乡村文化数智化工程。为助力乡村文化振兴，中国移动依托其自身所具有的丰富文化资源，为村民提供了多种类的数字文化体验。2021 年，有 83 万人次的农民参与"新时代乡村阅读季"活动，宽带电视点播业务已覆盖超过 5 100 万户农村家庭；为传承民族文化，咪咕音乐 App 上线了 1.5 万余

首民族音乐歌曲。

第七，实施乡村金融数智化工程。为给广大农业经营主体提供更为便捷、优惠的金融服务，中国移动还积极参与了农村普惠金融服务模式的创新。

未来，"中国移动数智乡村振兴计划"将进一步精准筹划，汇聚企业力量，为深入贯彻落实国家乡村振兴战略部署而不断精准施策。

资料来源：张尧. 中国移动定点帮扶工作连续三年位居央企前三 ［EB/OL］. ［2022-05-09］. http://finance.sina.com.cn/tech/2022/05-07/doc-imcwiwst6129804.shtml. 有删改。

案例分析

1. 中央单位开展帮扶有助于提升农业农村现代化水平

开展中央单位定点帮扶，是党中央着眼全局作出的重大决策，在缩小城乡发展差距、推动乡村振兴之中发挥了积极作用。"数智乡村振兴计划"就是其中的一个典型例子：以中国移动为代表的中央单位结合帮扶地区实际需求，集结各单位资源力量，以"智慧农业"为主要着力点，充分发挥自身行业优势做好帮扶工作，助力乡村巩固拓展脱贫成果。在中央单位的有力施策下，助力帮扶地区正面向乡村振兴稳步推进。

中央单位在定点帮扶工作中积极推动数字乡村项目建设，在乡村农业高质量发展、提高农民生活水平等之中发挥了积极作用，主要包括以下几方面。

第一，有助于提升农业生产技术水平。为提升农业生产质量和效率，中央单位在定点帮扶中发挥数字化技术优势，用数字技术改造传统农业，支持帮扶地区提高现代化设施种养水平，激励帮扶地区创新推广现代化耕作技术模式。

第二，有助于提高农产品销量和收益。中央单位在定点帮建中，积极引导线上平台"走村入户"。借助网络平台，一方面可以拓展农产品的销售渠道，另一方面可通过平台开展农产品的质量安全信息追溯。这样，既提升了产品质量，又开拓了产品的销售渠道，一举两得。

第三，有助于推动农业服务便利化。中央单位以数字技术引领服务创新，通过开展农业生产管理和农业科技教育等领域的信息服务，积极解决农户在生产经营过程中遇到的痛点、难点问题，有效提高了农业生产能力。

2. 中央单位的帮扶机制在推动乡村振兴中实践中所面临的困难

中央单位通过定点帮扶等机制参与推动乡村振兴，取得了显著成效，但也遇到不少现实困难，主要包括以下几点。

第一，基础设施配套不足，降低了企业帮扶的积极性。由于帮扶地区基础交通运输条件较差，制约了农产品的外运，加上企业在土地流转、固定资产投入等方面遇到的各种困难，影响了企业开展帮扶的进度，制约了农村产业的发展。

第二，帮扶手段相对单一。脱贫地区大多地处偏远，经济水平较低，中央单位的资金投向仍以乡村传统领域为主，缺少创新性。例如，有的单位帮建的扶贫电商平台，由于其消费体验与成熟的市场化电商平台之间差距较大，实际运营起来并不尽如人意。

第三，缺少对数字产业帮扶的长期规划。中央单位参与帮扶的产业项目主要是以支持当地市场实体经济发展等方式惠及基层群众，兼具公益性和商业性，所帮扶的数字化项目则较少。有的中央单位在定点帮扶工作中，不能将数字乡村建设和推动企业长期发展有机结合起来，被帮扶乡村的数字产业亟待获得帮助和发展。

3. 真情帮扶显央企担当，数字赋能促乡村振兴

数字经济催生的新产业、新业态、新模式对经济社会发展起到了明显的带动作用，已经成为拉动社会经济增长的重要引擎。借助数字经济发展新机遇，应大力推进数字乡村建设，从而实现农业农村现代化。为此，中央单位在定点帮扶中，要把握工作规律，创新工作方法，在持续巩固拓展脱贫攻坚成果的基础上全面助力数字乡村建设发展，其中应重点做好以下几方面工作。

第一，从体制机制上推动网络扶贫和数字乡村的政策衔接。中央单位要切实增强助力乡村振兴的使命感和责任感，推动数字中国建设，充分发挥数字化、信息化带动乡村经济发展的积极作用；明确中央单位职责任务分工，就推动数字乡村项目建设开展全方位工作部署。

第二，统筹推动数字乡村各项目全面建设。中央单位在加大帮扶力度、做好定点帮扶工作的基础上，应把定点帮扶工作与数字乡村建设、推动企业发展等有机结合起来，以确保帮扶取得实效；进一步完善农村信息基础设施建设，全面发展智慧农业、智慧物流等相关体系建设；帮助乡村发展数字经

济新业态，挖掘新的经济增长点，拓展农民增收空间。

第三，从资源整合上推动网络扶贫与数字乡村的服务衔接。以建设数字平台为突破口，发挥中央单位技术优势，为对口帮扶乡村打造数字化示范工程，推进涉农信息服务资源整合共享，推动"互联网+ 党建""互联网+ 政务服务"等的延伸覆盖，以信息化提升乡村治理的现代化水平。

二、引导民营企业积极参与数字乡村建设

2022 年的中央一号文件指出"扩大乡村振兴投入，大力推进数字乡村建设"。数字经济时代，以人工智能、大数据、物联网等为代表的新兴技术渗透和应用于乡村农业生产、农业经营和服务、乡村治理现代化等领域，为推动乡村振兴带来了前所未有的机遇。在数字乡村建设中，要充分发挥民营经济的优势。经济社会的高质量发展离不开民营经济的参与，要发挥数字经济龙头企业的带头作用，鼓励他们带头下乡推动农村数字项目建设，这既是民营经济主动融入国家发展战略的重要机遇，也是全面推进乡村振兴的时代要求。

数字乡村建设是实施乡村振兴战略的重要任务，也是民营企业高质量发展的主战场和重要渠道。2022 年由中央网信办、农业农村部、国家发展改革委等十部门联合印发的《数字乡村发展行动计划（2022—2025 年)》，立足我国"三农"工作重心，对"十四五"时期数字乡村发展作出了全面部署和安排，鼓励和动员包括民营企业在内的社会力量积极参与数字乡村聚力行动。2022 年 5 月，中央办公厅、国务院办公厅印发的《乡村建设行动实施方案》指出，扎实开展"万企兴万村"行动，大力引导和鼓励社会力量投入乡村建设。其中，对经营性建设项目，要规范有序推广政府和社会资本合作模式，切实发挥运营企业作用。这既肯定了民营企业在乡村建设中的积极作用，又为民营企业参与数字乡村建设提供了实现路径。

案例 38

湘西州"万企兴万村"擘画乡村振兴"同心圆"

湘西州位于湖南省西北部，地处湘鄂黔渝四省市交界处，下辖 7 县 1 市，

面积 1.55 万平方千米，是典型的"老、少、边、山、库、穷"地区，是武陵山片区区域发展与扶贫攻坚的先行先试地区。

2021 年以来，湘西州开展"万企兴万村"乡村振兴行动，大力推行包括产业振兴、人才振兴、组织振兴、文化振兴、生态振兴等在内的乡村全面振兴。截至 2022 年 12 月，湘西州已动员 1 000 多家商协会、企业参与此项行动。目前已有 335 家商协会、企业和 400 个乡村结帮互助——企业投入 20 多亿元，带领 10 万名群众奔向致富道路。图 9.2 为湘西州民营企业参与"万企兴万村"行动倡议大会现场。

图 9.2

1. 打好特色牌，兴旺一方产业

"万企兴万村"行动是湘西州巩固脱贫攻坚成果与实现乡村振兴有效衔接的重要举措。2021 年初，由州委统战部牵头，将这一行动纳入县市年度绩效考核目标，并专题听取汇报，组织开展专题调研。在州委、州政府的重视和领导下，全州民营企业积极参与此项行动。

湖南富康农业科技有限公司采取特色产业帮扶举措，带领 6 个村庄的 3 000 多名农民种植茶叶，村民实现了在家门口增收致富的愿望。湖南三旭农业有限公司结合当地实际，为农户提供无偿技术指导，以保护价格收购农户养殖的蚕茧并作出保证蚕种产茧收购数量的承诺。通过这一全新的生产经营模式，一年间，该公司累计收购蚕茧 20 余万公斤，农户实现收入达 1 094 万元。湘西松柏米业有限责任公司以"公司+合作社+家庭农场+农户"的产业化生产经营模式带动周边村民种植水稻，村民人均增收达 3 000 元。湘西州的其他民营企业也通过发展当地的茶叶、猕猴桃、中药材等特色产业，结对帮扶了 73 个村庄，带动当地兴建了 10 万亩产业园，实现了企业发展、农户增收的双赢局面。

随着"万企兴万村"行动的发力，村企"联姻"既推动了农村地区的兴旺，也让农民获得了真正的实惠。

2021 年 6 月，湘西州出台《全州民营企业参与"万企兴万村"乡村振兴行动的实施方案》，成立了行动领导小组，吹响了行动集结号，确定了乡村振兴行动发展思路。一是调查摸底：立足农村生态环境、产业基础等情况，深入了解村情并调查摸底企业帮扶情况，动员全州商协会、民营企业进行精准对接。二是开展帮扶：既有企业、商会整体帮村，又有小微企业、商会会员结对帮扶。三是多举措帮扶：按照产业对接、共赢发展的思路，因地制宜，探索企业参与"万企兴万村"的新方式、新模式，形成各具特色的村企共建发展路子。行动开展后，共计有 200 多家企业投入 16 亿多资金，结对帮扶 173 个乡村，惠及 7 万多人，从而实现了从"输血式"帮扶到"造血式"兴旺的转变。

2. 唱好融合戏，盘活村集体经济

自"万企兴万村"行动启动以来，湘西州商协会、企业与村集体合作，以产业为纽带，构建起村企利益联结机制，助力乡村集体经济发展。

2019 年，龙山县印家界生态农业开发有限公司依托当地欧溪村的花卉资源，大力推进农旅融合，发展花卉产业：该公司在欧溪村搭建起百合种植基地，既卖果实，又卖鲜花，还推出"赏花游"项目，实现了农村一二三产业的融合发展。"公司+村集体"的产业发展合作模式给该村集体经济带来了良好的收益，2022 年该村实现收入约 20 万元。

湘西墨戎苗寨乡村旅游公司结对龙鼻嘴村等 6 个村庄，以旅游公司为实施主体，发挥其与农户的联结作用、组织作用、载体作用，与苗寨全体村民合股开发旅游项目。该公司已联合农户创建了 160 多家经营实体，为村民设置餐饮、演艺、安保等 1 400 多个就业服务岗位，使村民在乡村旅游发展中得到了实惠。该企业每年为村集体分红 54.4 万元，为村民每人分红

3 000元以上。湘西常德商会与凤凰县吉云村结帮互助后，为村里修缮村民服务中心，为村集体兴建荷花种植基地，进一步增强了村民的获得感与幸福感。

3. 提升技能素养，带富一方百姓

湘西州通过"万企兴万村"行动引导商协会、民营企业参与乡村人才培育，帮助村民提升技能素养，提升致富带富能力，为乡村振兴事业培养多类型实用人才。

鑫隆紫砂陶瓷厂作为泸溪县马王溪村的支柱企业，在陶瓷生产、陶艺加工等方面高薪引进大量技术人才，提升了企业的生产水平，并以高端人才支撑企业的全方位管理。目前，该厂已实现年产值近6 000万，并解决了260多名村民在家门口就业。龙山县印家界农业公司、凤凰县民瑞农业公司等利用自身技术优势开发了800多个种植项目，带动7个乡镇300多农户实现了技术更新。保靖县鼎盛黄金茶公司每年给1 000多名农户开展专项培训。同时，湘西州还有44家企业、学校将课堂搬到农户的家门口、乡村的田间地头，开设家政、物业安保、手工织品等培训课程，提升了16 000多名农民的职业技能。此外，湘西州的多家劳动密集型企业为农村剩余劳动力提供了就业岗位，使农民有了稳定的工作和收入，从而实现了"一人就业，全家致富"的美好愿望。

未来，湘西州将引导民营企业进一步深化思想认识，强化使命担当，在重难点问题上下功夫，推动"万企兴万村"行动向纵深发展，把这一行动打造成助力乡村振兴、实现农民同富裕的响亮品牌。

资料来源：李兵，张光升，吴宜芝，等 . 湘西州万企兴万村 擘画乡村振兴"同心圆"[EB/OL].［2022－12－29］. https://new. qq. com/rain/a/20221226A03MM400. html. 有删改。

案例分析

1. 民营企业在数字乡村建设中扮演着重要角色

推进乡村全面振兴是新时代新征程发展的必经阶段。2022年1月4日，

《中共中央 国务院关于做好 2022 年全面推进乡村振兴重点工作的意见》指出：广泛动员社会力量参与乡村振兴，深入推进"万企兴万村"活动。湘西州政府以"三农"为着力方向，大力支持、引导民营企业投身"万企兴万村"活动，在各乡镇通过发展特色产业、开展经营性合作、提升人才技能素养等具体举措推动乡村振兴，从而实现了农民收入的稳定增长和乡村的蓬勃发展。

数字化是加快产业转型升级、引领未来经济发展的新动能、新引擎，是乡村振兴的必由之路。对此，政府要引导民营企业发挥资源优势，在数字乡村领域主动承担企业社会责任，主要包括以下几个方面。

第一，弥补城乡"数字鸿沟"，重构乡村商业模式。为此，政府部门应引导互联网平台、行业龙头企业等民营企业立足自身优势，开放数字化资源和能力，推动人工智能、大数据赋能乡村产业，促进线上线下渠道融合发展，推动乡村产业实现数字化转型。

第二，通过深耕乡村数据要素，释放其价值潜力。政府部门应积极引导民营企业依法合规开展乡村数据采集，深入挖掘数据的要素价值与潜能，推动乡村各领域数据价值的产品化、服务化；通过发展专业化、个性化数据服务，促进乡村数据、技术、场景的深度融合，满足实现乡村振兴的数据需求。

第三，精准分析数据，推进乡村产业结构升级。政府部门应引导民营企业以大数据、数字技术等为基础，通过精准分析农村市场的消费数据，掌握消费者喜好，推动产品制造商更加有针对性地甄选和定制个性化商品与服务，从而倒置供应链生产，提高产业效能，更好满足消费者的需求和偏好，促进农村消费提档升级。

2. 民营企业参与数字乡村建设时面临的困难与问题

民营企业在参与数字乡村建设的过程中，存在以下几方面困难和问题。

第一，政策保障体系不健全。由于政策不够系统、完备，支持民营企业的政策在落实中缺少长期性，从而影响了民营企业广泛参与数字乡村建设的积极性。

第二，民营企业在乡村发展建设中，时常出现用人用工难、资本融通难、防险避险难等问题。此外，资源要素的不聚集、不协同等也在很大程度上影响了企业参与数字乡村建设的深入性。

第三，由于乡村公共服务和基础设施配套不够完善、乡村发展不够平衡等问题，一些民营企业与乡村经营环境难以匹配，不够优化的乡村经营环境影响了其参与数字乡村建设的持续性。

第四，由于民营企业的产业链条不长、利益联结不牢、经营体系不全等，导致其与乡村产业发展难以融合、不够稳固，从而影响了民营企业参与数字乡村建设的实效性。

3. 引导民营企业主动担当，做数字乡村建设的生力军

随着数字乡村建设的持续推进，政府方面要引导民营企业发挥数字化和科技创新能力，鼓励其以数字化、信息化手段助力数字乡村建设。为此，应重点在以下几方面发力。

第一，政府要优化民营企业营商环境，制定完备的法规政策；要强化政策支持、稳定政策预期，引导民营企业良性发展，保护好民营企业参与数字乡村建设的积极性。为了对民营企业进行有效的鼓励和支持，政府要设计好民营企业参与数字乡村建设的路径，在用地用电、人才技术、金融信贷等方面给予重点扶持，为民营企业积极参与乡村数字建设创造充沛的动力源。

第二，坚持政府引导，以民营企业为主搭建乡村区域技术平台，实现资源共享。应通过创建乡村公共技术服务平台，加大大数据平台建设力度，健全农村各类特色大数据；基于数字技术提升企业制造与服务能力，赋能民营企业实现精准制造、精细管理和智能决策；发挥"互联网+公共服务"的优势，既要通过云计算督促农业发展，也要将各专项补贴落实到位。

第三，民营企业要结合自身资源优势，在乡村中组建起集种植、加工、销售于一体的生态产业链，整合和优化产业供应链中的信息流、物流、资金流等，从而打造一条集产业扶贫、消费扶贫于一体的公益助农产业链。此外，在甄选、开发当地名优土特产品的基础上，应结合线上线下渠道，将绿色优质农产品销往城市，实现城乡经营渠道的高效畅通。

三、支持脱贫地区因地制宜开展数字乡村建设

党的十八大以来，我国打响了脱贫攻坚战，经过八年的接续奋斗，脱贫攻坚战取得全面胜利，但脱贫摘帽不是终点，而是乡村振兴新生活新发展的起点。

2018 年，我国提出实施数字乡村战略。2019 年，中共中央办公厅、国务院办公厅印发《数字乡村发展战略纲要》，提出以信息技术加快推进农业农村现代化，弥合城乡"数字鸿沟"，让农村成为安居乐业的美丽家园。2020 年 7 月，中央网信办、农业农村部、国家发展改革委等 7 部门联合印发《关于开展国家数字乡村试点工作的通知》，提出了在全国试点、推进数字乡村建设的具体任务。2020 年我国已圆满完成脱贫攻坚目标任务，同年 12 月，习近平总书记在中央经济工作会议上指出，"要巩固拓展脱贫攻坚成果，坚决防止发生规模性返贫现象。要做好同乡村振兴的有效衔接，帮扶政策保持总体稳定，分类调整优化，留足政策过渡期"。《数字乡村发展行动计划（2022—2025 年)》就巩固拓展脱贫攻坚成果、做好网络帮扶与数字乡村建设有效衔接作出了专门部署。2023 年 4 月，中央网信办、国家乡村振兴局等部门联合印发的《2023 数字乡村发展工作要点》，就大力推进乡村数字化建设部署了 10 个方面 26 项重点任务。

案例 39

贵州省全力打造"三个样板"，建设巩固拓展脱贫攻坚成果样板区

为做好"十四五"规划，承上启下、全面推进乡村振兴，2022 年以来，贵州省深入贯彻习近平总书记视察贵州重要讲话精神、国发〔2022〕2 号文件精神，准确把握数字经济高速发展战略机遇期，着力打造巩固脱贫成果、衔接乡村振兴、党建引领乡村治理的"三个样板"，全力谱写现代化贵州建设的新篇章。图 9.3 为贵州省积极宣传"三个样板"建设成果。

1. "六个专项行动"守底线，打造巩固脱贫成果样板

为坚定不移巩固脱贫成果，贵州省牢牢守住不发生规模性返贫的底线，全面启动实施"六个专项行动"，即动态监测帮扶重点人群，巩固提升脱贫人口的民生保障，推进重点帮扶县高质量发展，加强衔接资金项目监管，提升易地扶贫搬迁后续扶持力度，持续强化"四个不摘"（即"摘帽不摘责任、摘帽不摘政策、摘帽不摘帮扶、摘帽不摘监管"）。例如，贵州省为推进国家乡村振兴重点帮扶县高质量发展，推动财政金融、用地政策、产业发展等向

其倾斜支持。2022 年，贵州省 20 个国家重点帮扶县共享受中央和省级财政衔接资金 68.54 亿元。

贵州省还着力提高易地扶贫搬迁后续扶持力度。政府对搬迁后续的产业发展、完善基本公共服务、健全基础设施建设、推动社区治理法治化等方面给予高度重视，确保搬迁群众生活平稳，就业有保证，生活更加富裕。例如，望谟县蟠桃街道积极引进"龙头企业"，解决搬迁群众就业问题。对此，当地居民黄善飞非常满意现在自己的生活。2018 年，他携全家易地搬迁到蟠桃街道平郎社区。在当地政府的帮扶下，他和家人不但住进了 100 平方米的新房，还在家附近的企业上班，收入可观。截至 2023 年 1 月，贵州省有劳动力的搬迁家庭中的 94% 已实现就业，达到一户一人以上的稳定就业标准。

2. "三项重点"开新局，打造衔接乡村振兴样板

为落实习近平总书记提出的"在乡村振兴上开新局"指示要求，贵州省立足"三项重点工作"，全面打造"巩固拓展脱贫攻坚成果与乡村振兴有效衔接"的样板。

第一，发展现代山地特色高效农业。贵州省守牢粮食安全底线，实施高标准农田建设、粮食单产提升、油料产能提升、粮油生产机械化社会化服务提升、种子种苗提升、新型农业经营主体培育提升等"六大工程"，同时发展农业特色优势产业，推进农业现代化、规模化、产业化的深入发展。

第二，推进"四在农家·美丽乡村"建设，所谓四在农家，即富在农家增收入、学在农家长本领、美在农家爽精神、乐在农家展新貌。按照国家乡村建设"183"行动计划，贵州省着力推进美丽乡村的道路建设、数字化建设、村级综合服务设施提升、人居环境整治等"八大工程"（即美丽乡村道路畅通、防汛抗旱和供水保障、清洁能源建设、农产品仓储保鲜冷链物流设施建设、数字化建设发展、村级综合服务设施提升、农房质量安全提升、人居环境整治这八大工程），因地制宜规划建设生态型、传统型、民族文化型等特色小寨，建设和美宜居乡村。

第三，拓展粤黔协作和定点帮扶成果。加大中央单位定点帮扶力度，引导民营企业参与乡村建设，动员社会力量主动参与帮扶，有序推广政府和社会资本合作模式，推进"粤企入黔"，打造东西部协作典范，助力乡村振兴。

要想振兴乡村，产业振兴是基础、当先行。在贵州省花茂村，生态农业

和休闲旅游是当地的主导产业。村里利用自然优势，种植蔬菜、茶叶，同时开发山水景观，打造独具特色的旅游景区，村民兴办的农家乐也跟随村里的旅游业共同发展。村民罗吉燕本来在外打工，赶上村里开发旅游业，她学会的"鲜花造纸"有了用武之地。于是，她回到村里，靠着这门手艺收入越来越多。2022年，花茂村全村人均年收入超过2.2万元。如今的花茂村，村容美丽怡人，村庄产业兴旺发达，已成为村民安居乐业的好地方（图9.3）。

图9.3

3. "七抓七促"夯基础，打造党建引领乡村治理样板

为提升乡村发展的内生动力，贵州省凤冈县进化镇临江村探索实施"党群直议制"。所谓"直议"，就是党员群众由"被动作主"变成"自觉作主"，由外力拉动转向内力引动，从而真正发挥村党组织的"主心骨"作用，让村民共同参与，合力善治，做到"小事不出寨，大事不出村"。就这样，当地通过"党群直议制"模式，"议"出来了临江村的产业发展、房屋美化、文化广场建设等重要项目。临江村在党建工作中着重从"基础、人才、治理、新风、发展动力、改革"等7个方面着手，加快构建党组织领导的乡村治理体系，夯实基层基础，形成聚合效应，为乡村振兴"铸魂"。

在抓党建强基础方面，当地进一步强化县级党委工作职责，推动乡镇管理体制改革；在抓党建聚人才方面，推行引进人才项目，并号召青年人才回乡投身乡村建设；在抓党建重治理方面，健全完善村里的规章制度，广泛开展民主协商；在抓党建树新风方面，对移风易俗重点领域突出问题开展专项整治，倡导文明新风；在抓党建领发展方面，对村级集体经济进行专项规划、统一布局，以谋求发展；在抓党建激动力方面，发挥群众主体作用，开展群众感恩教育；在抓党建推改革方面，推动乡村经营模式改革，完善农民持续增收机制。

案例分析

1. 数字化建设助力脱贫地区实现乡村振兴

为了给巩固拓展脱贫攻坚成果提供数字支撑，2021 年的中央一号文件指出，要健全防止返贫动态监测和帮扶机制，对易返贫致贫人口及时发现、及时帮扶，守住防止规模性返贫底线。为此，要运用互联网、大数据、人工智能等信息技术手段，对脱贫地区边缘易致贫人口、因病因灾易返贫人口与脱贫不稳定人口等重点人群进行动态监测和帮扶，确保监测准确性，提高帮扶针对性，避免乡村发生规模性返贫。

总体来看，数字乡村建设和数字化技术的应用在巩固拓展脱贫攻坚成果与乡村振兴有效衔接方面发挥了积极的作用，具体体现在以下几个方面。

第一，建设数字乡村，为脱贫地区提供了发展新路径、新手段和新动能，赋予了高质量推进乡村振兴以无限生机和活力。贵州省结合本地实际情况，全力打造巩固脱贫成果、衔接乡村振兴、党建引领乡村治理"三个样板"，巩固拓展扶贫攻坚成果，做好其与乡村振兴的有效衔接。完备的信息基础设施是脱贫地区开展数字乡村建设的重要支撑。从乡村信息基础设施建设到治理模式创新，从升级生产方式到改善生活方式，以及积极采用信息化手段打通农产品销路，让实惠落到村民手中……"数字乡村"平台让科技兴农惠民之路越走越宽。

第二，数字技术改变着农村生产方式。5G 时代，手机成为"新农具"，网络成为"新农资"，直播成为"新农活"，偏远地区不再偏远，封闭产业不再封闭。截至 2021 年底，我国未通宽带行政村实现动态清零。农村地区互联网普及率为 57.6%，农村网民规模达 2.84 亿。农村宽带接入用户总数达 1.58 亿户，农村光纤实现与城市"同网同速"，平均下载速率超 100Mbps。凭借 5G 网络高速率、低时延等优势，直播已经成为村民拓展农副产品销售的新渠道。2021 年，全国农村网络零售额为 2.05 万亿元，其中农产品网络零售额达 4 221 亿元。深入推进的"数商兴农"工程，不断完善农村电商"新基建"，高效助力了乡村的振兴发展。总之，发展数字乡村，积极寻找普适性高、可推广性强的建设方向，凸显地域特色，为乡村的高质量发展开拓了一片新天地。

第三，数字乡村建设为全面推进乡村振兴开辟了新路径。为此，应接续推进数字化建设，在过渡期内延续和优化既有的政策、机制、办法，实现脱贫地区向全面推进乡村振兴的平稳过渡；为受教育程度低群体、老年人群体提供更为便捷的数字智能服务，加快补齐脱贫地区的网络基础设施短板，加快弥合城乡"数字鸿沟"，不断推进数字公平、服务公平。

第四，数字乡村建设为脱贫地区实现共同富裕打下了坚实基础。运用数字技术，实现了商品、服务和信息等的跨时间交换，从而有助于推动优质公共资源进乡村，缩小脱贫地区与其他地区的差距。为此要充分利用数字化技术，将脱贫地区打造成特色农产品销售的主战场，把优质乡村资源纳入电商体系，提升当地品牌的知名度和影响力，为脱贫地区的农产品销售注入生机和活力。

第五，数字化技术助力脱贫地区实现乡村文化振兴。借力数字化技术，乡村固有的传统文化可被转化成高品质的文化产品和内容，并通过线上传播扩大乡村优秀文化的传播力、影响力。实践证明，通过数字化技术展现乡村文化资源，有力地促进了乡村文化样态、文化产业的发展，为乡村文化振兴注入了新的动能。

2. 脱贫地区数字乡村建设任重道远

我国脱贫地区发展特色各不相同、数字基础不同，总体来看，数字乡村建设仍处于探索阶段，尤其是在以下几个方面值得高度重视。

第一，数字体系建设亟待加强。脱贫地区的乡村信息基础设施相对薄弱，偏远地区 4G 网络不佳，直接影响了乡村数字经济的发展；农业农村基础数据资源体系薄弱，特别是农业自然资源、农村集体资产、农户相关信息等数据尚无法支撑各类涉农应用场景的大数据分析与系统开发。此外，乡村数字应用系统呈现碎片化状态，不能满足农村群众生产生活需求，数字乡村建设释放的红利也因此相对有限。

第二，服务保障体系不够完善。脱贫地区投入的建设资金有限，难以保障数字乡村的长期发展，特别是一些地区缺少专业的科技创新服务平台，缺少既有乡村管理经验又懂数字化服务的复合型人才，从而阻滞了脱贫地区数字乡村建设的发展速度；数字乡村建设的受众中，有相当一部分是年龄偏大、受教育程度较低的农业生产者和农村留守人员，由于他们使用数字终端设备比较困难，无形中也制约了数字技术的推广和应用。

第三，政府职能部门的服务保障效能有待提升。由于数字乡村涉及内容多、覆盖面广，相关职能部门和乡镇之间各自为战，信息孤岛、数据壁垒、数据碎片化等现象时有发生。在这种情况下，要想实现融合度高、共建共享的数字乡村，难度极大。

3. 脱贫地区应多措并举推动数字乡村建设

数字乡村是乡村振兴的一个重要支撑。为此，要以脱贫地区的乡村发展实际为基础，建成与新时代相适应的数字乡村新形态，缩小城乡间的"数字鸿沟"，推进脱贫地区的信息化建设，具体包括以下几个方面。

第一，要做好脱贫地区的数字乡村基础设施建设。为此，应加快推进脱贫地区宽带互联网建设，实现光纤入村全覆盖，继续加大移动网络基站建设速度，完善对脱贫地区自然资源基础数据和经济信息数据等的收集工作，打通政府部门间的数据互通交流，等等。

第二，政府要发挥助力乡村数字建设的推动作用。在基础设施建设、体系平台建设、组织保障等方面，政府方面要积极、主动地激励、引导农工商企业、金融资本以及专业人才等投入脱贫地区的数字乡村建设。

第三，加快提升脱贫地区群众的数字素养与技能。为此，应将互联网知识、数字化常识和现代经营技能等纳入村民教育培训体系，培育新型职业村民；对电商人才，则既要培养又要引进，应号召更多能人来到脱贫地区，充分发挥人才对数字乡村建设的推动作用。

第四，以数字化技术推进脱贫地区的文化发展。应大力发展脱贫地区的特色乡村文化产业，将文化资源数字化，并实现数据资产化、管理信息化，由此将优秀文化资源打造成凸显当地特色、富有独特魅力的文化品牌，从而提高脱贫地区的经济发展水平。

四、拓宽网络公益渠道

互联网技术不仅是经济社会发展的重要引擎，而且是推动我国公益事业发展的重要力量。网络公益的出现更新了传统公益的基础理念、传播方式、运营机制等，借助互联网手段，开拓了一种全新的公益形式。大数据、云计算、区块链等新技术的创新使用，提高了网络公益的精准性和便捷性，增加了网络公益的透明度；借助互联网的技术优势和便捷的移动支付，网络公益日益走向大众化、平民化，吸引了社会公众的广泛参与。

2020年12月，中共中央印发的《法治社会建设实施纲要（2020—2025年)》指出，要深入实施网络公益工程，营造风清气正的网络环境。数据显示，2018—2021年，我国每年都有超过100亿人次点击、关注和参与互联网慈善，其中2021年通过互联网募集的善款接近100亿元。《中国互联网络发展状况统计报告》显示，截至2022年6月，我国互联网普及率达74.4%，网民规模为10.51亿，这为网络公益的深入发展打下了坚实的基础。随着社会公众对网络公益认可度的持续提升，"人人公益"的理念逐渐深入人心，公益项目也更加丰富，包括聚焦乡村振兴、扶贫济困、生态保护等在内的数字公益项目数量不断增加，延伸、惠及至更多贫困群众，为公益事业的可持续发展带来了巨大的正能量。

案例 40

发挥网络优势，拓宽募捐渠道，为敦煌慈善事业发展增光添彩

在政府有关部门的监督指导和社会各界爱心人士的鼎力相助下，甘肃省敦煌市慈善协会为政府分忧，为百姓解愁，恪守职责，勇于担当。为倡导社会新风，改善保障民生，缓解社会矛盾，从2019年换届至2022年8月，敦煌市慈善协会已累计募集款物达1 470万余元，发放捐赠款物达1 360万余元，惠及困难群众24 000多人次，其中救助困难大学生、困难老人、困境儿童、疫情防控一线人员等8 600余人次，为构建和谐敦煌作出了积极贡献。在近几

年全省开展的"99公益日"活动中，敦煌市慈善协会先后取得全省网络募集善款第一、第三的好名次。图9.4为敦煌市慈善协会开展的助学慈善救助活动。

图9.4

敦煌市各级政府始终重视、支持慈善事业。一是领导带头，奉献爱心。从2019年起连续三年，在当地举办的"慈善一日捐"活动中，各级领导以身作则，率先垂范，通过网络募捐平台和银行汇款筹集善款近184万余元。二是促进协会运转，做到"六有"（有牌匾、有印章、有人员、有场所、有经费、有形象）。为解决慈善协会多年来无场所办公、无人员办事等老大难问题，敦煌市有关部门为其免费提供了办公场所，配备了一名公益性岗位人员，并划拨工作经费，从机制上保证了慈善协会的正常运转和良好的对外形象。

1. 精心谋划慈善项目，是做好慈善工作的基础

敦煌市慈善协会围绕保障和改善民生这个主题，紧贴老百姓的"急难愁盼"问题，精心谋划项目，联系各方资源，汇聚社会力量，积极共建共享网络筹资平台。

开展"99公益日-情暖陇原"项目。2019—2021年间，该协会充分发挥新兴媒体覆盖面广、传播速度快、社会关注度高等优势，通过网络募集资金近90万元，使当地的慈善救助活动有了资金保证，其中有1 035户困难户分别得到了价值500元的慰问品，受益困难群众达3 100多人。与此同时，协会

还采取"走出去、请进来"等方式，积极主动与东部发达地区联系，精心组织策划慈善公益林、贫困大学生助学、扶老助老资助、关爱困境儿童、资助教育教学和乡村振兴等项目。在宁波市慈善总会的支持下，敦煌市慈善协会筹集到"慈善公益林"项目资金160万元、"敦煌文化发展基金"20万元、"资助教育教学"项目41.4万元、"幸福家园"项目35万余元，等等。这些项目资金落地见效，为敦煌市的慈善事业注入了新的活力。

在防控新冠肺炎疫情工作中，为防止和避免因捐赠人员密集接触而产生交叉感染，敦煌市慈善协会采用"扫码捐款"和银行转账相结合的方式开展网上募捐，共募集款物534万余元，并在第一时间全部用于疫情防控工作，取得了良好的政治效果和社会效果。

2022年，敦煌市慈善协会以慈善事业发展新模式助力乡村振兴，积极践行慈善组织的使命担当。在各级组织的大力支持下，该协会共筹集款物86万多元，为巩固与拓展脱贫攻坚成果、推进乡风文明建设、促进社会和谐稳定等作出了积极贡献。

2. 公开透明阳光运作，是保持慈善事业蓬勃生机的保障

敦煌市慈善协会通过"敦煌慈善"公众号、"掌上敦煌"等媒体，自觉接受社会监督，积极推进运作捐赠情况的公开、透明、阳光，做到每一笔资金、每一笔物资都能说明来龙去脉。该协会建立了严格、规范的内部管理制度，及时向社会公布慈善捐赠款物的管理使用情况，跟踪、落实慈善救助项目的实施情况，从而保证了当地的慈善事业生机勃勃、健康发展。尽管目前募捐、争取、协调、引进的善款还比较有限，慈善救助项目还不能全面解决困难群众的"急难愁盼"问题，与市民的热切期盼还有一定差距，但是我们相信，在各级慈善组织和社会各界的鼎力支持下，在广大人民群众的积极参与下，在慈善工作者开拓创新、敢于为先的精神鼓舞下，敦煌慈善事业的明天会更好。

资料来源：敦煌民政. 发挥网络优势 拓宽募捐渠道为敦煌慈善事业发展增光添彩［EB/OL］.［2022 - 08 - 26］. http://www.dunhuang.gov.cn/dunhuang/dh3/202208/224a0ac6c99247599d40d3929689b7ab.shtml. 有删改。

案例分析

1. 网络公益开启全民公益时代

随着网络时代的到来，互联网为传统公益事业"赋能"，大量社会化新媒体已经成为公益组织推广公益活动、推动民众参与的重要平台。敦煌市慈善协会抓住了网络发展的机遇期，充分运用网络优势拓宽募捐渠道，积极共建共享网络筹资平台，在公开、透明、阳光的运作前提下全力解决困难群众的"急难愁盼"问题，促进了慈善事业的健康发展。

当前，我国正在加快推进网络扶贫和数字乡村发展战略的衔接过渡。2020年12月，中国扶贫基金会发布《网络公益扶贫联盟关于动员社会力量参与数字乡村建设倡议书》，倡议互联网企业、社会组织及各界力量共同投身数字乡村建设，为全面实现乡村振兴贡献力量。可见，为了巩固拓展脱贫成果、有序衔接乡村振兴，深度贫困地区离不开包括网络公益在内的社会公益力量的持续关注。

总体而言，网络公益具有以下几点鲜明的优势。

第一，网络公益实现了公益活动的低成本和广覆盖。互联网打破了时空限制，将公益信息随时随地传递给社会公众，网络公益传播的平台也从传统媒体拓展到微博、广告、短视频等新媒体平台，多渠道的信息传播方式使公众得以实时了解公益、实时参与公益。

第二，网络公益丰富了社会公益的形式和内容。互联网的创新性让社会公益变得更加多元化，多样的网络公益形式将以物易物、细微助人以及其他富有创意的捐助方式融入百姓的生活中。

第三，网络公益提高了社会公益的群众参与度。互联网改变了人们在公益活动中扮演的角色，人们既可以是网络公益的参与者，也可以是网络公益的发起者或者传播者。

第四，网络公益实现了技术创新。互联网能够实现公益领域的信息共享、资源共享，既能通过大数据、区块链等技术合理分配捐赠资源、整合物资，从而更好地实现公益目标，又能提高群众对公益平台的信任度，引导人们更加积极地参与公益事业。

2. 我国乡村公益事业发展面临的现实挑战

乡村公益是向乡村两级居民提供的公共产品或公共服务。当前，乡村公益发展尚不能做到与社会发展同步推进。在发展滞后的地区，这一点甚至已经影响到乡村的文明进步和振兴发展。具体来说，当前我国乡村公益事业发展面临的现实挑战包括主要以下几点。

第一，政府对乡村公共物品的资金投入不足。政府是乡村公益慈善行动的主要支持者和资源提供者，在国家财政资金相对紧张的情况下，政府对农村公益事业的投入有限，无法满足乡村所有公益事业项目的需求。

第二，乡村独立开展公益事业的经费不足。目前，各乡村大多数是通过"一事一议"的政策规定来办理公益事务的。由于"一事一议"标准低、数额少，与乡村实际需要的经费支出存在差距，再加上部分村民的公益意识淡薄和经济承受力较低，这种情况下乡村公益事业的开展存在很大困难。

此外，多渠道投资乡村公益事业机制在实施中存在实际困难，如配套政策跟不上、筹资不足等，这些都影响了乡村公益事业的健康发展。

3. 网络公益助力乡村公益蓬勃发展

为助力乡村振兴，应大力发扬守望相助、扶危济困的中华民族传统美德，拓宽网络公益渠道，具体包括以下几个方面。

第一，降低公益门槛，依靠互联网技术实现公益渠道的大众化、便捷化。网络公益的参与者既应包括已经融入信息时代的民众，还应吸纳不会使用信息技术的老年群体和无法使用信息技术的特殊困难群体。因此，在不断加大网络公益宣传的同时，对网络公益平台也要进行创新开发，如在平台上推出便于老年人操作的简易程序等。同时，对于无法接触到网络公益的群体，网络公益平台应积极拓展线下服务，降低公众参与公益的门槛，形成"人人公益、人人能公益"的良好氛围。

第二，创新乡村网络公益模式。应通过互联网公益平台连接更多的公益机构、热心团体和个人，带动更多企业参与乡村公益；应创新行为公益、家乡公益、爱心加倍卡等乡村网络公益模式，探索通过短视频直播、打造乡村网络公益红人等方式扩大公益影响力，从而降低捐赠门槛和成本，以轻松互动的形式吸引更多热心公众参与公益事业。

第三，创新乡村网络公益技术。应积极探索通过数字技术为公益注入科技原动力，解决制约乡村网络公益发展的难点问题，促进网络公益的高效和健康发展。

　　第四，拓展乡村网络公益新业态。应将传统乡村公益和数字技术相融合，创造新内容业态，并向乡村教育、医疗、生态发展等领域延伸；鼓励开发面向脱贫地区和脱贫人口的公益项目，并通过培训、流量、运营等方面的支持，共同打造"公益内容生态"体系，使公益慈善深度参与解决乡村社会问题。

参考文献

［1］数字乡村发展战略纲要［N］.人民日报，2019-05-17（7）.

［2］晓军.权威解读《数字乡村发展战略纲要》［J］.新农业，2019（16）：9-11.

［3］安然.建设数字乡村 提升农业农村现代化水平：中央网信办有关负责人就《数字乡村发展战略纲要》答记者问［J］.中国食品，2019（11）：24-27.

［4］姚菲菲.乡村振兴战略背景下数字乡村建设路径研究［J］.南方农机，2023，54（4）：124-126.

［5］苏农友.积极推动数字乡村建设［J］.农家致富，2019（12）：48-49.

［6］《中央网信办有关负责人就〈数字乡村建设指南1.0〉答记者问》［EB/OL］.［2022-09-15］.http://www.cac.gov.cn/2021-09/15/c_1633296819696784.htm?ivk_sa=1023197a.

［7］陈薇，唐齐.把民生实事办实 把惠民政策用好［N］.湖南日报，2019-12-09（3）.

［8］全省提前完成2020年10万户直播卫星户户通工程建设任务［EB/OL］.［2023-05-20］.http://www.hunan.gov.cn/hnszf/hdjl/zxft/twft/ncgb/xgydbgnuhvssgqf/202011/t20201120_13964657.html.

［9］陈小虎，谷松林，蔡冬华，等.手机推荐施肥技术研究及应用效果评价［J］.基层农技推广，2022，10（6）：34-37.

［10］谭坚.湖南首创测土配方施肥手机专家系统［J］.湖南农业，2014（10）：15.

［11］李双艺.科技信息化助推农业现代化［N］.吉林日报，2015-03-20（11）.

［12］潘国林，刘素娟．中国广播电视工程建设发展史［J］．传媒，2022（12）：14-16.

［13］国务院办公厅关于加快推进广播电视村村通向户户通升级工作的通知［J］．宁夏回族自治区人民政府公报，2016（10）：26-28.

［14］凌宁宁．广播电视服务乡村振兴战略的对策建议［J］．开封教育学院学报，2019，39（12）：290-292.

［15］张君昌，张文静．新中国70年广播电视发展成就与经验启示［J］．传媒，2019（20），9-14.

［16］2022年：聚焦数字乡村［J］．中国信息界，2022（1）：18-19.

［17］贵州紫云：创建"四好农村路" 共筑乡村振兴梦［EB/OL］．［2023-01-02］．https://gz.cri.cn/2022-08-02/b19b5fa3-fbb4-8046-8a48-4c6f71b02ed8.html.

［18］交通运输部关于印发《农村公路中长期发展纲要》的通知［J］．交通财会，2021（3）：88-91.

［19］交通运输部：持续推动"四好农村路"高质量发展［EB/OL］．［2023-01-28］．http://finance.sina.com.cn/china/gncj/2022-09-28/doc-imqqsmrp0776087.shtml.

［20］李家辉，马珊珊．幸福大道越走越宽广［N］．中国交通报，2022-09-15（1）.

［21］刘志强．农村公路：十年净增90多万公里［N］．人民日报，2022-10-26（17）.

［22］蒋佐升．互联网打造农业农村信息服务新模式［J］．湖南农业，2016（12）：33.

［23］蔡阳，成建国，曾焱，等．加快构建具有"四预"功能的智慧水利体系［J］．中国水利，2021（20）：2-5.

［24］刘辉．国家水网工程智能化建设的思考［J］．中国水利，2021（20）：9-10.

［25］徐林全，周国斌，胡振梅，等．智慧水利建设让治水变"智水"［EB/OL］．［2023-05-13］．https://www.jntimes.cn/xxzx/202205/t20220510_7536667.shtml.

［26］2022年广西投入逾7亿元促进冷链物流产业发展［EB/OL］.［2022-12-20］. http://bbwb. gxzf. gov. cn/ywdt/t14545649. shtml.

［27］肖献法. 国务院办公厅印发《"十四五"冷链物流发展规划》：为推动我国冷链物流高质量发展进行顶层设计和系统指引［J］. 商用汽车，2021（12）：17-23.

［28］心怡. 补短板、强弱项 推进我国冷链物流高质量发展：国家发展改革委就《"十四五"冷链物流发展规划》有关情况举行新闻发布会［J］. 中国食品，2022（1）：16-25.

［29］商文. 商务部、中华全国供销合作总社等八部门联合发文：加快贯通县乡村电子商务体系和快递物流配送体系［J］. 中国农资，2022（11）：1.

［30］傅娟，杨道玲. 我国冷链物流发展的现状、困境与政策建议［J］. 中国经贸导刊，2021（9）：20-23.

［31］何珺. 专家：我国冷链物流发展面临四大短板［N］. 机电商报，2021-06-21（A02）.

［32］《数字农业农村发展规划》发布 引领智慧农业高质量发展［J］. 农业工程技术，2020，40（9）：8-15.

［33］数字农业农村发展规划（2019—2025年）［J］. 畜牧产业，2020（2）：13-22.

［34］欧阳靖雯. 分类扎实推进数字乡村建设［N］. 农民日报，2021-09-15（6）.

［35］王洪玲. 加快发展数字农业 助力农业农村现代化［J］. 中国农机监理，2023（2）：19-20.

［36］尹光銮. 大数据技术在乡村振兴中的价值及运用［J］. 产业与科技论坛，2022，21（12）：37-38.

［37］方文红，丁作坤，丁晶晶，等. 安徽省农业农村大数据中心建设实践与思考［J］. 安徽农学通报，2022，28（4）：120-122.

［38］焦铁锋，田海运，于海珠，等. 吉林省农业卫星数据云平台研究［J］. 农业开发与装备，2019（11）：52-53.

［39］移动5G赋能智慧渔业，12 000亩鱼塘提档升级［EB/OL］.［2022-09-07］. https://k. sina. com. cn/article_5675440730_152485a5a020017r1p. html.

［40］发展智慧农业、建设数字乡村，以信息化引领驱动农业农村现代化：农业农村部市场与信息化司负责人就《"十四五"全国农业农村信息化发展规划》答记者问［J］.农业工程技术，2022，42（9）：16-17.

［41］农业农村部关于印发《"十四五"全国农业农村信息化发展规划》的通知［J］.中华人民共和国农业农村部公报，2022（4）：6-14.

［42］中共中央 国务院印发《乡村振兴战略规划（2018—2022年）》［J］.农村工作通讯，2018（18）：8-35.

［43］罗锡文，廖娟，汪沛，等.提高农业机械化水平 促进农业现代化发展［J］.中国农村科技，2021（1）：6-11.

［44］邵洋.成都市农业科技信息服务的现状与对策研究［D］.长沙：中南林业科技大学，2021.

［45］北斗赋能，精准定位服务农业全流程［EB/OL］.［2022-11-07］.https://nyncw.sh.gov.cn/xyyw/20200806/5122733e3a8044c980bdd61bc2a2f8b3.html.

［46］朱梦莹.农机连北斗 智能化大步走［N］.中国农机化导报，2021-10-18（7）.

［47］科技志愿服务活动走进宁南山区［EB/OL］.［2023-04-21］.http://nx.people.com.cn/n2/2023/0418/c407413-40381478.html.

［48］张晓华，詹媛.科技+爱心结出累累硕果［N］.光明日报，2023-04-19（8）.

［49］甘肃酒泉乡村"新农活"："电商+直播"外销农产品［EB/OL］.［2022-11-27］.https://www.gs.chinanews.com.cn/news/2022/11-24/355861.shtml.

［50］卢升，童清.电商+直播+农特产品 开辟乡村振兴新路径［N］.中国商报，2022-12-16.

［51］王小兵，蔡萍，王曼维，等.全国农村电商发展成就、现状特点、问题与对策建议［J］.农村工作通讯，2021（24）：57-60.

［52］郑坚.浙江省农村电商发展现状、模式和策略研究［D］.杭州：浙江工商大学，2021.

［53］顾雨霏.我国数字乡村发展取得阶段性成效［N］.中国食品报，2023-03-03（1）.

［54］江西微供销："第四方物流"让城乡流通有了"高速"路［EB/OL］.［2022-06-19］. http://www. quannan. gov. cn/qnxxxgk/qn8749/202205/4a0c95f7242b41649083212d4ce2fd2e. shtml.

［55］贵阳市水东乡舍"互联网+乡村旅居"助力乡村振兴［EB/OL］.［2022-08-21］. https://travel. gmw. cn/2022-08/05/content_35935173. htm.

［56］潘鸿,屈敬然.盘锦市认养农业模式效果评价与问题分析［J］.农业经济,2017（11）：19-21.

［57］侯建斌.发挥信息化对乡村振兴驱动引领作用［N］.法治日报,2022-02-25（5）.

［58］李梅.基于电子商务的广西农业信息服务模式初探［J］.企业科技与发展,2011（7）：7-8,11.

［59］杜泽.数字乡村让智慧旅游焕发新生机［J］.中国信息界,2021（3）：56-58.

［60］任震宇.农村消费环境综合满意度75.35分［N］.中国消费者报,2023-03-15（T03）.

［61］佘颖.农村消费环境持续改善［N］.经济日报,2023-03-18（10）.

［62］王海磬.中消协：增加农村品质消费和消费维权供给［N］.光明日报,2023-03-15（10）.

［63］董蓓.非遗+短视频,让传统老手艺"破圈"［N］.光明日报,2021-09-12（5）.

［64］"非遗+电商"的喜与忧［EB/OL］.［2022-11-12］. http://www. cipnews. c.

［65］杭州非遗：左手振兴,右手传承［EB/OL］.［2022-11-21］. https://www. hangzhou. gov. cn/art/2019/12/20/art_812262_41155749. html.

［66］王官波.当认养农业遇上互联网［N］.中国县域经济报,2016-06-20（1）.

［67］西营门街王顶堤村：增和谐 谋幸福 强党建 促发展［EB/OL］.［2022-09-25］. http://tj. wenming. cn/xqwmw/tlgg2/xqwmfe/202208/t20220826_6461077. html.

［68］迎接党建信息化时代的到来［EB/OL］.［2022-11-09］. http://

dangjian. people. com. cn/n1/2018/0709/c117092-30135384. html.

[69] 浙江省以数字化改革为总抓手 高质量推进政务服务"一网通办"[J]. 中国建设信息化, 2021 (19): 20-23.

[70] 苏玉娟. 大数据背景下的乡村数字治理路径 [J]. 三晋基层治理, 2020 (1): 31-36.

[71] 调研报告: 中国农村的"互联网+政务服务"现状、问题与前景 [EB/OL]. [2022-10-12] https://wenku. baidu.

[72] 浙江: 打造全省一体化的"互联网+政务服务"平台 [EB/OL]. [2022-09-30]. https://www. gov. cn/zhengce/2017-01/30/content_5164382. htm.

[73] 周梦冉. 基于农民需求视角下的乡村数字治理研究: 以河北省为调研对象 [J]. 中共石家庄市委党校学报, 2022, 24 (6): 32-37.

[74] 谢小芹. "互联网+政务服务": 成绩、困境和建议 [J]. 电子政务, 2019 (6): 62-72.

[75] "乌镇管家"赋能乡村治理: 浙江省桐乡市乌镇镇大力推进乡村治理数字化 [J]. 农村经营管理, 2021 (3): 27-28.

[76] 刘杰. 用好"党建引领""数字化"这两个治村法宝 [N]. 农民日报, 2020-10-15 (6).

[77] 李景田. 迎接党建信息化时代的到来 [EB/OL]. [2022-11-07]. http://dangjian. people. com. cn/n1/2018/0709/c117092-30135384. html.

[78] 李振. 电子村务下的村务公开推进路径探析 [D]. 哈尔滨: 黑龙江大学, 2018.

[79] 郭占锋, 李轶星, 张森. 迈向精细化的乡村治理: 以一个陇西移民村的治理实践为例 [J]. 西北农林科技大学学报 (社会科学版), 2021, 21 (1): 39-51.

[80] 韩嘉乐. 全天候全覆盖精准雷电预警 [N]. 中国气象报, 2022-10-11 (3).

[81] 王海京. 我国基层应急管理的现状、问题与对策 [J]. 中国应急管理科学, 2022 (7): 9-16.

[82] 李静. 我市紧扣民生需求建设"平安乡村" [N]. 六盘水日报, 2021-08-09 (1).

［83］ 全天候全覆盖精准雷电预警：广西率先建成乡村雷电灾害防御新体系［EB/OL］.［2022 – 10 – 11］. https://www. cma. gov. cn/zfxxgk/gknr/tfsjyd/tfsjydqk/202210/t20221011_5124875. html.

［84］ 张婧. 通许厉庄乡扎实推进网络文明建设［EB/OL］.［2023 – 01 – 09］. http://henan. china. com. cn/news/2022-09/07/content_42099553. htm.

［85］ 张岗. 截至 2022 年 12 月，我国网民规模达 10. 67 亿［EB/OL］.［2023 – 03 – 11］, https://focus. scol. com. cn/zgsz/202303/58824018. html.

［86］ 张华, 张志鹏. 互联网+时代的宗教新形态［J］. 世界宗教文化, 2016（4）21-29.

［87］ 国家宗教事务局. 互联网宗教信息服务管理办法［J］. 中国宗教, 2021（12）37-39.

［88］ 李道政. 网络宗教的发展特点与应对建议［EB/OL］.［2023 – 01 – 24］. https://www. sohu. com/a/126365720_619341.

［89］ 刘莉. 我国宗教工作法治化水平迈出新步伐［EB/OL］.［2023 – 01 – 23］. http://www. tibet. cn/cn/news/yc/202112/t20211227_7122944. html.

［90］ 漆锋, 匡琦. 果子园乡"五个加强"严格落实宗教工作三级网络两级责任制［EB/OL］.［2023 – 04 – 28］. https://www. ahjinzhai. gov. cn/zwzx/xzdt/33842363. html.

［91］ 网信武邑：武邑县委网信办开展"抵制网络谣言 共建网络文明"进乡村宣传活动［EB/OL］.［2022 – 07 – 06］. https://www. thepaper. cn/newsDetail_forward_18905981.

［92］ 中国传统村落数字博物馆 挂在瀑布上的古村落：盘塘村［EB/OL］.［2022-12-09］. https://m. voc. com. cn/rmt/article/5365869. html.

［93］ 覃江云. 村村全覆盖 人人有书屋 枝江数字农家书屋飞到"田间地头"［EB/OL］.［2022-05-01］. http://www. cn3x. com. cn/content/show? newsid = 782890.

［94］ 枝江市全面推广大数据应用 建设"数字枝江"［EB/OL］.［2022-10-01］. http://www. ycjgdj. cn/news/henan/201908/t20190802_4335. html.

［95］ 侯金亮. 数字化农家书屋让书香到万家［EB/OL］.［2022-12-25］. http://www. ce. cn/culture/gd/202208/25/t20220825_38056150. shtml.

［96］中国环境监测．我国生态环境监测网络建设成效与展望［EB/OL］．［2023-05-25］．https：//www．h2o-china．com/news/323571．html．

［97］李丹丹，刘一萱．内蒙古自治区杭锦旗用大数据把沙漠"管"起来［EB/OL］．国际在线，［2023-05-31］．https：//baijiahao．baidu．com/s？id＝17012643232002932748．

［98］马俊杰．山水林田湖草沙是怎样的生命共同体，要怎样呵护？［J］．理论导报，2022（6）：45．

［99］郭旭．蓝田县搭建"数字秦岭"智慧管控平台全方位保护秦岭生态［EB/OL］．［2023-01-13］．https：//www．xiancn．com/content/2022-12/09/content_6663998．htm．

［100］确山县人民政府．确山县搭建数字智能化平台 助力秸秆禁烧管控［EB/OL］．［2022-06-27］．https：//www．zhumadian．gov．cn/html/site_gov/articles/202205/156730．html．

［101］黄向阳，陈鹏飞，李世锋．确山县普会寺镇：科技赋能 助力秸秆禁烧［EB/OL］．［2022-09-27］．http：//zmd．hnr．cn/zmdjpyc/article/1/1528645828429316098．

［102］李生辉，张任，王浩．长沙县开启绿色发展新征程 建设现代林业示范区［EB/OL］．［2022-07-29］．https：//i．ifeng．com/c/8I1DmlNBwd5．

［103］中国农业科学院农业环境与可持续发展研究所．乡村数字化技术内核驱动人居环境治理进入新时代［EB/OL］．［2023-03-11］．https：//topics．gmw．cn/2022-03/18/content_35597106．htm．

［104］网信商丘．商丘市打造农村人居环境整治移动互联版解决方案［EB/OL］．［2022-03-11］．https：//www．thepaper．cn/newsDetail_forward_6361890．

［105］胡立刚，冯克，范亚旭．改厕治污—"网"尽收 整治监管尽在"掌"握［N］．农民日报，2020-03-12（1）．

［106］张振，任绍琛．利津街道双线发力筑牢春季防火屏障［N］．东营日报，2020-04-18（5）．

［107］罗武吉，李青．攸县：加强旱期农村安全饮水水质监测 确保村民用水安全［EB/OL］．［2023-02-13］．https：//hn．rednet．cn/content/2022/09/

15/11828524. html.

［108］农村生活饮用水水质安全与监测浅析［EB/OL］.［2023-01-22］. https://jz. docin. com/p-111261924. html.

［109］孙琴霞.探索"互联网+教育"，楚雄市推动优质教育资源向乡村学校覆盖［EB/OL］.［2022-12-03］. https://new. qq. com/rain/a/20211208A03BYD00.

［110］教育部发展规划司.党的十八大以来我国的教育改革发展成效［EB/OL］.［2022-12-28］. https://edu. sina. cn/2022-09-27/detail-imqmmtha8920136. d. html.

［111］贺林平，姜晓丹.借助"互联网+"，广东阳山优化农村医疗服务［EB/OL］.［2022-03-25］. http://www. xinhuanet. com/webSkipping. htm.

［112］王立剑，代秀亮.新中国70年中国农村社会保障制度的演进逻辑与未来展望［J］，农业经济问题，2020（2）：65-76.

［113］游翀.蹄疾步稳社保制度实现高质量发展［EB/OL］.［2023-05-24］. https://www. clssn. com/2022/05/20/996736. html.

［114］2021年人社统计公报发布：全国就业人员7. 465亿人［EB/OL］.［2023-03-07］. https://www. gov. cn/xinwen/2022-06/08/content_5694537. htm.

［115］程芃芃.抓好村级惠民"小平台"发挥人社服务"大作用"［EB/OL］.［2022-05-13］. https://view. inews. qq. com/k/20201113A099BT00？web_channel=wap&openApp=false.

［116］李振.乡村振兴看安化：江南木溪口"户户通"为特殊群体架起"信息桥"［EB/OL］.［2022-06-17］. https://www. 163. com/dy/article/HA3F98LH0514EV7Q. html.

［117］朱沙，沙见龙.山东金融机构打造惠农互联网服务平台 助力乡村建设［EB/OL］.［2022-10-20］. https://finance. jrj. com. cn/2018/03/20210924269019. shtml.

［118］单强.普惠金融高质量发展关键词［EB/OL］.［2023-02-02］. https://finance. sina. cn/bank/yhpl/2023-01-29/detail-imycvpiv0490762. d. html.

［119］张尧.中国移动定点帮扶工作连续三年位居央企前三［EB/OL］.［2022-05-09］. http://finance. sina. com. cn/tech/2022-05-07/doc-imcwiwst6129804. shtml.

［120］李兵，张光升，吴宜芝，等. 湘西州万企兴万村 擘画乡村振兴"同心圆"［EB/OL］.［2022-12-29］. https://new. qq. com/rain/a/20221226A03MM400. html.

［121］赵勇军. 贵州省建设巩固拓展脱贫攻坚成果样板区 全力打造"三个样板［EB/OL］.［2023-01-17］. https://new. qq. com/rain/a/20230104A00NNX00.

［122］崔亮亮. 从脱贫攻坚到数字乡村：农村通信不算"小账"［EB/OL］.［2022-06-17］. https://new. qq. com/rain/a/20220611A01BGR00. html.

［123］张晶晶. 数字驱动无限"新益"——回望十余年来互联网公益创新发展之路［EB/OL］.［2022-11-20］. https://www. scf. org. cn/csjjh/n3421/n3424/n3426/u1ai282844. html.

［124］敦煌民政. 发挥网络优势 拓宽募捐渠道为敦煌慈善事业发展增光添彩［EB/OL］.［2022-08-26］. http://www. dunhuang. gov. cn/dunhuang/dh3/202208/224a0ac6c99247599d40d3929689b7ab. shtml.

［125］申晨. 来益阳木溪口村，看看小村庄的大产业［EB/OL］.［2022-02-23］. http://news. sohu. com/a/520778708_121119349.

［126］李振. 安化木溪口村：公益助学情暖山区学子［EB/OL］.［2022-08-30］. https://www. hunantoday. cn/news/xhn/202208/16907405. html.

［127］张丽欢. 湖南广播影视集团公司（台）党委书记张华立带队赴木溪口村调研［EB/OL］.［2022-06-10］. https://www. sarft. net/a/207556. aspx.

［128］因农而生助农成长 打造金融服务乡村振兴主力银行［EB/OL］.［2022-12-07］. https://sd. ifeng. com/c/81yWeG0VIPx.

［129］蒋雅丽. 智慧教育成脱贫关键 中国移动助力楚雄州迎来信息化浪潮［EB/OL］.［2022-11-12］. http://www. cww. net. cn/article? from = timeline&id=456443&isappinstalled=0.

［130］何明杰，商建萍. 楚雄市教育事业蓬勃发展［EB/OL］.［2022-11-16］. http://www. cxs. gov. cn/info/1012/81604. htm.

［131］赵虎. 通许县厉庄乡开展"护苗2022绿书签进校园"活动［EB/OL］.［2022-12-02］. https://www. kf. cn/c/2022-06-02/693523. shtml.

［132］钟海钰. 中国传统村落数字博物馆［EB/OL］.［2022-12-19］. http://www. zjj. gov. cn/c20/index. html.